研究生论文写作技法

马来平　著

山东大学出版社

·济南·

图书在版编目(CIP)数据

研究生论文写作技法/马来平著 .—济南：山东大学出版社，2021.5

ISBN 978-7-5607-6834-2

Ⅰ. ①研… Ⅱ. ①马… Ⅲ. ①论文-写作-研究生-教学参考资料 Ⅳ. ①G642.477

中国版本图书馆 CIP 数据核字(2021)第 088300 号

责任编辑 王桂琴
文案编辑 杨露宾
封面设计 牛 钧

出版发行 山东大学出版社
社 址 山东省济南市山大南路 20 号
邮政编码 250100
发行热线 (0531)88363008
经 销 新华书店
印 刷 济南乾丰印刷有限公司
规 格 720 毫米×1000 毫米 1/16
15.5 印张 2 插页 284 千字
版 次 2021 年 5 月第 1 版
印 次 2021 年 5 月第 1 次印刷
定 价 49.00 元

内容简介

近年来，研究生发表C刊论文难度加大，学位论文质量堪忧，研究生对写论文普遍感到焦虑。本书作者基于科技哲学的视角，结合多年指导博士、硕士研究生和从事科研的经验，针对博士和硕士研究生在论文写作中普遍存在的疑难问题，逐一对研究方向、论文选题、资料搜集、主题凝练、框架构思、观点创新、方法巧用、写作规范、加工修改、投稿技巧等，进行了全面、深入地阐发。该书贴近学生实际，条分缕析，论断中肯，对于研究生论文写作具有较强的实用性和指导性。

- 培养问题意识，从高层次入手
- 关注新时代、新文科、新方法
- 小中见大、敢于碰硬、冷热相济
- 一手材料出观点，二手材料出问题
- 主线一根筋，标题一条龙
- 最理想的论文框架是演绎式
- 提高投稿命中率最有效的办法是自己给自己找碴
- 文章修改是不断深化认识的过程、不断自我批判的过程、不断集思广益的过程和不断字斟句酌的过程
- 好论文四指标：专＋新＋深＋实
- 了解期刊，研究期刊
- 成才四要素：理想＋奋斗＋毅力＋方法

目 录

序言
提高论文质量的利器：寻证于名家

刘国涛[①]

我自称是马老师的编外学生。马老于我，既是老师，也是偶像。与马老交往，让我受益匪浅。我自己曾带领学生编著出版过一本《法学论文写作指南》（中国法制出版社，2009 年初版，2018 年再版），得知马老要写一本关于研究生论文写作的书，便主动请缨写篇学习心得。其实也是求知若渴、内心先睹为快的强烈冲动使然。从内容上看，我这篇学习心得主要有两大部分：一部分多角度论证了马老大作是"提高论文质量的利器"；另一部分用马老的观点和做法论证了自己指导学生论文写作中困惑之缘由和解决之措施，即所谓"寻证于名家"。我期盼马老能够将我这篇学习心得和马老高足的大作共同放在本书"后记"中出版，能如此，已有忝列仙班之感。马老却因我是编外学生，将学习心得作了本书的序言，令我诚惶诚恐！我只能说：感谢马老抬爱！请读者诸君见谅，并多多批评、指正！

---

① 刘国涛，山东建筑大学法学院三级教授、山东建筑大学工程法学研究中心主任、法学博士，研究生导师；曾任山东师范大学法学院副院长、学位点学术带头人；中国自然资源学会资源法学专业委员会副主任委员、中国法学会环境资源法学研究会常务理事兼环境法学教学专业委员会委员、中国环境科学学会环境法学分会常务理事、山东省工程法学研究会副会长、山东省诉讼法学研究会副会长、山东自然辩证法研究会常务理事；律师、仲裁员等；首批全省法学法律研究领军人物、第二届山东省十大优秀中青年法学家；独立或第一获奖人获得山东省社科优秀成果二等奖 3 项、山东省科技进步三等奖 1 项；主持省部级以上项目 15 项（其中国家社科基金项目 2 项）；独立或第一作者出版著作 14 部；发表论文 80 余篇。

本文系山东省研究生教育教学改革研究项目《硕士学位论文同质化调查与解决路径研究——以法学为例》（项目编号 SDYJG19114）成果之一。

一、真情与拙见

既能够把所从事领域的学术研究搞好，又能够教育好学生且将教育经验发表、出版奉献于世人，这类科学家、教育家素养同时具备的学者是本人所仰慕的。马来平教授就是本人的偶像！每年上半年的毕业论文答辩，对学生和老师来讲都是一个“关口”。2020 年的疫情又给“闯关”带来了新困难。学生们“过关”后，首先是对学生“多番修炼，终成正果”的祝贺！亦有痛定思痛。痛定思痛之际，受马老抬爱，发来了《研究生论文写作技法》书稿，颇有“及时雨”之感。拜读学习后，遂成此学习心得。

清华大学法学院何海波教授在其《法学论文写作》“前言”中说：“眼下的法学院重视法律知识的传承灌输，却很少教授法学论文的写作，更别提系统训练了。很多学生，包括一些已经读到博士的学生，还不知道怎么写论文。”[①]“我读书时也没有人专门教论文写作，十多年来一路踉踉跄跄地摸索着写；到今天，还为如何选择和界定主题，如何谋篇布局、组织论证所苦。”[②]对何教授而言，这当然是谦辞，但一定程度上反映了我国法学论文写作教育方面的状况，以及许多法学学习者所经历的阶段。法学曾经被学界部分学者称为“幼稚的法学”，其幼稚主要是指缺少学科特色突出的方法，科学性与独立性不足。有鉴于此，需要特别说明的是：本人一直在非“985”“211”高校工作，无论单位还是个人都与名校、名家差了不止一个档次，在论文写作中的“我所痛”并未一定是“彼所痛”。我所痛定思痛的问题，也许在名校根本不存在或者不突出。哲学是知识的母体，是智慧之学，具有较广泛的指导意义。科技哲学是专门关于科学技术的哲学，对搞好研究、阐述观点更具启发意义。马老作为科哲名家，把指导科技哲学研究生论文写作中的经验总结成书，难得、可贵！马老的思想与方法，不是本人所能望其项背的。我只能就个人视野中的片面情况谈点未必完全正确的浅见，不当之处，请马老和读者诸君见谅。

总之，本文中所写读马老《研究生论文写作技法》一书的心得，是真情实感；但其中对学术论文写作现状和不足的认识等个人观点看法却可能是狭隘、片面之见，就此求教于方家。

---

① 何海波：《法学论文写作》，北京大学出版社 2014 年版，前言第 1 页。

② 何海波：《法学论文写作》，北京大学出版社 2014 年版，前言第 1 页。

二、新时代需要新质量

我国的高等教育曾有一个快速发展壮大期，建新校区、扩大招生，非常热闹。与此同时，学生整体素质有所下降，论文规范性不高。因而，各高校陆续出台了自己的《论文写作模板》，强调论文写作的规范性，有关“研究方法与论文写作”的课程和著作也越来越多。可是，在个别高校的个别学科（地方高校的个别学科比较突出），论文写作中的“规范化”却出现了“异化”[①]现象，“规范性”异化为“同质性”，“千篇一面”的情况有发展之势。也许您有时会发现，送来“外审”的十多篇论文，其结构表达雷同度较高（大多是“教科书式”“对策措施式”），大多有“×××之完善”或“完善×××”，缺乏“灵性”“多样性”“创新性”，“千篇一面”成为强烈感受，令人窒息。当前的国际局势（例如华为公司被美国“掐脖子”）进一步证明科技并非完全无国界，要从“大国”向“强国”发展，实现民族复兴，“创新”是根本。创新的根基在教育，教育的关键价值之一在于培养具有创新精神的人才。在这个新的时代，论文“同质化”是创新精神培养不彰的表现，亟待克服。

三、持续发力，提高质量

一些研究成果对解决同质化问题是大有帮助的。例如法学界，梁慧星先生关于法学论文写作的电子版讲稿曾在网上广为流传。鉴于其影响力与读者的期盼，法律出版社分别于 2006 年、2012 年、2017 年以《法学学位论文写作方法》为名出版了初版、第 2 版、第 3 版[②]。《中外法学》上的论文《法学博士论文的“骨髓”和“皮囊”——兼论我国法学研究之流弊》[③]也是 21 世纪初影响较大的作品。2009 年，中国人民大学朱景文教授主编的《研究生学位论文写作笔谈》[④]，汇集了 6 位已经毕业的博士研究生攻读博士学位、撰写学位论文及答辩的经验总结。6 位博士结合亲身感受，写得真实详细，可读性、借鉴性非常强。2009 年，本人带领 3 位研究生编著出版了《法学论文写作指南》[⑤]（2018 年出版了第 2

---

① “异化”的哲学含义之一是指主体发展到了一定阶段，分裂出自己的对立面，变为了外在的异己力量。

② 梁慧星：《法学学位论文写作方法》（第 3 版），法律出版社 2017 年版。

③ 刘南平：《法学博士论文的“骨髓”和“皮囊”——兼论我国法学研究之流弊》，《中外法学》2000 年第 1 期。

④ 朱景文主编：《研究生学位论文写作笔谈》，中国人民大学出版社 2009 年版。

⑤ 刘国涛等：《法学论文写作指南》，中国法制出版社 2009 年版。

版),从论文选题与资料搜集到论文修改、答辩、发表,仔细解答了140个细节性问题。所谓细节决定成败,关注细节问题是本书的特色。2011年,北京大学法学院陈瑞华教授出版《法学论文写作与资料检索》[①]。2013年,北京大学凌斌教授出版了《法科学生必修课:论文写作与资源检索》[②]。2015年,清华大学法学院何海波教授出版了《法学论文写作》[③]。2016年,北京大学《中外法学》编辑部组织出版了《经验与心得:法学论文指导与写作》,将北京大学法学院老、中、青三代11位教授曾经在《中外法学》上发表的有关"治学与笔耕心得"方面论文汇集在了一起。其"导言"中说:"进一步促成对中国法学研究方法论意识和法学论文写作训练的理论自觉,提升中国法学研究与法学教育的内在品质与对中国法制建设实践的外部贡献。"[④]2017年,北京大学法学院陈瑞华教授的《论法学研究方法》第2版出版[⑤](第1版出版于2009年),"法科学生如何撰写学术论文"是该书七大部分内容之一。2017年,清华大学法学院张卫平教授的《法学研究与教育方法论》[⑥]面世,洋洋洒洒41万余字,介绍了张教授从教三十年从"学术研究之初,并没有什么研究方法论的指引,是典型的'摸着石头过河'",到"将这些经验与前人的论述予以结合、提炼,也就构成了自己的方法论"。[⑦] 该书有专章介绍了"硕、博论文的撰写"。除前述举例的著作之外,还有一些关于法学论文写作方法的论文,例如2016年中国人民大学杨立新教授的《法学学术论文的选题方法》[⑧],2019年本人撰写的两篇文章《高校学生论文写作质量提高的微观措施思考——以法学专业为例》[⑨]《地方高校学位论文质量提高的宏观措施思考——以法学专业为例》[⑩]发表于中国人民大学法学院竺效教授主编出版的《环境法教学与人才培养论文集》。总之,从法学论文写作教育论著发表出版情况,可窥见法学论文写作教育过去之欠缺、当前之逐步重视、未来强化发展之必要。

---

① 陈瑞华:《法学论文写作与资料检索》,北京大学出版社2011年版。

② 凌斌:《法科学生必修课:论文写作与资源检索》,北京大学出版社2013年版。

③ 何海波:《法学论文写作》,北京大学出版社2014年版。

④ 《中外法学》编辑部:《经验与心得:法学论文指导与写作》,北京大学出版社2016年版,导言第5页。

⑤ 陈瑞华:《论法学研究方法》,法律出版社2017年版。

⑥ 张卫平:《法学研究与教育方法论》,法律出版社2017年版。

⑦ 张卫平:《法学研究与教育方法论》,法律出版社2017年版。

⑧ 杨立新:《法学学术论文的选题方法》,《法治研究》2016年第2期。

⑨ 刘国涛:《高校学生论文写作质量提高的微观措施思考——以法学专业为例》,竺效:《环境法教学与人才培养论文集》,法律出版社2019年版,第65~77页。

⑩ 刘国涛:《地方高校学位论文写作质量提高的宏观措施思考——以法学专业为例》,竺效:《环境法教学与人才培养论文集》,法律出版社2019年版,第78~91页。

四、克服论文“同质化”的利器

工欲善其事，必先利其器。十多年来，本人一直从事法学研究方法与论文写作有关的教学活动，特别注意这方面的论著发表出版情况。从其他学科来看，与法学情况类似，相关论著较之十多年前有较大增多，例如重庆大学出版社出版的方法类丛书上百种。各主要学科几乎都有多本论文写作方面的著作出版，有关论文也不乏见。但是，这些成果都局限于“本学科”，也有从“人文社会科学”角度谈研究方法和论文写作的成果，此类作品由于远离“本学科”，多未与具体写作指导实践相结合。2020 年 8 月下旬，本人收到山东大学马来平教授发来的《研究生论文写作技法》电子版书稿，如获至宝。尽管临近开学，事务较多，本人还是将该书放在本人平时不离身的双肩包中，如饥似渴地拜读学习。全书学习后，本人深感这是克服论文“同质化”的“利器”。这是因为马老是从事科技哲学教学与研究的，方法论研究是哲学的特长，科技哲学本身就具有哲学意义上的宏观指导意义，且马老是结合自己指导博士生、硕士生的实践撰写该书，系统架构、娓娓道来，理论性、系统性、实践性、可读性均非常强。本人感到，在“反同质化”的征程中，本书的出现可谓恰逢其时，真是天降“利器”！

五、本书之特色

之所以视马老大作《研究生论文写作技法》为“反同质化”之利器，是因为该书至少有以下特色。

1. 作者权威，说服力强

马来平先生是山东大学儒学高等研究院教授、博士生导师，山东省政府参事，中国自然辩证法研究会常务理事、山东自然辩证法研究会理事长、山东省科普创作协会理事长；为第十、第十一届济南市政协委员、常委，第十届山东省政协委员等。马老在科研、教学、参政议政等方面均经验丰富、硕果累累，该书作者简介中有详细介绍，此处不再赘述。马老非常重视研究生教育培养，指导的三名博士生的论文被评为山东省优秀博士论文，多名学生的论文获评校、院优秀博士论文；所培养的硕士生有 70％以上考取了名校博士。马老师荣获山东省优秀研究生指导教师荣誉称号，多次被评为山东大学优秀研究生导师。更为可贵的是，马老还乐于将自己培养学生的经验总结、奉献给大家，在《学位与研究生教育》《自然辩证法研究》《中国研究生》等期刊上发表多篇文章，例如《研究生论文写作的六大关切》[①]《与研究生谈成才四要素》[②]《文章千古事 得失寸心知——与研究生谈找“问题”和论文修改》[③]《学术论文的选题技巧与独创性》[④]《人文社科研究生学位论文的选题与创新——以科技哲学专业为例》[⑤]《人文社科研究生学位论文中的逻辑问题——以科技哲学专业为例》[⑥]《关于科技哲学研究论文写作的若干思考》[⑦]《科研方法三题》[⑧]《舒炜光先生教我怎样搞科研》[⑨]《软科学研究方法改进的基本方向》[⑩]《论哲学对科学的作用》[⑪]《中国现代科学主义核心命题刍议——兼论自然科学方法在人文、社会科学中应用的限度》[⑫]《科学问题的几种基本类型》[⑬]《科学方法的分类：评价及一种可能的方案》[⑭]《论科学方法的性质和特点》[⑮]《关于科学认识价值的初步评价》[⑯]《执事敬：我的博导经》[⑰]等。

2. 娓娓道来，亲切自然

马老既有扎实的哲学理论基础，又有丰富的指导研究生经验，有传经送宝之美意，无邀名射利之私欲。马老时而结合自己的经历、时而结合指导学生的体会以及学生的成长历程，谈论文写作，让读者感觉如同与长者、恩师直接对话，深感“娓娓道来，亲切自然”，感受到了马老对学生、对读者的深情。读该书“附录二”中学生们写的一篇篇满怀感恩之情的文章，更从培养对象的角度感受到了马老因材施教、春风化雨般的指导艺术。

---

① 马来平：《研究生论文写作的六大关切》，《学位与研究生教育》2020 年第 7 期。

② 马来平：《与研究生谈成才四要素》，《学位与研究生教育》2019 年第 9 期。

③ 马来平：《文章千古事 得失寸心知——与研究生谈找“问题”和论文修改》，《学位与研究生教育》2015 年第 11 期。

④ 马来平：《学术论文的选题技巧与独创性》，《北京科技大学学报》（社会科学版）2015 年第 31 期。

⑤ 马来平：《人文社科研究生学位论文的选题与创新——以科技哲学专业为例》，《学位与研究生教育》2014 年第 2 期。

⑥ 马来平：《人文社科研究生学位论文中的逻辑问题——以科技哲学专业为例》，《学位与研究生教育》2013 年第 10 期。

⑦ 马来平：《关于科技哲学研究论文写作的若干思考》，《自然辩证法研究》2009 年第 10 期。

⑧ 马来平：《科研方法三题》，《中国研究生》2009 年第 7 期。

⑨ 马来平：《舒炜光先生教我怎样搞科研》，《自然辩证法研究》2003 年第 11 期。

⑩ 马来平：《软科学研究方法改进的基本方向》，《齐鲁学刊》2001 年第 6 期。

⑪ 马来平：《论哲学对科学的作用》，《山东大学学报》（哲学社会科学版）1999 年第 3 期。

⑫ 马来平：《中国现代科学主义核心命题刍议——兼论自然科学方法在人文、社会科学中应用的限度》，《文史哲》1998 年第 2 期。

⑬ 马来平：《科学问题的几种基本类型》，《山东社会科学》1992 年第 1 期。

⑭ 马来平：《科学方法的分类：评价及一种可能的方案》，《自然辩证法研究》1991 年第 8 期。

⑮ 马来平：《论科学方法的性质和特点》，《山东大学学报》（哲学社会科学版）1991 年第 2 期。

⑯ 马来平：《关于科学认识价值的初步评价》，《贵州社会科学》1990 年第 12 期。

⑰ 马来平：《执事敬：我的博导经》，《学位与研究生教育》2021 年第 5 期。

3. 志存高远，对标清晰

统览本书，本人深感这本书的特点还在于不仅讲了论文写作当中的方法、技巧，还更为重视“态度和情感”，例如谈了研究生成才四要素“理想、奋斗、毅力、方法”，把论文“写作方法”的“入口”向前延伸了，从“志存高远”的角度激励学生。该书不仅讲了如何写好论文，还讲了“好论文的四项指标（专、新、深、实）”，把论文“写作方法”的“出口”向后延伸了，从“对标清晰”的角度，给出了判断论文写“好”与否的清晰标准。

4. 科技哲学，适用面广

从科技哲学的学科视野谈论文写作有着优势和特色。科技哲学本身既具有“哲学”的抽象和指引性，也重视科技方法论的研究，与其他学科相较，具有天然的优势和特色。马老作为科技哲学研究者和研究生导师，其书中所谈内容较之其他具体学科方法更具有普适性和可借鉴性。马老运用其雄厚的科技哲学知识，对“科学问题的类型”“巧用逻辑方法”进行了深入诠释；把握新技术对论文写作的影响，对“e-考据”作了深入介绍。这对一般性具体学科均具普遍性指导意义。因此本书也适合更多学科、专业的学生阅读学习，是各学科、专业论文撰写“反同质化”的利器。

六、苦为人师，寻证于名家

谈了该书的特色之后，我再谈点什么呢？谈自己指导论文的感受、经验？那是班门弄斧、喧宾夺主。可是，在我拜读全书的过程当中，有一种强烈的感受，那就是想给我的学生们说：“你们仔细看，名校名家也是这样说的，写论文一定要这样办哟！”当我感觉自己“无奈、无力，甚至无能”时，希望找到“既能支撑自己，更重要的是又能够说服学生”的理由。这也就是本小节标题中所谓“寻证于名家”。我内心非常想选几个“强烈共鸣点”记录在此。为节约“宝地”，我仅选择马老和其高足部分见解以证明自己的做法，以解本人指导学生“无能”之困。

1.“将来不读博、不当大学老师”能够成为不认真对待论文写作的理由吗？

有的学生说：看着你们当大学老师的也很不容易（这还算句良心话），我将来不打算读博士，也不想当大学老师，因此没必要重视“提高论文写作能力”。马老在该书“自序”中说：“研究生撰写学位论文还有一项重要功能，即培养研究生提出问题、分析问题和解决问题的能力。这项功能已经超越了学术界限，对于研究生从事任何一项工作都普遍适用，而且意义重大。可以说，是否善于提出问题、分析问题和解决问题，对于任何人，都是衡量其素质和能力高低的重要指标之一。从这个意义上说，研究生教育除了为学术研究队伍输送新鲜血液外，还担负着为社会各行各业输送高素质人才的任务。所有这些功能或目标的实现，学位论文的撰写都是最基本的环节之一。”提出问题、分析问题、解决问题，是做任何工作都需要的基本功，这与是否考博、当大学老师没关系。我有时给学生举一个比较极端的例子：即便是乞讨，聪明的乞丐也会提出“如何多要到东西少挨骂”这一问题，然后分析乞讨的时间、地点、对象等，找出改进措施。积极向上，是多数人的本能，你已经读硕士研究生了，相比之下，肯定是位积极向上的人，请不要在“培养论文写作能力”这件事上犯糊涂！

2. 为什么无论是“大论文”(学位论文)还是“小论文”(期刊发表的论文)都要尽可能早写出来，多修改？

有的学生总是迟迟不动手写论文，或者让他改，一晚上就改完了，很容易地就“写完了”“改完了”。马老说：“文章写完后，一遍一遍地改。文章修改的时间远远超过文章写作的时间。说来也怪，越改，毛病发现得越多。甚至时常发现重大硬伤，如两条腿，只讲了一条，漏掉了另一条的情况都会有！至于遣词造句上的错误更是改不胜改，一直到文章清样出来后，仍然能发现错误。反复修改的结果，甚至会出现这样的情况：终稿和初稿一比，内容、篇章结构和题目都变了，或者只是原稿某一段落的扩展，它们已经成了完全独立的两篇文章！”除非你是天才，绝大多数人都如马老所说：需要长时间的反复修改，才能写出相对较好的论文。所以，要早动手、多修改。反之，后果很严重。

马老还说：“形成了论文写作的良性循环：手头通常积压几篇处于修改过程中的文章；今年发表的是去年或前年完成的。文章不满意绝不出手。”马老高足宋芝业，硕士、博士均跟随马老，养成了很好的学术素养，博士论文被评为山东省优秀博士论文，“仅读博的3年，他自行购置专业相关书籍3000余册，并全部进行了精读或泛读，写下了大量读书笔记；发表论文10多篇，其中CSSCI论文5篇”[①]。至“毕业后一年内，宋芝业已有8篇修改自博士论文的文章发表”[②]。一篇大博士论文蕴含8篇期刊小论文，可见其博士论文含金量之高，故被评为“省优博”。分析其原因，“他的博士学位论文之所以能够脱颖而出，与论文所具有的突出特点是分不开的：选题新颖、有分量，问题意识强，视野开阔，资料翔实，观点和方法有所创新”[③]。“自行购置专业相关书籍3000余册，并全部进行了精读或泛读，写下了大量读书笔记”，下了这功夫，果然结出硕果。宋芝业说：“我的体会是，要不折不扣地按导师的要求做，只要能落实导师要求的70%，就

---

① 吕晓钰：《莫向光阴惰寸功》，《中国研究生》2012年第1期。

② 吕晓钰：《莫向光阴惰寸功》，《中国研究生》2012年第1期。

③ 吕晓钰：《莫向光阴惰寸功》，《中国研究生》2012年第1期。

能成为一个优秀的毕业生，写一篇精彩的毕业论文。”[①]

3. 这些“鸡毛蒜皮的小事”真的不重要吗？

如果学生说他已经很用功了，可是你发现：论文封面上的题目和正文中的题目不一致，内容摘要中还有错别字，目录中的标题层次不清、句式太多。这种状况，导师或者外审专家会有什么感觉呢？如果第一感觉就很差，会给什么样的评价呢？马老在谈到投稿时说：“编辑不可能每篇来稿都通读。……通常的做法是，首先依次浏览题目、内容提要和框架等论文门面‘三大件’。这‘三大件’有一件相不中，都会使论文面临被淘汰的厄运。”导师、外审专家、答辩委员会委员，何尝不是如此呢？我也时常告诫我的学生“一定要注意论文当中不要有超低级错误（有错别字，标点符号错误，开头没有空两个字，注释不规范，字型字号、行间距、字间距有点乱等等）”，“门面（题目、摘要、目录）”上有超低级错误是致命伤。有些超低级错误是至少“打印出来认真读一遍”就一定会发现的。如果有超低级错误，通常我会推定学生连“打印出来认真读一遍”都没有做到，令人失望！

4. 你真的不敢当、也当不了“不怕虎的初生牛犊”吗？

据统计，在1901～1972年间，诺贝尔奖获得者完成其获奖工作的平均年龄不到39岁。[②] 马老说：“知识少的青年人框框少，没有后顾之忧，不怕失去什么，反而比年龄大的科学家具备更有利的条件。俗话说‘初生牛犊不怕虎’‘在一定条件下，学问少的人可以打败学问多的人’就是这个道理。”这也是我时常鼓励学生的。为了提高可信度，我在此再次“寻证于名家”。我时常给我的学生说：你们从读本科到读研究生，应当说是诸位教过您的老师最新培养的最新版本的学生。你们年纪轻，脑袋也好使（像电脑一样，CPU好），“版本”也新。反观老师，老师们通常是版本相对陈旧，CPU也不太好用了，老师的强处可能是专业领域更为强化一些，就像电脑软件打了个“强化补丁”。学生们应当有信心，并且真的是有能力，在你感兴趣的研究领域超越老师。你强化研究老师那个“补丁”也好，或者研究与那个“补丁”相近、相关的领域也好，师生互动，一定能够取得优秀的研究成果。

5. 做到了“一网打尽”，且已经“黔驴技穷”了吗？

谈到资料的搜集与消化，马老认为搜集材料的“最高境界是一网打尽”。“当我们在读书、学习的过程中，或者在导师的启发下，有了想做某个题目的冲动后，就应当利用各种文献检索手段，一网打尽式地系统查阅与题目相关的文

---

① 吕晓钰：《莫向光阴惰寸功》，《中国研究生》2012年第1期。

② 转引自[美]哈里特·朱克曼：《科学界的精英——美国的诺贝尔奖金获得者》，周叶谦、冯世则译，商务印书馆1979年版，第229页。

献。大面积地浏览文献和钻研核心文献之后，就会发现关于这个题目学界已经说了什么、没说什么、有什么分歧、有什么缺陷等，这样自然而然地就可以找到'有新意''关键性''有前景'的'点'了。""消化材料要始终围绕完成论文'提出问题和解决问题'的核心任务来进行。不过如果'解决问题'仅仅被视为给出解决问题的对策，就不太适当了。因为解决问题还包含另一层更重要的意思，那就是观点创新。凡是观点创新一定要提出问题和解决问题，但提出问题和解决问题并不一定能观点创新。应当说，科学研究服务于决策很重要、很有意义。但服务于决策只是科学研究的目标之一，而且是外围的、表层的。科学研究的核心任务是发展知识。""一篇论文提出的问题和观点是不是新，必须有所根据。这个根据就是靠文献综述来提供的。所以，撰写学位论文对于'国内外当前的研究现状与问题'部分要下真功夫，应该把它当作一篇相对独立的论文来写，不要敷衍了事。"在此直接引了马老三段话，也可见本人对这一问题的重视。关于尽可能多地搜集资料，马老喜欢用的词叫作"一网打尽"，我喜欢用的词是"黔驴技穷"。我坚决反对学生轻易地说"找不到资料"。学院资料室你找了吗？学校图书馆你找了吗？其他兄弟院校的图书馆你找了吗？为什么别人能够请人帮忙从其他学校借来书，你却连个老乡、朋友都找不到呢？网上的资料你查了吗？外文资料查了吗？查了几个数据库？你不会也"牛"到不知中国知网为何物吧？大致确定一个研究领域和方向，不要轻言放弃，应当用尽一切办法去查找资料，然后在对宏观资料"面"上做到充分把握的前提下，去寻找值得深入研究的问题"点"。"点""面"多次反复互动，心中达到一种"我已经成为这方面的专家"的心理暗示时，你就达到了"坐过山车的第一次高点"。此时，可以大胆地撰写出初稿，然后放一段时间或转移关注点，让自己从自己感受中的高点逐渐下降，冷却下来。冷却过后，再读初稿时，就会发现许多新问题和不足，从上次过山车高点时的"恶心"状态缓过劲来了，从"低谷"向"第二次高峰"冲刺。如此反复，好文可成。但是，这都需要时间，需要尽早启动这个坐过山车的过程。

6. 要想把书读好、搞好科研，就一定要敢于吃苦吗？

马老在书中充分论证了"奋斗从根本上是乐"。我也不太喜欢有人在教育孩子和学生时总是说"学习一定要吃苦"。从我个人的经历来看，无论是初高中时解出一道数学难题的快乐，还是上大学，特别是工作以后，能够用自己的文章说清楚一个理论问题，或对实践当中的问题提出独立见解时，我都是"痛并快乐着"的。有人问著名生物学家颜宁教授：你整天在实验室里面搞研究，不感到痛苦吗？颜宁教授回答说：我在实验室里面搞研究，就像"游戏中的冲关打怪"，碰到科学难题，我千方百计想办法冲过去，我一直都兴趣盎然、感到很快乐。我非常赞同颜宁教授的说法。当我们明白所从事工作的价值和意义，我们会千方百计地“冲关打怪”，玩得不亦乐乎。马老用“三句格言育英才”[①]，这三句格言是“用理想统帅一生中的一分一秒”“半部论语治天下，十种经典傲学林”“不能严格要求自己的人，是没有希望的人”。当你生活在“用理想统帅一生中的一分一秒”的境界时，自然会感到“奋斗从根本上是乐”。

7. 我真的是一位优秀教师，事情不理想主要怪学生“不争气”吗？

马老书中还有许多可以让我用于在此写“寻证于名家”的观点和做法，不占用过多“宝地”，我仅写上述六点。其他许多让我感觉醍醐灌顶、茅塞顿开的观点和做法，我就不在这儿一一讲了。在拜读全书的过程中，我在许多处写了“吾不及”三个字，也就是说在这些方面我与马老有较大的差距，我没有做好，深感惭愧！例如，马老指导的硕士生中有70%都继续深造读博了，而且“某国企一位副总是科技哲学硕士毕业生，他认识了马老师之后，经常向马老师请教一些学术和人生问题，逐渐萌生并坚定了辞职投身学术的想法。2012年，他毅然辞去年薪不菲的职位，考取了马老师的博士生。听说此事后，毕业后任职于上海某高校的吴越秀博士特地发来短信：‘您可以使您周围的人都变成博士，我一直都这么认为的’”[②]。我本人曾经组织我们学位点上的学生召开过“考博座谈会”，也组织学生编写过《考博宝典》，在课堂上也时常谈到：精英总是少数。鼓励学生向金字塔的顶层精英迈进。可是，效果不彰。看到该书中马老的观点、做法，以及附录中马老高足的文章对马老高超指导艺术的介绍，“吾不及”跃然脑海。我要努力提升自己，学习马老“因材施教”“春风化雨”的指导艺术手法（书中有一些具体做法介绍），“让学生在不知不觉中感悟到很多读书与做人的真谛”[③]。

我还有很多“吾不及”之处。我要坚持以“归零”的心态持续向先进者（不限于前辈，还包含学生们，以及“三人行”中的老师们）学习，和我的学生们共同进步！

2021年4月于山东建筑大学映雪湖畔

---

① 吕晓钰、王静、刘星：《三句格言育英才——记山东大学马来平教授》，《学位与研究生教育》2013年第8期。

② 吕晓钰、王静、刘星：《三句格言育英才——记山东大学马来平教授》，《学位与研究生教育》2013年第8期。

③ 蒋青海：《“苛刻”的严师，和蔼的“慈父”——跟随马来平教授走进科技哲学》，《求学·考研》2008年第6期。

自　序

研究生论文包括博士和硕士学位论文，以及博士在读期间必须发表的CSSCI论文。俗称前者为“大论文”、后者为“小论文”。两类论文有机关联着：“小论文”是“大论文”的一个环节，也是“大论文”的演习；同时，“小论文”旨在把博士生毕业资格的评价权部分地交给学术界，从而增进评价的严肃性和客观性。显然，论文写作是研究生培养的核心环节。然而，由于研究生导师忙于科研和教学，对于研究生论文写作进行专门研究的并不多见。

一

我涉足研究生论文写作领域并完成这本研究专著，与我所在单位的性质是密不可分的。

我所在的单位，由山东大学的文史哲研究所（1978年成立）更名为文史哲研究院（2002年成立），再更名为儒学高等研究院（2012年成立）。每一次更名，都要纳新几个单位、伴随着一次扩张。截至2019年，规模已由最初的20多名职工发展到现有的60多名事业编职工。其中，教授有26人，博士生导师20余人；在读博士研究生144名、在读硕士研究生218名。不过，尽管单位名称和研究重心在变化、规模在扩大，但多学科汇聚、综合性的人文学术科研机构之实，始终没有变。目前，全院跨中文、历史、哲学、社会学4个一级学科和10个二级学科，设中国古典文献学、中国民间文学2个独立博士点，与其他院部共建8个博士点、9个硕士点、3个一级学科博士后流动站。文史哲研究院成立不久，时任副院长的我提议：充分发挥本院学科汇聚、专业交叉的优势，为全院硕士研究生在二年级下学期开设一门公共必修课，命名为“人文科学方法论”；主讲教师由各专业博士生导师共同担任，一人一讲；课程内容是各位教授的治学经验或论文撰写心得。我深信，不同学科的性质和内容不同，但研究方法彼此相通，可以互相借鉴。这门课开设后,受到学生们的欢迎,后来就升格为全校公选课了。只不过近几年改为"人文学术概论",给了授课老师较大回旋余地,但从名称上看,似乎不如原名指向明确,更加吻合研究生的需要。

讲授人文科学方法论课程,不同老师的做法不同。有的内容相对稳定,我的做法则是一年一个题目,要么是专门讲科研论文的写作方法,要么是通过讲述正在起草中的科研论文提纲,与同学们交流自己科研的心得体会。就这样,讲课和科研形成了良性循环:讲课不仅促进了自己的思考,而且还通过课堂互动环节,搜集到了思维活跃的年轻学子们的评论和建议。这对把讲课内容修改成论文,大有裨益。我通常是通过讲课形成论文初稿,经过初步的修改,利用应邀出外讲学的机会,在更大范围内再讲一次;然后,经过一年左右的反复修改,感到一切可能出现的漏洞都已消灭殆尽,才交杂志社发表。就这样,我居然在研究生论文写作方面发表了十多篇论文。①

二

本书就是集腋成裘,在所写有关论文的基础上修改、扩展而成的。各章的主要内容和观点如下:

第一章,打好基础,坚实迈出科研第一步。强调完善知识结构,打好专业基础,培养问题意识,养成追问前提的思维习惯。

第二章,当前研究生普遍关切的若干问题。认为论文写作的根本任务是发展已有知识,提出新的概念、命题、理论或学说。为此,需要到作为学科前沿的交叉地带选题,注重题目的创新性、可持续性、难度适中,以及做热门中的冷问题和冷门中的热问题;通过引进自然科学、技术科学和相邻人文社会科学的方法而实现方法创新;就论说性文章而言,构思论文框架的关键是找到一根能够有机串联材料的红线,"演绎式"框架最理想;注重修改环节,要"自己给自己找碴"。论文修改是不断深化认识的过程、不断自我批判的过程、不断集思广益的过程、不断字斟句酌的过程。指出文章修改常用的方法有:八方借智、会议交

---

① 其中主要是:《舒炜光先生教我怎样搞科研》(《自然辩证法研究》2003 年第 11 期)、《关于科技哲学研究论文写作的若干思考》(《自然辩证法研究》2009 年第 10 期)、《人文社科研究生学位论文中的逻辑问题——以科技哲学专业为例》(《学位与研究生教育》2013 年第 10 期)、《人文社科研究生学位论文的选题与创新》(《学位与研究生教育》2014 年第 2 期)、《文章千古事 得失寸心知——与研究生谈找"问题"和论文修改》(《学位与研究生教育》2015 年第 11 期)、《与研究生谈成才四要素》(《学位与研究生教育》2019 年第 9 期)、《研究生论文写作的六大关切》(《学位与研究生教育》2020 年第 7 期)、《执事敬:我的博导经》(《学位与研究生教育》2021 年第 5 期),以及之前发表的《科学方法的分类:评价及一种可能的方案》(《自然辩证法研究》1991 年第 8 期)、《科学问题的几种基本类型》(《山东社会科学》1992 年第 1 期)等。

流、公开宣讲和轻松闲聊等。

第三章，研究方向和研究问题的选择。学位论文选题可以分为两个层面：宏观为研究方向的选择，微观为研究问题的选择。研究方向的选择，要特别考虑到毕业后的去向和研究的自由度；研究问题的选择切忌大而无当、浮泛不实。此外，捕捉问题的"游击战术"，量力而行、扬长避短，在专业基础薄弱、时间紧迫的情况下颇为实用。

第四章，正确处理论文选题的三种基本关系。正确处理论文选题的难易、大小和冷热三种基本关系。主张论文选题要敢于碰硬、小中见大、冷热相济。

第五章，科学问题的四种基本类型。写论文一定要有问题意识，而人文社会科学的科学问题和自然科学的科学问题颇具相似性，为此，特地借鉴当代科学哲学"问题学"的成果，分析了科学问题的四种基本类型：反映科学理论与科学事实之间矛盾的问题、反映科学事实之间矛盾的问题、反映科学理论之间矛盾的问题，以及反映科学理论自身矛盾的问题。

第六章，材料的占有、消化和"e-考据"。关于材料的占有，既要追求一网打尽，又要重视发现新材料。关于消化材料，一是如何从材料中提炼问题，使得论文题目进一步具体化；二是在寻找解决问题途径的导向下，重新阅读和消化材料；就思想史类论文来说，一手材料出"观点"，二手材料出"问题"。"e-考据"不仅使考据学迎来了春天，从考据的广度、深度和速度等方面使考据学发生了翻天覆地的变化，而且使考据方法有机地融入人文社会科学学术研究的方方面面，对整个学术发展产生了不可估量的影响。人文社会科学工作者应当与时俱进，在自己的学术研究中，尽快拿起并熟练掌握"e-考据"方法。使用"e-考据"，最重要的是以下三点：精心设计关键词；动态绘制知识地图；"e-考据"和传统学术研究方法有机结合。

第七章，巧用逻辑方法。运用逻辑方法可以使论文主题鲜明、思路清晰和论证充分。认为恰当运用科学抽象方法有助于避免论文主题模糊或平庸，而科学抽象的基本环节乃是充分地占有资料和研究资料，以及在此基础上完成由感性具体到抽象的规定，再到思维具体的飞跃；恰当运用同一律、矛盾律、排中律和充足理由律等逻辑规律有助于论文思路清晰，而上述逻辑规律要求思路的选择必须紧扣主题、一以贯之，论文各部分之间应内容连贯、角度一致，切忌互相交叉、彼此包含；恰当运用演绎和归纳方法有助于证明材料的可靠性。其中，演绎证明的关键是批判性地审查前提，恰当运用归纳证明的关键是扩大枚举证据的量和质的范围，其中，发挥旁证的作用和熟练运用三重证据法，尤为重要。

第八章，科学方法的分类及其推广应用的限度。灵活而适当地引进自然科学方法是研究生论文实现创新的有效途径，而要做到这一点，需要对自然科学方法及其应用原则有一个基本的了解。关于科学方法的分类及其在人文社会科学领域推广应用的限度的讨论,将有助于读者对自然科学方法及其应用原则的了解。

第九章,观点和方法创新。学位论文以创造性为其生命线。其中,观点和方法创新是核心。观点创新应是内容上的、实质上的,而不是形式上的,而且从效果上说,应当有一定的冲击力。要做到观点创新,最为重要的是:洞察学科发展大势,以了解学科发展的内在需要;关注社会发展动向,以了解社会发展的外部需要;挣脱历史时代桎梏、破除传统理论束缚,以鼓舞挑战权威和反潮流的勇气。方法创新是一个多因素综合作用的复杂过程。其中,最为重要的是:恰当引进人文社会科学其他学科的理论和方法;移植和创造性运用自然科学的理论和方法;转换角度;等等。其中,转换角度的实质是依据研究目标以及研究条件和环境,另辟蹊径,创造新的方法。

第十章,好论文的四项指标。专,即是强调选题要点面结合、下沉到点;新,即是观点要力求新颖、有冲击力;深,即是思考要刨根问底、不懈追问;实,即是立论要尊重事实、慎用因果关系。

第十一章,研究生论文的失范行为。当前,研究生论文失范现象呈加剧趋势。这一现象违背了科学的求真精神,进而贻误个人成长,损害学术声誉,影响学术发展,恶化社会风气,等等。研究生论文失范行为说到底首先是研究生的道德品质问题,必须从研究生自身查找原因。其解决最终还要依靠研究生的道德自律,要求研究生通过"内修"提升自身学术道德素养,自觉将学术道德规范内化于心、外化于行。研究生必须努力做到:加大科研时间和精力投入,提高学术能力;纯化学习动机,树立正确的学术价值观;树立诚信意识,端正学术态度;加强学术自律,坚定学术道德意志;强化对学术规范的认知,培育科学精神。

第十二章,研究生成才四要素。研究生要想通过写论文提出新观点,发展新知识,不可眼睛只盯着论文本身,还必须有大胸怀,树立攀登科学高峰的远大理想。提出:理想,想到的不一定做到,想不到的一般做不到;奋斗,要想取得超人的成就,必须付出超人的努力;毅力,做任何一件应该做的事,都能够从头做到尾;方法,实现目标恰当、近便的路。

"附录一"是扼要介绍我带研究生的经验和体会;"附录二"是我的学生所发表的与研究生学习和科研有关的文章。这些,或许能为读者深入理解本书的基本观点提供一点背景资料。

本书力求做到以下三点:

1. 贴近研究生论文写作的实际。本书讨论了当前研究生论文写作中大量存在的比较突出和普遍的问题,广泛涉及论文选题、资料搜集、主题凝练、框架构思、观点创新、方法巧用、写作规范、加工修改、投稿技巧等各个环节。这些问题直接来自我的观察或研究生们的反映，我曾专门委托几名学生在我校儒学高等研究院、马克思主义学院和中国科学院大学人文学院的博士和硕士研究生中间进行征集，集中了一批同学们普遍关心和感到困惑的与论文写作有关的问题。[①]

2. 结合我本人科研和教学的经验。截至目前，我共招收近20名博士和近50名硕士。这些学生的学位论文中有3篇获山东省优秀博士论文、多篇获山东大学和本研究院优秀博士或硕士论文，硕士中有21位即近半数考取了博士；科研上，我先后出版独立著作10余部、主编著作10余部，发表论文近300篇。本书中的许多观点来自我的科研和教学实践，所举不少例子都来自作者的亲身经历。

3. 基于科技哲学的视角。在科技哲学界，我是一位老兵，并且相继担任了多年的山东自然辩证法研究会常务副理事长和理事长。科技哲学界普遍认为，方法分为三个层面：哲学方法、科学方法、各门具体科学的方法。广义上，科学方法既包括自然科学方法，也包括人文社会科学方法。而科学方法论是科技哲学的主要研究内容之一，因此，本书基于科技哲学的视角是理所当然的。这一点，不仅体现在全书各章主题的确立和思路的选择上，而且还体现在对于研究生论文写作中的所有问题，不是就事论事，而是提升到科技哲学的高度，运用科技哲学的理论和方法予以分析和解答。

总之，本书的宗旨是：让读者读后，略收“让论文写作变得更轻松”之效。在所提出的众多观点中，我想强调以下几点：“培养问题意识，根深才能叶茂”；“关注新时代、新文科、新方法”；“小中见大、敢于碰硬、冷热相济”；“一手材料出观点，二手材料出问题”；“最理想的论文框架是演绎式”；“主线一根筋，标题一条龙”；“扮靓门面三大件”；“提高投稿命中率最有效的办法是自己给自己找碴”；“论文修改的过程是不断深化认识的过程、不断自我批判的过程、不断集思广益的过程和不断字斟句酌的过程”；“好论文四指标：专＋新＋深＋实”；“成才四要素：理想＋奋斗＋毅力＋方法”；等等。

三

通过这本书的撰写，我深深感受到“研究生论文写作”这一研究领域的分量是沉甸甸的。

---

① 参见本书附录二《研究生写作常见疑难问题的征集汇总》。

研究生教育是国民教育的顶端、培养高层次专门人才的摇篮、国家人才竞争的高地、建设创新型国家的核心要素，它既决定着国家高等教育的质量，同时也制约着国家科技进步、学术竞争力和综合国力的后劲。简言之，博士和硕士研究生是一个特殊的群体。他们既是一支科学研究的青年突击队，又是一支科学研究的后备军。特别是博士生，在几年的研究生生涯中，将要从知识的接受者逐步完成向知识的创造者的转变，而学术论文的写作正是他们实现身份转变的主要媒介。研究生撰写学位论文不单单是完成一篇普通的论文，而是通过这篇论文的撰写，接受科研全过程一整套的严格训练。这有点类似徒弟跟师傅学习木工。师傅带着徒弟打一件小板凳之类的家具，小板凳固然是一件具有实用价值的家具，但更重要的是，通过小板凳的制作，徒弟从立意设计到锯板剖面、凿卯接榫，受到木匠活一整套严格的训练，以后再做桌子、椅子之类的活，就有基础了。此外，研究生撰写学位论文还有一项重要功能，即培养研究生提出问题、分析问题和解决问题的能力。这项功能已经超越了学术界限，对于研究生从事任何一项工作都普遍适用，而且意义重大。可以说，是否善于提出问题、分析问题和解决问题，对于任何人，都是衡量其素质和能力高低的重要指标之一。从这个意义上说，研究生教育除了为学术研究队伍输送新鲜血液外，还担负着为社会各行各业输送高素质人才的任务。所有这些功能或目标的实现，学位论文的撰写都是最基本的环节之一。

总之，研究生论文写作不论对于学术界还是对于全社会，都是一件十分庄重的事情。孟子说："大匠诲人，必以规矩；学者亦必以规矩。"[①]研究生论文写作是有规矩、技巧的，为人之师，有责任和义务向学生传授这种"规矩"。正是出于这种自觉意识，我不揣谫陋，写了这本书。只是这本书做的工作还只是初步的、粗浅的，恳切期盼有更多的学者关注并研究这件事，贡献出更多、更好的作品，以便更有力地促进研究生实现从知识的接受者向知识的创造者的转变！

本书初稿完成后，先后由刚刚分配到太原科技大学的苗建荣博士和毕业多年、现已是河南大学副教授的卢艳君博士进行整理。尤其是卢艳君博士，为书稿统一体例、排版和校对等整理工作付出了巨大劳动，并且写了书稿第十一章和一篇热情洋溢的后记附在书后。著名法学家、山东建筑大学刘国涛教授在百忙之中，通读了本书初稿，并写下热情洋溢的序言。吕晨曦等同学对书稿进行了通读、校对。在此谨向刘国涛教授、两位博士和吕晨曦同学表示衷心的感谢！

马来平

2021 年 5 月 5 日于山东大学寓所

---

① 《孟子·告子上》。

第一章　打好基础　坚实迈出科研第一步

不论是博士生还是硕士生，撰写学位论文绝不仅仅是完成一篇普普通通的论文，而主要是通过学位论文的撰写，在导师指导下全面接受科研训练，以期培养和提高独立的科研能力。既然学位论文具有科研性质，那么，为写好学位论文，就必须打好基础，坚实迈出科研第一步。这里，我拟结合自己的经历略陈陋见。

我加入自然辩证法研究队伍是1979年。主要机缘是：我大学学的是半导体器件专业，而自中学时代起就痴迷哲学，这种爱好一直有增无减，愈久弥笃。所以，在当时全国上下向科学进军的“激动人心的年代”里，我毅然离开我所喜爱的共青团工作，选择了具备自然科学和哲学相结合特点的自然辩证法作为专业，跨进了山东大学文史哲研究所自然辩证法研究室的门槛。最初，我花了几个月时间搜集资料，专门研究自然辩证法的研究对象、学科性质、内容体系以及它的历史、现状和发展趋势等，旨在认清方向，明确目标。接着1980年上半年赴华南师院，参加了教育部委托主办的全国自然辩证法师资培训班，从广州返校后，又脱产在哲学系跟班听了几门哲学类主干课程。1983年初，经在广州同班学习的吉林大学张长城先生引荐，我去吉林大学哲学系随舒炜光先生进修自然辩证法硕士课程。

舒炜光先生1932年生于安徽黟县，1953年东北财经学院毕业后考取东北人民大学（今吉林大学）研究生，三年后留校任教，不久，即在学界成名。就在我去吉大那一年，舒先生晋升为教授，并成为全国第一位自然辩证法博士生导师。当时，舒先生同时活跃在自然辩证法、马克思主义哲学原理和现代西方哲学等几个学术领域，成果累累，声名远播，在学界俨然一颗明星。令人痛心的是，1988年初春，纠缠十多年的病魔终于无情地使他如日中天的事业戛然而止，强迫他年仅56岁就撒手人寰。这是中国自然辩证法界乃至中国哲学界的重大损失。

在吉大一年间，我听了舒先生的“现代西方科学哲学”“自然辩证法专题”等课程。根据录音补习了舒先生为1982届自然辩证法硕士研究生开设的“哲学原理专题研究”“恩格斯《自然辩证法》研究”等课程，还听了高清海、车文博、邹化政等先生讲授的几门哲学基础课。当年暑期，在舒先生主持召开的“《自然辩证法原理》[①]定稿会”上，他推荐我正式加入了他所领导的全国十几所综合大学科学共同体，开始参与《科学认识论》五卷本[②]的撰稿工作。在吉大，舒先生对我格外关照，学业指导十分具体，年底他又让我陪他去武汉参加“全国分析哲学讨论会”。一路上，舒先生相继在华中师大、武汉大学、杭州大学、浙江大学等高校讲学或举行座谈会，我和他形影不离，朝夕相处，使我获益良多。就这样，因得舒先生亲炙，我在科研上慢慢迈开了步子。自1986年黄山“全国中青年哲学最新成果交流会”上，应约在《江淮论坛》(1986年第15期)发表第一篇学术论文始，迄今近30年来，笔耕不辍，发表了一大批学术论文。虽然，我对自己的科研表现相当不满意，可舒先生引领我走上科研道路的浩荡师恩，却令我没齿难忘。

现在回想起来，我从舒先生那里得到的教益中最重要的是以下几点。

一、根深才能叶茂

对于像我这样初涉学术研究的人，舒先生谆谆告诫，根深才能叶茂，一定要在打基础上舍得下功夫。一个自然辩证法的从业人员，基础是多方面的，但最主要的是三个方面：哲学、自然科学和外语。舒先生说，在20世纪50年代中期研究生毕业留校后的几年间，他对马克思主义哲学颇下了一番苦功夫，在精读马列哲学原著的基础上，凡马克思主义哲学的概念、范畴和原理，他大都用自己的大脑独立地进行过再思考，力求做到消化彻底、理解到位。为此，他在唯物论、辩证法和认识论等方面，有计划地进行了一些专题研究。当时，他连续发表的《物质和意识》(1957年)、《运动和静止》(1958年)、《关于矛盾学说的几个问题》(1958年)、《具体真理论》(1958年)等专著和译著《基础和上层建筑》([苏联]福必娜)、《列宁论共产主义建设》([苏联]斯捷潘年)、《物质第一性和意识第二性》([苏联]切尔卡申)等，就是服务于上述目的的。

舒先生在奠定自然科学知识基础、提高自然科学修养方面，也投入了大量精力。50～60年代之交，他到吉大物理系跟班旁听了高等数学、电动力学和相对论、量子力学等课程。一听就是好几年，从来不无故缺席，而且课后坚持复习和预习。特别是在钻研和反思某些物理学核心概念上，他用力最甚。在外语方

① 舒炜光主编：《自然辩证法原理》，吉林人民出版社1984年版。

② 舒炜光主编：《科学认识论》(1～5卷)，吉林人民出版社1990、1996年版。

面，舒先生强调，搞高水平的科研，无论如何离不开外语。他说，他自己的英语功底全归功于中学。那时，他所在中学的英语课课时在各门功课中是最多的。不仅设有专门的普通英语、英语文法等课程，而且三角、代数等课程用的是英文课本，课堂教学也是用英语进行的。进入大学，舒先生转学俄语。20 世纪 60 年代又主动参加职工短训班学习了德语，以及自学了日语。舒先生的英语和俄语都达到了较高水平，不仅能熟练地在科研中使用外文书刊，而且两个语种都有一批译作发表。

舒先生的言传身教，使我对打好专业基础有了高度自觉的认识。在哲学方面，我不仅系统阅读和学习了西方现代科学哲学各流派的许多著作，而且一直比较注重阅读西方古典哲学和中国古代哲学的著作。我认为，搞科技哲学的人，在通晓西方哲学发展史基本脉络的基础上，一定要读懂一二位大哲学家，由此来体会哲学真谛、学习哲学思维；在自然科学方面，基于在通晓科学发展简史的基础上至少应熟悉一门自然科学的考虑，我除了经常温习自己所学的专业外，还专门花时间自学了物理学的一些课程，读了大量科学史的著作；在外语方面，我在高中学的是俄语，大学学的是英语，20 世纪 80 年代初，我曾在我校外文系脱产进修了一年英语，接着，又参加了我校为期半年的骨干教师英语培训班。80 年代中期，我曾与人合译过著名科学哲学家图尔敏的《预见与理解》，参加翻译过孙小礼先生等主编的《科学方法》(知识出版社 1990 年版)。只可惜评上教授以后，外语有所放松，以致对我的科研产生了一定的消极影响。

二、培养问题意识

去吉大以前，我在读书和研究中还没有培养起明确的问题意识。我看到，现在我所招收的研究生中，这种情况也很常见。有些研究生初写论文，只知堆积材料，不知提出和回答问题，就像一个初学裁缝的人，剪了一些布料堆在那里，却不知道是要做什么样式的服装。

舒先生十分重视引导学生培养问题意识。在讲“西方科学哲学”这门课时，一开头他就要求我们动脑筋提问题，并把是否能提出问题作为衡量学生学习质量的标准之一。他要求：要对讲课内容提出问题，对老师的论点和论据提出问题，对同学们的讨论发言提出问题，等等。总之，一定要抓住问题这个环节。这是写论文、做研究的起点。舒先生的观点很有见地。科学研究的目的是发现未知，而未知就是解释新事实的某些知识的缺席。已有的知识不能解释新事实，实质上就是已有知识和新事实发生了矛盾，而这就是科学问题。所以，科学研究既是推进知识发展，也是发现问题和解决问题。显然，不能提出和回答问题的论文是没有价值的。

怎样提出问题？舒先生认为，提问题要善于追根问底。他说，他从小就喜欢问“为什么”。喜欢他的老师喜欢他是因为他爱问为什么，不喜欢他的老师不喜欢他也是因为他爱问为什么。最初，他还不知“打破砂锅问到底”其实就是哲学精神或哲学的运思方式。当他在研究生阶段读了哲学专业，成为著名哲学家刘丹岩先生的学生以后，才明白了这一点。刘先生有一句口头禅：“根呢？”和别人讨论问题，总喜欢寻根、追根。就是说，心里总惦记着现象深处的本质、论点背后的论据、结果前面的原因。在刘先生的影响下，舒先生非常注重提问题直奔根本或抓住症结要害、关键部位。我经常听到舒先生批评他周围的人看问题“平面化”、不能“立体地看”“网络中看”，实际上就是主张向纵深处开拓，着眼于“根本”，发现和提出问题。

舒先生还认为，着眼于根本提问题，并非意味着哲学研究一定会脱离实际。他一贯主张写文章一定要有“针对性”。所谓针对性，就是在思考和解决理论问题的时候，一定不要忘记与此相关的“实际”。他认为写论文的最佳做法是在理论发展与社会需要的交叉点上发现和提出问题。舒先生的硕士毕业论文就是遵循这一原则的成功范例。20 世纪 50 年代初，斯大林在《马克思主义与语言学问题》一文中提出：某些质变过程具有渐进性特征，在一定情况下，质变会通过新质要素的逐渐积累和旧质要素的逐渐衰亡来实现。这个观点引起了苏联哲学界关于飞跃形式的多样性和飞跃类型的热烈讨论。当时，我国正在进行社会主义工业化和农业、手工业、资本主义工商业的社会主义改造，处于社会主义的过渡时期。这是一种典型的阶段飞跃或质变时期。这一飞跃或质变是应当通过激烈的形式瞬间完成，还是应当包含一系列新质积累和旧质衰亡的量变过程？显然，从理论上透彻地回答这一问题具有极为重大的现实意义。正是在这种背景下，社会主义过渡时期的飞跃形式问题闯进了舒先生的脑海。他说：“我一下子意识到，这是既有现实意义又有理论意义的一个好课题，在实际生活和哲学理论两个方面都崭新。我的注意力抓住了它。”① 于是舒先生选择了《中国过渡时期的飞跃形式》作为硕士毕业论文题目。这篇论文获得了极大成功：1955 年 3 月在《哲学研究》创刊号上全文发表，《新华月报》立即转载，日本《新矛盾论》一书作了评述，苏联也有专文介绍。而且，舒先生因此应邀参加了 1956 年我国第一个哲学发展长期规划课题的研究，撰成《中国社会主义革命和平过渡的飞跃形式》一书。尽管这本书后来给他带来了一场巨大的灾难，使他长期蒙受不白之冤，但是，他的毕业论文所体现的提问题方式和选题原则是完全正确的。

① 舒炜光：《科学认识论的总体设计》，吉林人民出版社 1993 年版，第 311 页。

三、从高层次入手

我接触舒先生不久，便逐渐发现他有一个习惯：不论讲课还是写文章，总喜欢"从高层次入手"，即首先讨论与课题有关的方法论问题。所谓方法论问题即与所研究或所讨论的课题直接相关的原则性、前提性问题。例如，他在西方科学哲学这门课的第二讲"关于形而上学"中，一开头讲了以下几个方法论问题：(1)形而上学的含义多样性。不同的哲学派别和哲学家，对它的理解往往有或多或少的差异。(2)形而上学的顽强性。反对形而上学的哲学家，其理论中往往包含许多形而上学的成分，进而为其他反形而上学的哲学家落下把柄。(3)形而上学的相对性。科学哲学中关于形而上学的讨论，通常是以实证主义尤其是逻辑实证主义对于形而上学的态度为坐标的，舒先生认为，在科学哲学范围内讨论形而上学问题，首先明确上述几个问题是至关重要的，它可以为我们驱散科学哲学范围内形而上学问题上的重重迷雾提供锐利的方法论武器。

诚然，不同的研究课题，其方法论问题的内容也不同，不过大凡方法论问题，大都表现为与课题相关的核心概念问题或某些基本原则问题，有时则二者兼备。如舒先生的《科学哲学的方法论初探》一文，所讨论的几个方法论问题是：(1)怎样解释科学哲学取决于怎样理解科学和哲学；(2)考察科学哲学必须结合科学哲学本身的实际；(3)注意区分科学哲学有广义和狭义之分；(4)在科学哲学与自然哲学、形而上学，哲学、方法论、认识论和科学等相近范畴的关系中考察科学哲学。上述第(1)(3)两个方法论问题旨在辨析科学、哲学、科学哲学三个基本概念；第(2)(4)两个方法论问题则是考察科学哲学的两条重要原则。

研究和讨论问题，为什么要"从高层次入手"？康德主张，哲学家的事业正在于追究所谓自明的东西，就是说，哲学研究本质上是借助于一环扣一环、步步深入的追问，使得它所预设的理论前提最终走向澄明之境。至于作为叙述过程的讲课或写论文，则是反过来，从自明的理论前提出发，参照研究物件所给定的条件，通过一系列的逻辑推导，得出应有的结论。一般说来，理论前提往往会涉及一些习见的概念或观点，而越是习见的概念和观点，越容易包藏暧昧和分歧。因此，对于与研究对象直接相关的理论前提一定要经过自己独立的、批判性的严格审视。关于这一点，舒先生明确指出："从高层次入手的方法要求首先面向前提问题，澄清前提观念，然后，由此出发解决疑难，处理纷争。这是一种给思想混乱和谬误治本的方法。它把疑难的焦点和可能的或现实的争执集中到逻辑前提上来，从根本上进行处理。只要处理得当，这种方法一定会显示出神奇的功效。它能使立论有理，为立论的依据提供逻辑上的可靠性。它能引导思考，并使通向结论的思路畅通无阻。它还能从思维方法上诊断出病症及其症结，从而排除表里不一健康假象。对于辨别争论中的是非，这种方法的效力非常高。”①

如何恰当地运用“从高层次入手”的方法？舒先生认为，至关重要的是要有整体观念。这是因为，一般说来，解决前提问题的难度是很大的。尤其只限于对有争议的单个论点或单个命题进行思考的时候，更是困难。这时往往需要再追问有关单个命题的前提，于是很可能陷入无穷后退的困境。摆脱这种困难的一种可能方式是求助于整体性观念，即从理论整体甚至学科整体来考虑，要维持一个理论自身的整体性。其中，尤为重要的是注意遵循以下两条原则：第一，合逻辑性，满足理论整体内部的自洽性和命题之间的逻辑一致性要求；第二，整体因果性，追踪结论在理论整体中引起的相关变化和要求，依据后果对其做出判断。

正是受舒先生的影响，我在写文章时，也习惯于“从高层次入手”，思考问题和分析问题不是就事论事，不是一下子落到技术操作层面，而是首先花力气解决与课题有关的前提性、原则性的问题。譬如讨论自然辩证法是不是一门学科，需要首先弄清一门学科得以确立的标准是什么、学科与研究领域的区别是什么；研究可持续发展，应该首先就可持续发展是否可能发表意见。只有这样才能击中问题的要害，抓住事物的本质，找到高屋建瓴、势如破竹的感觉。

---

① 舒炜光主编：《科学认识论》第1卷，吉林人民出版社1990年版，第20页。

第二章　当前研究生普遍关切的若干问题

最近，我们在几个单位的博士和硕士研究生中间就研究生论文写作中最关切的问题进行了调查，发现至少在某些单位，目前研究生们普遍关切的论文写作问题，较有代表性的主要有以下七个。

一、如何把握学科界限？

（一）正确理解学科界限的绝对性和相对性

学科界限既有绝对性，也有相对性，是绝对性和相对性的辩证统一。

（1）学科界限的绝对性。一个研究领域能否称之为学科，是有明确标准的。恩格斯说："每一门科学都是分析某一个别的运动形式或一系列互相关联和互相转化的运动形式的。"[①]这是从研究对象的角度界定学科。其实，界定学科的角度是多元的。这是因为，学科的标准不是单一的，而是一个系列：独立的研究对象；特定的研究方法；拥有一批核心成果；具备学术队伍、学术期刊、学术团体、专业教育机构等一套社会建制等。总之，学科具有明确标准，此即学科界限的绝对性。

（2）学科界限的相对性。归根结底，所有学科都是从不同的角度，运用不同的方法研究同一个世界，而世界是一个有机统一体，这一点决定了学科的划分具有一定的人为性，学科之间彼此关联，往往存在显在或潜在的交叉。质言之，学科划分具有相对性。科学发展史表明：学科之间潜在的关联和交叉具有无限性；随着科学的发展，原本风马牛不相及的学科突然被发现存在某种交叉的现象司空见惯。

---

① ［德］恩格斯：《自然辩证法》，人民出版社 2018 年版，第 122 页。

(二)选题一般不要完全脱离本学科、本专业

理论上讲,科学无禁区,选题不应当设置学科和专业的限制。但无情的事实告诉我们,学科或专业跳槽,对于博士或硕士研究生来说,存在很大弊端:

(1)知识基础优势丢失。由本学科、本专业转移到外学科、外专业,尽管兴趣使然,但毕竟在外学科、外专业是生手,而一个新专业的知识基础并非靠自学就能在短时间内补上。所以,在外学科、外专业,只能是一个未受过正规专业训练的游击队员,要与外学科、外专业的正规军正面对垒,打败仗的可能性是很大的。

(2)毕业论文被毙风险加大。如果毕业论文的指导教师不变,毕业论文所在专业只能填写本专业,毕业论文匿名评审将会送至本专业专家手中。如果一个专家看到一篇毕业论文挂羊头卖狗肉,论文内容与学生所填写专业不符,也与自己的专业不符,他会怎么做?如果更换毕业论文指导教师,导师是否同意、院系是否同意?显然,论文被毙的风险加大了。

(3)不利于争取导师的指导。研究生导师制有点类似传统技艺中师傅带徒弟,导师不仅要传授知识,还要传授科研技能和科研作风等。后者主要属于默会知识。学生专业跳槽,将会造成导师难以指导学生的尴尬局面。最终遭受最大损失的,只能是学生。

(三)提倡在学科交叉地带选题

学科不断分化和交叉是科学发展的永恒规律,所以,交叉地带是科学的生长点,现代科学在高度分化的基础上高度综合,涌现了大量边缘学科、综合学科和横断学科。恩格斯在谈到由于物理学和化学相交叉而出现的"电化学"学科时说:"在分子科学和原子科学的接触点上,双方都宣称无能为力,但是恰恰在这里可望取得最大的成果。"[①]恩格斯的观点值得高度重视。学科交叉点具有一系列特点:容易被忽视,研究力量薄弱;有待研究的问题层出不穷,发展前景十分开阔;便于运用相邻学科的理论和方法;等等。因此,尽管涉及多学科知识而相应增加了难度,但应当提倡在学科交叉地带选题。

二、该不该追求热点?

如何判定学术热点?不妨先看两份材料。

---

① [德]恩格斯:《自然辩证法》,人民出版社 2018 年版,第 282 页。

上海《学术月刊》杂志社、《光明日报》编辑部、中国人民大学书报资料中心于2019年1月10日在北京颁布的“2018年度中国十大学术热点”是：

(1)习近平新时代中国特色社会主义经济思想研究；

(2)马克思主义与当代社会；

(3)改革开放40年：经验总结、理论创新与学科发展；

(4)高质量发展下的现代化经济体系构建；

(5)乡村振兴战略研究；

(6)国家监察体制改革与刑事诉讼制度的衔接；

(7)海洋史研究的拓展；

(8)新时代教师队伍建设研究；

(9)算法主导下信息传播的社会影响与挑战；

(10)大数据视域下数字人文研究。

《文史哲》杂志与《中华读书报》于2019年5月4日组织评选的2018年中国人文学术十大热点是：

(1)人文社会科学界隆重纪念改革开放40周年，以“中国主体意识”为中心的学术转型成为学界自觉诉求；

(2)以马克思诞辰200周年和《共产党宣言》发表170周年为契机，学界重新思考马克思对当代中国和世界的意义；

(3)中华文明起源研究争议再起，夏代有无成为焦点问题；

(4)科技发展的伦理共识遭遇冲击，“基因编辑婴儿”引发人类命运忧思；

(5)饶宗颐、谢和耐等汉学大家相继离世，欧陆汉学传统渐成绝响；

(6)第二十四届世界哲学大会在北京召开，世界哲学研究或将进入“无问西东”的新境界；

(7)“墨子号”卫星量子试验引发墨学热，中国古代科技传统得以重新发掘；

(8)《狂人日记》发表百年，“政治鲁迅”重又站到世人面前；

(9)侯旭东新著《宠》挑战既有范式，“新政治史”研究蔚然兴起；

(10)“乡村振兴战略”全面开局，梁漱溟“邹平实验”再受关注。

从这两个群体所发布的迥然相异的年度学术热点，我们至少能体会出以下几点：

(1)学术热点存在不同类型。一般说来，学术热点即是引起学界广泛关注的学术问题，所谓“广泛关注”是多大范围没有一定之规；学术热点应是学术事件所引发的“学术问题”，而不是学术事件本身；学术热点应聚焦到“学术问题”，而不是一个宽泛的研究领域等。基于对学术热点的理解，上述两份年度学术热点清单告诉我们：学术热点存在不同类型。例如，重大学术理论的提出或学术事件的发生促使学界广泛参与的学术争论；重大自然科学发现所引发的哲学、伦理学、社会学和法律学等问题；重大社会事件所引发的学术讨论等。不同类型的学术热点的学术含量和学术价值不同。一般地，社会事件引发的学术讨论关注度高、应用性强，但其学术含量和学术价值并不见得高。

(2)学术热点的判定有相当的主观性。学术热点的判定，不仅受认定者对学术热点理解的影响，而且受认定者所在单位的价值诉求以及参评专家学术背景等因素的影响。这一现象似乎体现了较之自然科学人文社会科学所具有的一个特点：与形成共识相比，人文社会科学更加重视认识的过程。

选题该不该追求热点？正确的选择是，要重视热点，但不可盲目追求热点，冷门也是不可忽略的，比较恰当的做法是：做热门中的冷问题和做冷门中的热问题。

所谓做热门中的冷问题，即如果在热门选题，就要尽量寻找热门中较少受人注意的有价值的“冷问题”。热门能见度高，进展快，容易受到社会支持；同时，聚集了大批精兵强将，竞争激烈。对于能力弱、条件差，指导教师水平一般的新手，最好避开热门中心。

所谓做冷门中的热问题，就是如果在冷门选题，就要尽量寻找那些冷门中真正有意义、最有希望成为热门的问题。热门并非一开始就热的，通常是由冷门一点点热起来的。许多冷门也不会永远冷下去，条件成熟，也会逐渐热起来的。关键是要进行充分的调查研究，在导师的指导下，发现那些冷门中最有希望成为热门的问题。

三、好题目的标准是什么?

什么题目是一个好题目？以下三条应是比较基本的：

(一)有新意

所选题目要回答的问题，具有以下任何一种或几种特征的，都属于有新意。

(1)前人没有研究过的。判定一个问题是否属于前人“未知”，要着眼于学科发展的历史、现状和趋势去看，要有充分的资料根据，不可读点支离破碎的资料，就妄下断语，错把自己未知当作学界“未知”。总之，要把自己所选题目置于世界学术版图中去衡量，而不是仅仅局限于自己接触到的少量文献。

(2)学界有分歧的。首先，要鉴定分歧的真与假。后者往往只是表述上的、表面的。其次，要区分分歧是重大的，还是枝节的。这些都需要通过全面的文献调研，不可草率而定。

(3)有待纠正和深化的。前人对某个问题的研究明显暴露出缺陷和不足,或观点片面,或证据不足,或有盲点,等等,这些情况的出现通常有两方面的原因:一是研究资料的扩大,如稀见文献、出土文献、国外文献、地方文献、相邻学科的文献的增加等;二是研究视角或研究方法的更新等。从不同的角度看,同一件事情常常会呈现出不同的面貌,研究方法的更新历来是科学发展的契机。

(二)有前景

一个学科内,符合重要性和有新意的题目是很多的。在这众多题目中,有一个选择指标不能忽视,这就是有前景:不是做完就完了,做完后再沿着这个题目的方向往下就没得做了。例如,法国阿兰·佩雷菲特曾举过一个例子说:"有一位青年考古学家,脑袋里想写一篇论文,谈荷马时期的兵器学。文献学资料越搜集越多,浩如烟海。他觉得明智的方法是缩小范围,只研究头盔。但范围还是太大,于是再限定为冠缨。最后他风趣地说:'今后谁要谈荷马时代希腊战士的冠缨,就非引用我的论文不可。'"[①]原则上,通过微观表现宏观、以小见大是允许的。这种做法正是当代微观史学所倡导的。但是,对于微观有一个选择的问题。只有那些全局中有关键意义的微观,才能够实现以小见大,拥有广阔研究前景。枝节性的、琐细的微观,本来就意义不大,再继续做下去,就更加山穷水尽了。

特别是打算读完硕士再读博士,甚至读了博士还想终身以学术为业的人,更应该注意可持续性。事实证明,不少沿着硕士论文题目继续做的博士论文,不仅能按时完成,而且质量较高。试想一个题目已经做了三年的前期工作,再接着做四年,还能做不好吗?什么题目具有可持续性呢?这需要把所选题目放到学科发展的整体中去衡量。如果你所选题目这个点在整个学科知识这个面中,处于较核心的地位,或者虽一时处于边缘,但将来这个点不突破,势必会影响学科发展的话,那么这样的选题就是具有可持续性的。换个角度说,如果学科知识的结构为树状,那么,从树叶到树枝、树干,再到树根,其可持续性是递增的。

(三)最适合自己

科学问题是有层次的。它们分布在以学科根本理论为圆心的一系列同心圆上,并且距离圆心愈近,科学价值愈大,难度也愈大。博士或硕士研究生选题,因知识储备和种种客观条件的限制,不可片面追求科学价值,而置难度于不顾。既要敢想敢干,又要量力而行。要从自己的实际出发,选择最适合自己的题目。

---

① [法]阿兰·佩雷菲特:《官僚主义的弊害》,孟鞠如等译,商务印书馆1981年版,第422页。

四、如何看“新文科”的研究方法?

前面说过,就自然科学而言,凡是重要研究成果特别是重要理论突破,一定会伴随着方法的创新,研究方法和研究成果之间具有某种因果关系。自然科学如此,人文社会科学也是如此。人文社会科学要取得重要理论突破,也需要研究方法的创新。事实上,不仅重要理论突破,即使对于一般性新观点的提出,研究方法创新也一定会大见成效的。原因是新的研究方法的实质是新路径、新角度,它一定能引导人们关注研究对象的性质和规律看到平时所看不到的东西,就是说能够提出新观点。

原则上说,实现方法创新需要根据研究对象的性质和特点,具体情况具体分析。但一般说来,灵活而适当地引进自然科学和相邻人文社会科学学科的方法是最常见的方法创新途径。而这一做法正是“新文科”研究方法所主张的。

“新文科”这一概念是2017年由美国希拉姆学院最先提出的,2018年11月我国教育部决定实施包括全面推进“新文科”在内的“六卓越一拔尖”计划2.0。“新文科”旨在提倡引进新科学新技术,对传统文科进行重组和改造,实现文理交融和文科内部不同学科间的交融,尤其要求人文社会科学不可固守传统方法,而要打破学科界限,根据研究需要,大胆引进自然科学、技术科学和相邻人文社会科学学科的方法而实现方法创新。

事实上,“新文科”研究方法所要求的把自然科学方法引进人文社会科学的做法,早在20世纪时期之前就大量存在了。列宁曾这样说过:“从自然科学奔向社会科学的强大潮流,不仅在配第时代存在,在马克思时代也是存在的。在20世纪,这个潮流是同样强大,甚至可说更加强大了。”[①]20世纪八九十年代我国兴起的系统论、控制论、信息论等横断学科热,长期以来人们热衷于进行的把诠释学、现象学、结构主义、语言哲学等哲学理论和方法引进人文社会科学各学科的做法,以及当前正在兴起的把大数据等新科技方法广泛引进人文社会科学的潮流,等等,无不属于“新文科”研究方法的范畴,只不过,彼时还没有提出“新文科”这个概念罢了。

为什么不同学科之间的方法可以互通互用?根本原因就在于不论自然科学也罢、人文社会科学也罢,所有门类的学科都具有共同的认识论基础,这一认识论基础即是:任何理性认识都来源于感性认识,是感性认识通过理论概括而产生的。而理性认识的结构性、明晰性、预见性的不断改进和真理度的提高,都

---

① 《列宁全集》第25卷,人民出版社1988年版,第43页。

是沿着“经验——理论——经验——理论”的路径不断循环往复而实现的。各学科研究对象不同，决定了各学科拥有不同的研究方法，而任何学科的研究方法无一不是服务于认识从经验上升为理论，并推动理论逐渐进步和完善的。

总之，“新文科”的方法创新体现了时代精神，是符合科学发展规律的。研究生写论文应当大胆按照“新文科”方法创新的原则行事。

五、怎样构思论文框架？

在对所搜集的资料进行了较充分的消化，并且核心观点已经浮现的情况下，就可以着手构思论文的框架了。下面谈谈我本人的体会。

20 世纪 80 年代初，我刚刚涉足学术研究时，对论文框架构思是一头雾水，写文章常常是想到哪儿写到哪儿，兴之所至，则笔之所至，没有章法。第一次关于论文框架构思的指点，是从全国科技哲学第一位博士生导师、吉林大学哲学系舒炜光先生那里得到的。1983 年，我在吉林大学进修科技哲学硕士课程一年。其间，舒先生推荐我参加了由他领衔、全国十几所综合性大学自然辩证法教师参加的《科学认识论》五卷本的研究和撰稿工作。该书第一卷是导论，专门讲科学认识论研究的方法论问题。其中第四章“概括科学成果的方法论”分配给了我。这是我第一次参加正规的学术研究。我首先普查并钻研了马克思主义经典作家和西方近现代哲学家以及爱因斯坦等杰出科学家关于科学成果概括的有关论述，接着又搜集了大量国内外学者的有关著述。材料读了，笔记也做了，可是，脑子里仍然是一团乱麻，没有思路。这时舒老师告诉我：可以把概括科学成果作为一个过程看待，把这个过程分解为几个阶段，就能够形成一个框架。我立刻心领神会，最终把论文分成以下三部分：(1)概括对象的选择(讨论概括什么)；(2)概括的基本方式(讨论怎样概括)；(3)概括结论的哲学评价(讨论概括结论的处理问题)。结果，初稿写成以后，很快在通稿讨论会上被顺利通过了。

后来文章写得多了，我逐渐领悟到，就理论类论文而言，构思框架，最重要的是找到一根能够有机串联材料的红线。选择红线的主要依据是能否较好地反映研究对象的内在联系和论文的中心论点。常见的红线类型有：时间顺序、空间位置、过程阶段、结构要素、内容与形式、要点并列等。其中，用得比较多的是“三层楼”模式：“是什么”“为什么”“怎么办”。

再后来，我逐渐认识到，最理想、最有逻辑力量的理论类论文框架是“演绎式”。所谓“演绎式”就是按照演绎方法所要求的三段论格式来安排论文的框架。大前提是关于与论文核心论点密切相关的普遍性道理；小前提是与核心论点密切相关的条件性内容；最后是推导出的结论。前面两部分体现在论文里，不一定各占一章，可以分别有数章，章数多少视具体情况而定。通常最前面还要讲点背景材料。大前提通常是按照论点的要求深刻阐释有关的基本概念和基本理论，小前提则往往是一些关于核心论点的理论证据和事实证据。例如前不久，我写了一篇文章，主张进入新时代以后中国的主流科技观应当与时俱进，由“生产力科技观”转变为“综合国力科技观”。文章的框架如下：一、科技观的变革是科技工作的根本变革（普遍原理）；二、新时代呼唤新科技观（相关的理论与事实等条件性内容）；三、构建“核心综合国力科技观”（结论及其阐发）。

六、论文初稿完成后如何修改?

在写作过程中，修改是一个十分重要的环节。历代文人墨客都非常重视修改。张衡作《二京赋》十年乃成；欧阳修作文，通常先贴壁上，时加窜定，有终篇不留一言者；刘勰强调，对文章要细加修改，“权衡损益，斟酌浓淡，芟繁剪秽，弛于负担”等。我们应当继承和弘扬古代先贤的优良传统，树立“文不惮改”的精神。

对于“修改”在论文写作过程中的作用，我本人是有一个认识过程的。年轻时，文章写完后，通常处于一种敝帚自珍、自鸣得意的状态。所以，一个晚上也等不得，立即就投出去了。后来发生了转变。也许是日益珍视自己的学术声誉，变得越来越重视“修改”环节了。论文写完后，一遍一遍地改。论文修改的时间远远超过写作的时间。说来也怪，越改，毛病发现得越多。甚至时常发现重大硬伤，如两条腿，只讲了一条，漏掉了另一条的情况都会有！至于遣词造句上的错误更是改不胜改，一直到论文清样出来后，仍然能发现错误。反复修改的结果，甚至会出现这样的情况：终稿和初稿一比，内容、篇章结构和题目都变了，或者只是原稿某一段落的扩展，它们已经成了完全独立的两篇论文！

目前，我已经形成了论文写作的良性循环：手头通常积压几篇处于修改过程中的论文；今年发表的是去年或前年完成的。论文不满意绝不出手。即便这样，几乎每篇稿子把最后定稿寄给杂志编辑部后，修改的热情仍然十分高涨，停不下手来。无奈，只好隔两天再寄一遍，嘱编辑“请以此稿为准”！

通过实践，我充分尝到了修改对于提高论文质量的甜头，对于论文修改的作用，也有了一定的理性认识。我以为，论文修改的作用大致可概括为以下几点：

(1)论文修改的过程是不断深化认识的过程。论文写作既是研究结果的表达，也是研究过程的继续；而修改，则是论文写作的继续，当然也是研究过程的继续。论文修改最重要的任务就是设法使论文对核心问题的回答更加全面和到位、使论文各个部分之间的逻辑关系更加清晰和严密等，这些，实际上就意味着认识的逐渐深化。

(2)论文修改的过程是不断自我批判的过程。一般情况下，读者是带着挑剔的眼光阅读论文的。作者的修改，实际上是论文在未交付现在和未来的读者批判审查之前，先进行自我批判。自我批判就是自己找自己的碴，自己和自己进行辩论等。例如，需要逐一反省论文的核心论点和每一个分论点是否鲜明和有新意、论据是否可靠和充分、论证是否严密和规范等等。

(3)论文修改的过程是不断集思广益的过程。论文修改不能单靠自己，要千方百计，采取各种方式让老师、同事、同学等帮助修改。每个人的学养不同、经历不同、看问题的角度不同，因此，都有可能贡献出不同的真知灼见。这样一来，论文的修改就是一个不断集思广益、群策群力的过程了。

(4)论文修改的过程是不断字斟句酌的过程。所有的字和词，孤立地看，都由笔画组成，彼此间没有高低和好坏的区别。但一旦字和词进入句子和段落之后，只要恰如其分、别出心裁，就会立即产生美妙的艺术效果，甚至可以扣人心弦、催人泪下、引人遐想，乃至让人蠢蠢欲动！所以论文写好后，在修改过程中，字斟句酌，反复推敲，力争对每个字词，尤其是关键字词都精心挑选，而且安置到最恰当的地方，或者反过来说，让论文中每个字词尤其是关键的字词都运用得十分简洁、独到、恰到好处，那么，这对于增强论文的可读性，提高论文的质量，一定是立竿见影的。

我建议研究生不论平时写论文，还是学位论文，一定要在完成初稿后，预留出充分的修改时间。至于修改论文的方法，是很多的，这里略举以下几种：

(1)八方借智。即请四面八方的人帮助修改。目前，我的每篇文章几乎都会发给我所带的博士生乃至硕士生修改，请他们斟酌字句和提出修改意见。在接到学生们的修改稿后，我通常会打电话，再就他们所提出的修改意见进行交流。我让学生修改文章，一点不觉得有失身份，相反，闻过则喜，哪怕是改了一个字，我都打心里高兴和感谢他们。这样做的结果，不仅使我获益良多，而且同学们目睹和参与我的文章修改过程，实际上是参与了我的科研过程，因而收获颇丰。例如，我的几位博士生在和我的论文修改互动中，逐渐养成了字斟句酌、文不惮改的作风，也显著提高了理论思维的水平。这种效果是普通意义上的课堂教学远远达不到的。为此，我称这一做法为“一种特殊的教学方式”。其实，倘若同学们之间也自发地进行这种主动修改论文的活动，也一定会大有益处的。

(2)反复冷却。文章写好后，放在一边，让自己孤芳自赏的澎湃热情降下温来时，重读论文。由于头脑比较冷静，所以，容易检查出毛病，这一过程可反复进行多次。

(3)会议交流。争取机会参加学术会议，让自己的论文参与大会交流，并且利用会下闲暇时间，积极主动地征求和听取专家们的修改意见。

(4)公开宣讲。利用前沿讲座和校、院举办的研究生论坛等机会，报告自己的论文。有时也可以邀请本专业和本院系的同学，自发地组织讲座，把自己的论文讲一遍。这样不仅可以听到听众反馈的意见，自己也能在讲的过程中发现文章的一些毛病。

(5)撰写摘要。由于摘要有字数要求，必须简明扼要。常常包含三层：研究目的、研究方法和研究结论。其中主要表述文章的创新观点，所以，写摘要往往能够促使作者反省论文究竟有多少“干货”、论文逻辑结构上是否存在问题。

(6)轻松闲聊。在与别人聊天时，把论文所涉及的重点、难点问题巧妙地穿插进来，有时会有意想不到的收获。只要你把问题陈述得简洁明快、浅显易懂，即便是外行，也很有可能会一语中的，提出有价值的意见。我本人在出租车上、火车上和探亲时，都曾得到过这种意外的惊喜。

总之，写文章不是单纯的“写”，而是一个研究和认识的过程。文章初稿完成后，研究和认识的过程远没有结束。“修改”不仅是研究和认识过程必不可少的一个阶段，也是自我批判和主动听取他人意见的一个阶段。“修改”的主要任务是通过严格的审查、反省和征求意见，对文章进行纠错、调整和补充。从认识论的角度说，不存在不需要修改的文章，而且修改是无止境的。

一般情况下，不要奢望编辑给作者提出修改意见，或把审稿专家的意见寄给作者。常见的情况是，编辑部决定采用的稿件，又不得不修改，编辑会把修改意见反馈给作者。作者要下决心，通过修改，尽最大努力把编辑和审稿专家有可能发现的文章缺陷，在自己手中提前消灭掉。自己对文章比编辑和审稿专家还要来得苛刻些，必定会大大提高投稿的命中率。

七、投稿有哪些技巧?

做什么都有一个方法问题，所以，投稿这件事肯定有“技巧”。只不过，不同的人对“技巧”的理解不同而已。我认为，投稿“技巧”最当紧的是以下三点。

(一)研究杂志，了解杂志

投稿是发生在作者和杂志之间的行为，作者了解杂志势所必然。正所谓“知己知彼，百战不殆”。可是不少博士和硕士研究生不重视了解杂志，甚至压根就没有了解杂志的欲求。于是，一些研究生的投稿行为充满了盲目性，最典型的表现就是“海投”。有的人一篇论文可以错时连续投数家、十几家，甚至数十家杂志。他们不去冷静、客观地评估自家论文的质量，也不去了解杂志，而是把宝押在偶然性上，寄希望于或许有一家杂志会把录用的绣球抛到自己头上。应当说，“海投”行为浪费时间和精力，是极不明智的。

杂志有什么好了解的？试看：

(1)杂志的性质不同。粗略地讲，杂志可分为综合性杂志和专业性杂志两大类，这两类杂志大不相同。例如，较之综合性杂志，专业杂志的读者对象定位在本专业从业人员，因而论文发表后，在专业范围内，能见度较高；整体上看，专业杂志的编辑专业水平较高，分工较细；专业杂志所载稿件在内容上的连续性、积累性较强，因而对稿件的专业性要求较高，而且喜欢有深度的微观题目论文。

(2)杂志的开放程度不同。在中国，从办刊单位的角度看，人文社会科学杂志主要有这样几类情况：中国社会科学院各单位办的杂志、各省市社科院和各类研究机构办的杂志、各省市社科联办的杂志、高等院校主要是综合性大学和理工农医类高校办的杂志、军事院校和各级党校办的杂志、各级各类专业学会和群团办的杂志等等。这些杂志接收外稿的比例不同。总的看，这些年，由于学术研究国际化进程的加快以及 CSSCI 刊物遴选的导向作用等因素，各类杂志的开放程度都明显提升。但相比较而言，学报类杂志用外稿的比例可能偏低些，各地社科联办的杂志较之社科院办的杂志稍稍开放些。

(3)杂志用稿的偏好不同。由于专业不同，办刊单位的目标不同，杂志主编的个人风格不同，以及杂志历史上的原因，等等，每一份杂志几乎都形成了自己的特点，进而显示出了不同的用稿偏好。例如，有的杂志把求新放在第一位，没有资历成见，尽管研究生的文章稚嫩些，但只要材料新、观点新，照用不误；有的杂志不赞成纯思辨，喜欢具有实证风格的文章；有的杂志不喜欢微观题目的文章，也不喜欢宏观题目的文章，而较偏爱中观题目的文章；有的杂志对于人文学科的文章采用较少，而偏重社会科学类的文章；有的杂志不看好自由来稿，倾向于主动出击，大量约请各学科知名专家组织专栏文章。如此等等，不一而足。

以上所述，还只是杂志情况的冰山一角。试想，如果了解了这些情况，是否投稿更有针对性、成功的可能性更大些呢？

要了解杂志，就需要研究杂志。研究杂志，说来并不复杂。从学校期刊室或网上，把近三四年的某种杂志找齐，逐一浏览一下，就会对该刊的办刊宗旨、用稿偏好、重要栏目和近期的兴奋点等有个大概的了解。此外，作为了解杂志的一部分，作者还有一项功课要做，就是研究杂志的责任编辑和主编。了解他们的教育背景、浏览他们的研究成果、弄清他们的研究方向等等，此不赘言。

(二)扮靓门面“三大件”

大多数编辑都很忙。不仅手头有源源不断的稿件要处理，而且有评职和工作量考核等压力。在这种情况下,编辑不可能每篇来稿都通读。而且,一般情况下,高水平杂志的稿源远高于低水平杂志。有的杂志用稿率仅为2%及以下。编辑部只能严格控制进入二审即外审程序的稿件数量。通常的做法是,责任编辑首先依次浏览题目、内容提要和框架等论文门面“三大件”。这“三大件”有一件相不中,都会使论文面临被淘汰的厄运。都相中了,编辑才有可能读正文。所以,扮靓门面“三大件”,是提高投稿命中率的重要一环。

框架问题已如上述,下面扼要谈一下论文题目和内容提要。

(1)论文题目。从表述角度看,一个好的题目,至少应当满足以下三个条件:一是恰切。论文题目应能统领文章内容,力戒以偏概全甚至张冠李戴。二是新颖。前面“好题目的标准是什么”已有涉及。这里需要补充的是,题目最好能直接反映论文的主要创新观点。三是亮眼。在“恰切”的基础上,表达尽量简洁、奇异、犀利,有冲击力。切忌平淡无味、四平八稳。在谈到论文题目时,一位资深编辑举了这样两个题目做对比:《论政党法治的内涵与特征》和《政党法治:政党文明的新形式》。他认为,后者更新颖、更有视觉冲击力,更能引起编辑的阅读欲望。[①]

(2)内容提要。在内容提要的写法上,毕业论文和小论文有所不同。毕业论文的内容提要要求比较齐全:选题理由、内容简介、研究方法、创新点、不足之处等都要有;小论文的内容提要由于篇幅短,只要不缺少研究目标、研究方法、研究结论,尤其创新观点三项就可以了。常见有的小论文的内容提要只介绍文章内容而不讲创新点。这样做,要么是文章乏善可陈,要么是内容提要不合格,而这两者都极有可能使论文被拒。另外,讲创新点一方面要力透纸背、扎扎实实,让读者能感受到一定的冲击力;另一方面要客观,切忌自我评价,否则会有自我吹嘘之嫌。

怎样提高投稿的命中率?最有效的办法是“自己给自己找碴”,即主动自我批判和征求别人的批判。一句话,高度重视“修改”环节。论文“修改”方法已如上述,此不赘言。

论文写作,大道精微,见仁见智,技法难穷。以上仅就论文选题、材料占有和消化、研究方法、框架构思和论文发表等环节所涉及的某些问题,略述管见。核心观点是强调论文写作的根本任务是发展已有知识,提出新概念、新命题、新理论、新学说。这是一个在学科前沿探索的过程、认识的过程、自我批判的过程,而且永无止境。

---

① 参见刘京希:《从学术期刊角度看学术素养与论文写作》,《澳门理工学报》(人文社会科学版)2016年第4期。

第三章　研究方向和研究问题的选择

人们通常认为,博士生和硕士生的一个重要区别就是博士生基本上具备了自主选题的能力。其实对于硕士生来说,努力掌握自主选题的技能也颇有必要。因为在确定学位论文题目的时候,导师通常会征求学生的意见,学生也还是有一定选择余地的。所以,不论博士生还是硕士生,选题均是学位论文写作中一个具有挑战性的问题。不同的专业和研究方向,选题都有其特殊性;而且选题也因人、因时、因地而异。当然,共性也还是有的。一般地,学位论文选题可以分为两个层面:宏观为研究方向的选择,微观为研究问题的选择。

一、研究方向的选择

研究方向的选择,即是在某学科内关于研究领域的选择。客观上,每一学科都可以划分为若干研究领域。尤其科技哲学,它本身就是一个大口袋,所辖研究领域特别多,所以有一个研究领域的选择问题。研究方向的选择是否恰当,不仅在一定程度上影响着每一位学者的学术高度和学术生命,而且对于学位论文的难易程度和质量高低,也有相当程度的制约作用,尤其对于那些准备读博的硕士和将来有意从事学术性质工作的博士,意义特别重大。俗话说,“男怕入错行,女怕嫁错郎”,同样,搞学术研究也千万别站错了队,站错队,后果十分严重。总之,在选择研究方向上一定要慎之又慎。

一般说来,研究方向的选择,是基于个人的兴趣、知识基础、师承关系、研究条件、学术环境和社会需要等因素的综合考量。其中,以下三点需要特别予以重视。

1.顺应学科发展的趋势

研究方向的选择和研究课题的选择大不相同,二者最明显的差别就是对于研究者说来,前者是长期稳定的,后者则是变动不居的。一般说来,一个人的研究方向最好一生不变,紧咬着一个方向锲而不舍、百折不挠;一个人的研究课题选择最好因时而变,但万变不离其宗,这个"宗",就是研究方向。

一个人所选研究方向的理想状态是,随着研究的逐步深入,该研究方向愈来愈热,以致使得该研究方向上的研究者站到了本学科舞台的中央:研究者每发表一个观点,几乎都反响如雷,俨然成为引领学科发展的人物。这种状况在不同学科的普遍存在表明,研究方向的选择,最重要的就是顺应学科发展的趋势。有人说,研究方向要选"富矿",即有巨大开发价值的研究领域,或者选择"绩优股",即有巨大增值空间的研究领域。这些说法,其实说的都是顺应学科发展的趋势。

一般说来,学科发展的趋势既有相对稳定的因素,也有易于变化的因素。

在相对稳定的因素中,最有代表性的是学科的研究对象、研究任务和研究方法等。这些因素绝非固定不变,但变化较为缓慢。这一点是由各个学科在更高一级学科中的地位以及学科的性质所决定的。对于一个学科而言,这些因素的变化是根本上的变化,如果变化幅度较大、速度较快,其结果将会改变学科的面貌,甚至影响更高一级学科的全局。因此,研究方向的选择,一定要尽可能地尊重研究对象、研究任务和研究方法等。不要远离,更不要轻易背离这些因素。一些人之所以在研究方向上老是处于学科的边缘,研究成果在本学科影响不大,主要原因之一,往往就是在选择研究方向时,没有充分考虑本学科的这些因素。

在易于变化的因素中,最有代表性的是一个学科内的"带头领域"。在一个学科内不同研究领域的发展是不平衡的,在学科发展的过程中,经常出现有的研究领域走在其他研究领域的前面,而且向其他研究领域输送本研究领域所产生的概念、理论和方法,对其他研究领域乃至整个学科的发展发生重大影响。这样的研究领域就是"带头领域"。"带头领域"的形成主要取决于两种互相联系、互相作用的因素:其一,学科知识发展内在逻辑的基本需要。在每一个特定的历史时期内,每一个学科都有自己知识发展上的最基本、最迫切的需要,只有这种最基本、最迫切的需要得到满足,学科才能继续向前推进。通常情况下,恰好能满足学科知识发展这种内在逻辑的需要的研究领域,最有可能成为"带头领域"。其二,社会发展的基本需要。任何学科的发展都不能脱离社会,特别在当前知识经济时代,基础研究和应用研究的联系空前密切的情况下,更是如此。社会发展对各学科不同研究领域的需要是不平衡的。那些在客观上适应社会发展最基本、最迫切需要的研究领域,最有可能获得社会的认可和研究条件的支持,因而也最有可能优先得到发展而成为"带头领域"。总之,"带头领域"的形成,既是由于学科知识发展内在逻辑的基本需要,也是由于社会发展的基本需要,更准确地说,是这两种基本需要的统一,或在这两种基本需要的交叉点上,促成了“带头领域”的出现。“带头领域”产生的必然性说明,在一个学科发展的过程中,不论何时何地,总是存在着“带头领域”。不过,对于任何特定的研究领域,都不可能永远居于“带头领域”。“带头领域”在一定历史条件下形成,也必定会在一定历史条件下让位于新的“带头领域”。新的“带头领域”的形成和旧的“带头领域”让位是一个过程的两个方面,这个过程便是“带头领域”的更替。

学科内“带头领域”的不断更替的规律告诉我们:选择研究方向最好瞄准未来一个时期内有可能现身的“带头领域”。要做到这一点,需要在选择研究方向之前专门研究一下本学科的历史和国内外研究现状,弄清楚已有研究的成绩和不足之处,并把本学科置于更高一级学科的整体之中,预测学科内各主要研究方向发展的趋势。在经过充分的文献调研之后,再对自己的研究方向作出抉择。

2.结合毕业去向

近些年,在具有学术性质的单位尤其是理工科院校,在人文社科领域的青年教师中出现了一种普遍性的现象:他们在读博或读硕时,科研方向比较专,但走上工作岗位后,往往会遇到所在单位学科建设需要与个人科研方向之间的矛盾。在此情况下,多数人选择了改变原定研究方向的做法。由于这种改变大多出于权宜之计,准备不足,再加上社会发展迅速、外界诱惑很多,于是使得他们不断地变来变去,“打一枪换一个地方”。最终,丧失了一个明确而稳定的研究方向,科研陷入了极大的被动。针对这一问题,青年教师最好的选择是既要适应所在单位学科建设的需要,又不要轻易放弃当初在导师指导下经过深思熟虑所选择的研究方向,即应当在两者之间寻找一种最佳的结合方式,从而最大限度地坚守原定的研究方向。其实,在读研究生时便可以就此早作准备。虽然鉴于当下就业的现实,科研方向与实际工作完全吻合的可能性极小。但研究生在选择研究方向时,还是应在综合权衡各方面的主客观条件和学科发展内在逻辑的同时,尽量考虑到自己将来毕业后有可能从事的工作。当然,学位论文重在科研能力的训练,没有必要过分追求完全吻合。这里,我们想强调的是,在尽可能的情况下,使学位论文研究领域的选择适当向自己毕业后有可能从事的工作的方向靠拢,是十分有益的。

在易于变化的因素中,最有代表性的是一个学科内的“带头方向”。在一个学科内,不同研究方向的发展是不平衡的。

3.有一定的自由度

即在所选择的研究领域,大脑能够自由思考,“手脚”伸展得开。学术研究是探索未知世界的,而未知世界充满了大量偶然因素,各种各样的困难随时都可能出现,因此学者在从事学术研究的时候,必须保持自由。学术自由主要包括心灵自由和外部自由。心灵自由是指知识分子在从事学术研究的时候,思想超脱,能够摆脱名利羁绊、抵御各种诱惑。也就是达到了科学家竺可桢所说的那种“只问是非,不计利害”的境界。大量事实表明,只有淡泊名利,才能保持心灵自由。心灵自由是一个人的修养和思想境界问题,关键在价值观的选择。科研方向的选择主要涉及另一类自由,即外部自由。外部自由首先是指言论自由、出版自由、思想观点自由。如果你的研究方向伸到禁区里去了,意识形态不允许,那就需要斟酌。其次是指要有从事研究所必需的物质条件和资料条件。如有些领域里的研究,常常存在开展社会调查和利用稀有文献的问题,若没有经费,便会寸步难行。另外,某些领域里的统计资料不实或不对外公开,势必会影响研究的正常进行。这些情况,在选择研究方向时,都要充分考虑到。

二、研究问题的选择

研究问题的选择,即是选择论文所要研究的问题。这一选择,最根本的原则就是,选题一定要汇聚到“点”上,切忌“大而无当,浮泛不实”。“大而无当”是指题目过大。就科技哲学而言,诸如《论思维》《科技发展的规律》《粒子论》等题目,就是一些大而无当的题目。选这种题目做论文,最终都只能是虎头蛇尾,不了了之。“浮泛不实”是指论文题目没有画龙点睛,凝聚到中心论题上。这种情况特别常见。例如,研究某人的科学思想,文中讲了某人科学思想的形成、内容、影响、评价等,可谓面面俱到,但只是停留在面上,没有凝练出中心论题,找到某人科学思想中最具创造性、最闪光的“点”。因而没有形成一个深具个性的题目,只能是大而化之的“论某人的科学思想”。

为什么有的人易犯选题过大和浮泛的毛病呢?最常见的原因有二:一是没有充分认识到任何一般都存在于个别之中。寻找一般,往往需要着眼于个别,从个别入手,尤其是在全域中具有关键意义的个别。而通过关键性的个别寻找一般,乃是选题要“汇聚到点上”的真谛。二是缺乏“问题意识”。论文写作,作者具有问题意识是非常重要的,正如胡适一幅题词所说:“做学问要在不疑处有疑,待人要在有疑处不疑。”问题意识的实质就是善于在经验事实和现有理论之间敏锐地发现和捕捉矛盾,有些人就缺少这个功夫。好像一个裁缝,买了面料,剪成一堆各种形状的东西,放这了,但不知道做什么衣服,没有一个明确的目标!

在学术研究中,问题不是一般而言的问题,而是“科学问题”,即科学前沿或学科发展面临的问题。首先，它不是哪一个人、哪一部分人不明白的问题，而是所有人都不明白的问题，即科学上还没搞清楚的问题。其次，它是比较成熟的问题，即其客观条件和主观条件都已经比较充分的问题。最后，它是真问题而非假问题。真问题要有一个正确的前提，而假问题之所以假正是因其建立在错误的前提基础之上。例如，20 世纪 70 年代，中国以“红”与“专”的关系为主题的论文数以千计。1978 年全国科学大会上，邓小平发表讲话指出，知识分子埋头钻研业务是建设社会主义的需要，因而“专”就是“红”。这个观点一下子消解了那些讨论“红”与“专”关系的论文，它们在关于“红”和“专”问题的理论前提上走偏了方向，二者关系的研究也就随之误入了歧途。

总之，当我们说选题要汇聚到“点”上而不是滞留于“面”上时，这个“点”就是“观点”；而“面”就是研究的范围。例如，如果《论真理》是滞留于“面”的话，那么，《论真理是简单的》就是汇聚到“点”上；如果《评戴震的知识论》是滞留于“面”的话，那么，《评戴震的“德性资于学问说”》就是汇聚到“点”上。选题从滞留于“面”到汇聚到“点”，不能靠拍脑袋，而是下功夫研究的结果。只有在对有关的一手资料和大量的二手资料进行充分研究的基础上，才能发现“面”上所存在的亟待研究的关键“点”是什么。从形式上看，选题所要汇聚的“点”，应该达到一句话就可以说清楚，让人听后不仅能够明白无误，而且意识到“对，这个问题是该解决了！”此外，这个“点”，至少还应具有以下特征。

1. 具有新意

什么问题具有新意？如上所述，就是别人没有研究过的，研究过了但没有研究透的，感觉研究透了但是有分歧的，以及应该予以纠正、补充或是需要重新审视的问题；准确地说，具有新意的问题，即是学科前沿的问题。可是，一般情况下人文社会科学的前沿不像自然科学的前沿那样容易辨识。而且在中国，人文社会科学的前沿极易被等同于由社会对学科知识点的需要所造成的所谓“热点”，或者被等同于本学科国外的新动向。其实人文社会科学前沿的要义，乃是本学科内在逻辑发展的需要，及其与社会需要的契合处。单纯的社会需要，不论是国内的还是国外的，不少属于已有理论的应用，还算不上真正的科学前沿。

2. 具有关键性

具有关键性即是在学科发展中或者当前社会发展中具有重要意义的问题，当然如果二者兼具就更好了。一般地，在学科发展的需要和社会需要的交叉点上选题是最好的，这也就是通常说的选题“高起点”。一位诺贝尔奖金获得者这样说：“一个伟大的科学家是正在进行正确的而且是重要的工作的人。”一个学科有待研究的问题就像一棵大树，有树叶、树枝、树干、树根，彼此有机联系，地位不同。上哪儿去选题？树叶上吗？不，不要到树叶上去选题，至少得选个树枝，或者是树干，勇气大一点，经过可行性论证，也可以直奔树根。这样的选题，才具有关键性。选细枝末节为题，做那些内涵贫乏的文章，不仅未必省力，更为重要的是注定意义不大，难以产生影响。爱因斯坦说得好："我无法容忍这样的科学家，他们拿起一块木板，专找最薄的部分在最容易钻孔的地方钻了很多孔。"

3. 具有可行性

所选的问题不能太难，应该选择那些所需客观条件或主观条件大致具备，通过竭尽全力有可能做出点成绩的问题。所选的研究问题难度太大，这在学术圈时有发生。我认识一位大学教师，他扬言要推翻爱因斯坦相对论，结果研究了一辈子，直至退休，事业上一无所成，生活上穷困潦倒。选择研究问题时，缺乏清醒的认识，且过于高估自己，害了自己。再如，20 世纪 70 年代末，陈景润研究哥德巴赫猜想的事迹被报道后，吸引了很多人继续做这项研究。中科院数学所的所长杨乐不断收到声称自己证实了哥德巴赫猜想的来信，要求予以鉴定。杨乐不胜其扰，为此发表了公开声明，他说，我建议凡是以哥德巴赫猜想为研究方向的人，退出来吧。为什么呢？目前研究哥德巴赫猜想问题的数学工具还没出现，就是说条件不成熟。当然，上述两个例子，比较极端。通常情况下，研究问题不至于这么难，但是较之自己的实力和条件，所选择的研究问题过难，这个情况还是常见的。

4. 能够系列化

选题要系列化，就是说"点"不能脱离"面"，要使所选的"点"处于一个系列之中。这是一个很重要的选题技巧，为什么呢？它不仅便于把研究引向深入，而且突出的优点是"经济"。系列化的问题彼此之间是有内在联系的，做完第一个题目就等于为第二个题目铺平了道路，甚至是做完了一半的工作。如果说，孤立地选题是事倍功半的话，那么选题系列化就是事半功倍。一般地，凡博士论文选题是沿着硕士论文方向做的，不仅省力、做得快，而且也容易做得比较好。试想，已经思考了三年的题目再去思考三四年，还能做不好吗？

上面对选题要汇聚到"点"上的"点"做了许多限定，诸如要有新意、比较关键、具有可行性和能够系列化等。那么，这样的"点"怎么去找呢？不存在捷径，还是得从读书、查资料入手。通过系统、全面地查找与自己研究目标相关的资料，摸清研究现状，发现问题，然后通过比较所发现的诸多问题，找出自己中意的"点"。

强调汇聚到"点"上，是不是就反对选择宏观题目？不是的，原则上说宏观的、微观的都可以选，就研究生而言选微观的比较适宜。研究生科研经验较少，选微观的容易些，而且从大处着眼，小处着手，可以收到以小见大、事半功倍的效果。不论大问题还是小问题都是研究物件本身反映出来的，二者息息相关，密切相连。小问题做大、做深入后，不可避免地会触及大问题、触及事物深层的本质。既然论文选题选微观的比较好，为什么又说选择宏观问题在原则上是可行的呢？这是因为，选宏观的题目易于高屋建瓴、统筹全域、提纲挈领、直逼根本。特别是，如果一个人学术积累厚实，时间又比较充裕，选宏观的题目当然是可以的。但是选宏观的题目，仍然要避免面面俱到，而应着眼于题目的整体，看哪个地方最关键，选择一个关键“点”，由此入手，向深处开掘。这样一来，仍然是大处着眼、小处着手！

三、捕捉“问题”的“游击战术”

为了把“研究问题”的选择研究引向深入，这里拟专门讨论一个较为实用的选题技巧。先讲一个实例。

2014 年上半年的一天，学校给我下达了一个任务，要我按照一份简短的调研提纲，准备一个 15 分钟的发言稿，10 天之后赴中南海参加中共中央办公厅调研室为起草一份中央文件而召集的一个关于协商民主的小型专家座谈会。于是，我立即停下手头的工作，谢绝一切活动，在家闭关，展开工作。首先，我依据调研提纲的精神，从网上下载了三四十篇关于协商民主的重要论文，然后打印出来逐篇细读，边读边写眉批，记下随感；接着反复阅读自己所写的眉批，从中选择了重要而且自己有话可说的三个问题；最后，围绕这三个问题，到出发前的最后一晚，起草出了发言稿。第二天，在火车上修改、定稿。结果，在座谈会上发言后，效果良好，获得了与会专家的肯定。一个多月后，中共中央办公厅和国务院办公厅又联合组成调研组到山东专题调研协商民主问题。其间，召集山东几家主要学术单位的几位学者，召开了一次小型座谈会。学校又派我代表山东大学与会。同样是 15 分钟发言，但是只有两天的准备时间。这次我选择了一个问题。发言后，效果更加理想。国务院办公厅的领导在总结时，明确肯定了我的观点，与会专家也都表示赞许。随后，我对两次发言进行了整理和修改，写成了《关于协商民主的若干认识问题》一文。《人民日报内参》以记者访谈的形式专号发表了该文的部分观点。一家 CSSCI 期刊发表了全文，中国人民大学报刊复印资料《中国政治》全文转载。山东省委统战部和省社科联联合授予该文 2014 年度全省统战理论一等奖。2015 年 2 月 9 日，中共中央《关于加强社会主义协商民主建设的意见》发布，我的文章的基本观点和有些提法与中央文件的精神是比较吻合的。

我是政治学的外行，时间又十分紧迫，为什么这件事获得了一定的成功？

原因是多方面的。其中包括我担任15年政协委员,对政协协商民主有相当的实际感受,以及我在科技哲学方面的研究经历和基础等因素。不过,其中一个不容忽视的因素是捕捉"问题"的方法较为合理。我的做法是:在尽可能搜集到的有关材料中筛选出一批核心材料;然后逐一阅读、写眉批,记下个人的心得和发现;再从个人感受比较深的地方捕捉所要研究的"问题"。在捕捉"问题"时,我至少有意识地做到了以下两点。

1.捕捉那些小而关键,且能下沉到"点"的"问题"

就是说,着眼于研究对象的关键部位,捕捉那些非常具体、非常明确的"点"上而非"面"上的问题。例如,在关于协商民主的专题研究中,我在"协商民主的适用范围"这一关键部位,捕捉了与一个具体观点商榷的"问题"。我注意到一位政治学的权威学者提出,协商民主"只在有限的范围内可用,如在基层,政府要拿一笔钱给社区办事,没有确定的方案,就由百姓讨论干什么好。在高层,协商民主用在不同国家的圆桌会议讨论气候问题、反恐问题等,不是少数服从多数。还有国家圆桌谈判制宪等,才可能协商民主。国家层面的决策,只能是代议民主和参与式民主"。难道协商民主真的只适用于社会基层和某些国际问题,而基本上不适用于国家层面的决策吗?没有看到政治学界有人明确支持或反对这种观点。为此,我逐一反驳了协商民主不利于坚持党的领导的观点和协商民主会提高行政成本、降低行政效率的观点,明确提出:民主适用的范围有多大,协商民主适用的范围就有多大。

2.捕捉那些易于扬长避短的"问题"

就是说,着眼于研究对象的关键部位,捕捉那些便于自己扬长避短的"问题"。例如,在关于协商民主的专题研究中,我在"协商民主的内涵"这一关键部位,捕捉了这样一个具体而明确的"问题":协商民主和选举民主是民主的两个"环节"还是两种"类型"?政治学者主张后者,并且一般认为只有这两种类型。经过研究资料并根据担任15年政协委员的实际感受,我无法接受这一观点,我认为民主的形式很多,游行请愿、舆论自由、结社和公投等都超出了上述两种民主形式的范围。为此,经过研究,我提出一个观点:协商民主和选举民主是民主的两个基本环节,而不是两种类型。这个观点为拓展人们对民主的认识和发展民主的途径提供了理论基础。为什么说这个"问题"便于我扬长避短呢?因为我的专业属于哲学性质的科技哲学,以界定概念为基础的逻辑思维是自己之所长,而上述"问题"正是一个带有概念界定性质的问题;我的短处是在政治学领域是个外行,而概念界定性质的"问题"恰好回避了诸如协商民主和选举民主的比较研究、协商民主的机制、协商民主的作用等涉及大量政治学知识背景的"问题"。这样一来我的政治学外行的劣势就得到了一定程度的遮蔽,容易取得突破性的进展。

后来我意识到，我的上述做法实质上是不自觉地运用了军事上的“游击战术”。我作为一个政治学的外行，在政治学的战场上，属于游击队：没有受过正规训练、武器装备差、力量单薄。因此，一定要避免和正规部队打阵地战，不可在政治学的“大问题”和“纵深地带的问题”上，和政治学的学者较量。正确的做法应该是实行“敌进我退，敌驻我扰，敌疲我打，敌退我追”的战术，打游击战，专拣政治学有价值的“小问题”和带有一定本专业性质的“问题”上，穷追猛打，战则必胜。

我认为这种量力而行、扬长避短地捕捉问题的“游击战术”，不仅可供一般学者在面临时间紧、跨专业等情况下使用，同样也适用于博士和硕士研究生，尤其那些专业基础不太厚实又面临毕业和就业的压力因而时间不足的研究生。

不过，必须指出，“游击战术”的要义是合理捕捉问题，而不是依赖点击关键词、随机从网上查找材料的做法。从网上随机查找材料的做法本身是有严重缺陷的。这样找到的材料不仅挂一漏万，而且很可能层次较低。我在关于协商民主的专题研究中，之所以能够依靠点击关键词、随机从网上查找材料取得一定成功，除了上面说到的一些原因外，还有一个十分特殊的情况不容忽视：协商民主理论是国外政治学界提出来的，它被引进到中国，仅有短短几年的工夫，因而文献数量不是太大。总之，对于“游击战术”要慎用、用好。

第四章　正确处理论文选题的三种基本关系

研究生论文写作的首要环节是选题。题目选择得是否恰当和巧妙，既关系到论文质量的高低，也是衡量研究生科研能力的重要指标之一。为此，英国著名科学家贝尔纳认为："课题的形成和选择，无论作为外部的经济技术要求，抑或作为科学本身的要求，都是科研工作最复杂的一个阶段。一般来说，提出课题比解决课题更困难……所以评价和选择课题，便成了研究战略的起点。"[①]一位中国著名科学家则认为：科学研究人员可分为一、二、三等，"初级人员是在别人给他指点的领域、选定的题目之下完成一定的研究工作；中级人员自己能够找到一个比较合适的研究题目，并独立地去解决它；高级人员除了自己从事创造性的工作外，还应该具有指导研究工作的能力，能为别人指出一个合适的领域或题目"[②]。通常认为，硕士研究生和博士研究生大致属于学术研究的"初级人员"范围。

不同的专业或研究方向，选题有其特殊性，同时，选题也因人而异。这种具体情况的多样性和复杂性极大地突出了选题原则探讨的重要性。令人遗憾的是，国内科学方法论界在选题原则的探讨上，似乎普遍存在一种"浮泛"倾向。譬如，人们谈论最多的选题原则是需要性原则、科学性原则、创造性原则和可能性原则等等。无疑，这些原则都是正确的，可惜的是它们统统令人觉得太"原则"，太一般化了。以需要性原则为例，这条原则说的是选题要满足社会的需要和科学自身发展的需要。很明显，只要是科学问题而非伪科学问题，都能满足这个条件。基础性研究课题尽管距离眼前的社会需要远一点，但无论如何不能说它们在满足社会需要上是阴性的，更何况说到底，它们对社会需要的满足往往比应用性研究课题来得更根本、更有后劲些。因此，按照这条标准，无异于在

---

① [英]J. D. 贝尔纳：《科学研究的战略》，中国社科院情报所编译：《科学学译文集》，科学出版社1980年版，第28～29页。

② 严济慈：《谈谈读书、教学和做科学研究》，《红旗》1984年第1期。

面临众多科学问题的场合下取消了选题问题。上面其他几条原则都不同程度地存在着类似弊端。

可见，继续拓宽关于科研选题原则的研究是很有必要的。下面，侧重研究生论文选题，做初步探讨。

一、小与大：小中见大

严格地说，所谓大的科学问题和小的科学问题都只是一个模糊概念。似乎并不存在一个区分科学问题大小的精确尺度。不同学科、不同性质的科学问题之间是很难比较的。譬如：数学上的哥德巴赫猜想和物理学上的夸克幽禁这两个问题谁大谁小就很难确定。不过，在有些情况下，特别是相关问题之间比较大小，似乎也还是可行的。譬如，“导电性的本质是什么？”“某种金属的导电性如何？”“某种金属在某种条件下的导电性如何？”这三个问题比较起来，由于问题指向的范围依次缩小，而且彼此间有明显的包含关系，所以，可以认为它们是由大到小、依次排列的。总之，人们认为，比较简单、容易、理论价值或应用价值较小的问题是小问题，反之，则是大问题。

当然，我们还可以从科学问题功能的角度对科学问题的大小做出较为严格些的界定。一般地说，一个科学理论产生以后，它的发展行程可以粗略地分为两个时期。一是常规时期，在这个时期，科学理论发展的主要趋势或主要任务是丰富、完善以及推广应用；二是革命时期，在这个时期，科学理论发展的主要趋势或主要任务是从根本上变革自己，以便为更为合理的科学理论的出现开辟道路。常规时期所提出的问题，其功能是丰富和推广科学理论，可称之为小问题；革命时期所提出的问题，其功能是从根本上变革或推翻科学理论，可以称之为大问题。

选择小问题做研究有许多好处。例如，小问题难度小、周期短、见效快等，就以见效快这一点来说，它的意义是不可低估的。首先，见效快，意味着对社会有利，对科学发展有利。小问题通常比较靠近实际，应用价值明显，其研究成果能较快地转化为经济效益。同时，小问题也往往是科学理论发展所急需解决的课题，其研究成果能迅速地发挥推动科学理论进步的作用。其次，见效快，对科学家个人的成长有利。我们知道，在科学家和科学成果之间存在着相互作用。不同的科学家科学成果不同；同一科学家在不同的精神条件、物质条件和社会条件下成果也不同。反过来，科学成果对科学家也将产生两种性质的反作用。其一是对科学家的成长和进步的积极作用。科学成果是科学家辛勤劳动的结晶，也是科学家作为一种人才在水平上的标志。科学成果发表以后，会对科学家从精神上起到一种鼓舞和激励作用;科学成果获得社会承认,又会在荣誉、社会地位和物质待遇等方面给科学家带来报酬,从而为他们今后的研究创造更加优越的条件和环境。美国著名科学社会学家哈里特·朱克曼认为,科学界在成就和报酬分配上存在一种优势积累模式,“按照这一模式,凡在事业的早期即表现出有发展前途的科学家在从事研究的训练和设备上都被给予较好的机会。而只要他们的能力等于或超过其他科学家,他们便将终于在个人成就和获得报酬上遥遥领先。能否获得有利条件和设备往往关系到科学成就的质量,进而关系到报酬的多少。而报酬反过来又能转化为用以从事进一步研究工作的有利条件。因此,从一开始就占优势的科学家就得到更多的机会去获得进一步的成绩和报酬”[①]。可见,科学研究能否早出成果是事关重大的。其二,是科学成果对科学家的成长和进步起消极作用。科学成果是有质量差别的。如果一个人老是搞一些粗制滥造或重复性的低水平研究,这些成果不但不会帮助他成长,反而会把他引向歧途,使他永远处于科学界的最低档次上。进一步说,如果一个人为了早出成果竟敢进行欺骗或盗窃勾当,那么,他将迟早会被科学界唾弃乃至除名的。

选择小问题做研究不仅具有许多好处,更重要的是,它在科学家中间是具有特定适用性的。尽管人人都明白大问题与小问题之间存在价值的高低,也都从主观上倾向于选择大问题。但从客观条件上说,有些科学家是不太适于选大问题而适于选小问题的。譬如,从科学家的个人条件说,那些知识基础较差、能力较低、进取心不强、身体条件欠佳、思想比较保守的人,选小问题或许更适宜些;从科学家的环境条件说,那些远离科学中心,身处实验设备落后、人员素质差、内耗多的环境中的人,选小问题或许更适宜些。常见有些人对这一点不服气,选题时不重视主客观条件的分析,盲目追求高精尖。例如,几年前《自然辩证法通讯》杂志曾做过报道,说是少数爱好自然辩证法的青年作者在选题上是不够慎重的,说得重一点就是缺乏科学的求实精神。这家杂志经常收到一些青年作者如下题目的稿件:《宇宙论》《宇宙定律》《世界的本原》《自然层次原理》《生命探索》《论思维》《辩证法辩证》《粒子论》等等。上述这些题目,从物质结构、天体演化到生命起源,都是足够大、足够令人瞠目结舌的。在这些青年身上所表现出来的蓬勃的创造热情,强烈的求知欲,勇于探索的精神是极其可贵的。但是,他们中的绝大多数人没有客观地分析所选题目的分量,没有审慎地分析解决问题的科学发展条件和学历、能力、物力等客观条件,甚至没有认真考虑过制定切实可行的解题步骤,只是远远一望,凭一时的激情和冲动就贸然做出了

① [美]哈里特·朱克曼:《科学界的精英——美国的诺贝尔奖金获得者》,周叶谦、冯世则译,商务印书馆1979年版,第343页。

决定。这种选题做法与我们提倡的青年人建立在科学态度基础上的“敢于碰硬”原则是两码事。这些人往往不是被迫转向就是以“虎头蛇尾”“心高命薄”的结局而告终。

不论怎么说，选小问题毕竟是有缺陷的。小问题在其分量和价值上的先天性不足就是最明显的缺陷。尤其令人担心的是这样两种情况的发生：一是对于科学家个人来说，倘若他有能力或潜力承担大问题的研究，实际上他却耽于小问题而不能解脱，这是非常可惜的；二是对于一个国家来说，倘若这个国家在某一或某些方面有能力、有潜力承担大问题的研究，实际上，却由于种种人为的原因而不能开展有关的研究，这也是非常可惜的。应当考虑避免或弥补这种缺陷的方法。为此，有必要提出如下问题：研究小问题能否做到尽量具有较大的价值呢？这就是小中见大的问题。小中能否见大？答案是肯定的。基本的一条就是把问题的研究做深做透。

不论大问题，还是小问题，目的都在于揭示自然现象的本质，都是科学有机体的组成部分，二者本来就是息息相关、一脉相承的。所以，如果把有关小问题的研究做深做透了，就不可避免地会触及大问题，进而触及事物比较根本的性质。这正如读一首唐诗，譬如读杜甫的《羌村三首》吧，关于此诗某一句的理解或许是个局部问题，至少对于理解杜甫的思想是一个小问题吧？其实，如果要把这首诗的每一句钻研得透透彻彻，就不可避免地要涉及这首诗的全部，甚至关联到对杜甫有关思想的评价，从而就要涉及杜甫研究中的重大问题了。1962年，正值纪念杜甫1250周年诞辰之际，我所在单位原山东大学文史哲研究所副所长、我国著名杜甫研究专家萧涤非教授连续发表了两篇文章分析《羌村三首》中“娇儿不离膝，畏我复却去”这一句诗。中心思想是辨析“复却去”的主语是杜甫还是“娇儿”。因为当时学术界关于这个问题大约有三种主张：一是认为主语是杜甫，二是认为是娇儿，三是认为二者皆可。萧先生力主“主语是杜甫说”。他的文章写得十分深入，从杜甫孩子的年龄、《羌村三首》的写作时间、“不离膝”三字所表现的亲热程度和杜甫一贯对待孩子的态度等方面进行了全面而有力的考证。不论是谁，读了他的文章，不仅感到萧先生关于杜甫的研究已经达到了融会贯通、炉火纯青的地步，而且使人真切地看到了一句杜诗和一首杜诗、全部杜诗以及杜甫的思想、杜甫的时代、杜甫的生活，乃至更广阔的文化背景的联系是多么密不可分！无怪乎萧先生选择了“一个小问题，纪念大诗人”这样的字眼作为其文章的题目，并且意味深长地说：“用这样一个小问题来纪念大诗人，原是不相称的。但如果通过这一问题的争论，使我们对诗人那种‘细论文’的精神有进一步的认识和发扬，那么对于我们学习、研究和批判继承文学遗产，也将不是毫无意义的吧。"[①]您看,萧先生论述杜甫"细论文"的精神,巧妙地选择了《羌村三首》中一句诗的主语辨析这样一个方向！其效果不同样是出神入化、感人至深吗?

其实,许多大学问家都主张把小问题的研究做深做透就能达到小中见大的效果。例如,我国著名语言学家王力先生曾这样告诫过他的研究生:"讨论问题要深入,深入了就是好文章。好到什么程度?就是要好到能作为中国语言学的好文章流传下来,这叫小题目可做大文章。"[②]他认为大题目容易写得肤浅,没有价值,反而不如写深写透的小题目。他称赞王引之写的《经传释词》是一本好书,认为王引之对每个虚词的解释独立出来都是一篇论文,有几个虚词讲得好到没有法子形容了。比如他讲"终"字,总计不到一千字,讲得很透彻,证据确凿。看了他的解释,我们不但知道了虚词"终"是什么意思,而且也学到了他的科学方法。

通过做深做透能够小中见大,既适用于社会科学,也同样适用于自然科学。自然科学中,许多重大发现就是通过对某些细枝末节的微小现象的研究而得出的。例如,伽利略是通过研究"为什么教堂里的吊灯的摆动与振幅无关"而发现对摆的定律的,意大利生物学家伽伐尼是通过研究"为什么发生电火花的时候青蛙的腿会痉挛"而发现电流的;德国物理学家伦琴是通过研究"为什么在真空放电实验时荧光屏发亮和照相底片感光"而发现 X 射线的;我国著名的地质学家李四光是通过研究"为什么太行山东麓悬崖峭壁上大小石块与泥沙混杂分布"而得出第四纪冰川理论的。在自然科学中对小问题的研究做深做透,意味着通过缜密的研究把小问题的实质搞清楚,并能运用较普遍的理论给予圆满的解释。只要能做到这一步,就能在科学发展史上留下一页,这也就是小中见大了。所以大凡有高度科学修养的自然科学家也和社会科学家一样非常重视把小问题做深做透。许多自然科学家一再强调:"我们需要训练自己的观察力……并养成检查机遇提供的每一条线索的习惯。"[③]

除了通过做深做透小中见大以外,另一种比较常见的小中见大方式就是选题系列化。一个小问题孤立地看可能价值不大,但如果成串地看,价值可能就大了。俗话说"积沙成塔",一座塔的价值就远非一粒粒沙子的价值所能比的了。此外,一个大问题往往能分解成几个小问题。反过来,岂不就是几个小问题能组成一个大问题了吗?不是孤立地做一个个的小问题,而是把小问题串联起来,先易后难,由浅入深,从窄到宽,一层层、一步步地做下去,这就是选题系列化。

---

① 萧涤非:《杜甫研究》,齐鲁书社 1980 年版,第 241 页。

② 王力等:《怎样写学术论文》,北京大学出版社 1981 年版,第 2 页。

③ [英]W. I. B. 贝弗里奇:《科学研究的艺术》,陈捷译,科学出版社 1979 年版,第 34 页。

顺便说及，选题系列化，除了能够小中见大以外，还具有其他一些好处。例如，选题系列化能使研究比较省力。由于问题之间具有内在联系，所以做完第一个题目，实际上为做第二个题目铺平了道路，甚至是做了一半的工作。如果说孤立选题是事倍功半的话，那么，系列化选题则是事半功倍。

二、难与易：敢于碰硬

科学问题有难易之分。任何客观事物乃至整个外部世界都拥有层层递进和错落有致的结构。首先是本质和现象的区分，其次在本质内部又有一级本质、二级本质等区分。显然，涉及事物本质的问题较难，涉及事物现象的问题较易，而且，愈是涉及事物深刻本质的问题愈难。

选题应不应该选难的呢？上面说过，硕士和博士研究生一般应当选较为容易的小问题，力求以小见大。等以后实力强了，再选大问题，由易到难，循序渐进。应当说，这一选题原则适用于绝大多数青年。但并不全面，过分强调这一点容易掩盖另一种倾向，束缚青年人的手脚，压抑青年人的进取精神。为此，很有必要适当强调如下的选题原则：在特定条件下，青年人也应当敢于碰硬。

不妨先看一下事实。从科学史上看，许多攻坚性的问题是由青年人解决的。牛顿 24 岁时已经开始研究万有引力、微积分和颜色理论，他本人说道："我当时正处于我的发明创造的黄金时代，而且专心致志于数学和哲学的程度超过了后来的一切时期。"[①]达尔文乘贝格尔号进行他那历史性的航行时年仅 22 岁，形成进化论基本思想时年龄为 29 岁。爱因斯坦创造包括狭义相对论在内的三大科学发现时年龄为 26 岁。在推翻经典力学和建立量子力学的过程中，举世公认贡献最大的 10 位物理学家(他们后来都分别获得诺贝尔奖金)之中，共有 8 位是在 30 岁时完成他们的发现的。许多诺贝尔奖金获得者是在博士论文中发表他们获奖研究成果的，甚至有的诺贝尔奖金获得者做出他们的发现时才刚刚 20 岁出头，如美国的乔舒亚·莱德伯格在取得细菌的有性重组这一获奖发现时年仅 21 岁。莱德伯格不愧为早慧的科学家，不几年间，他的贡献之大，已足以使他的老师和合作者叹服。弗朗西斯·赖恩建议说，应当编辑一部纪念文集，来庆贺他的 25 岁生日！据统计，在 1901～1972 年间，诺贝尔奖金获得者完成其获奖工作时的平均年龄不到 39 岁，其中以物理学家最年轻，平均 36 岁。[②]

---

① 转引自[美]哈里特·朱克曼：《科学界的精英——美国的诺贝尔奖金获得者》，周叶谦、冯世则译，商务印书馆 1979 年版，第 227 页。

② 转引自[美]哈里特·朱克曼：《科学界的精英——美国的诺贝尔奖金获得者》，周叶谦、冯世则译，商务印书馆 1979 年版，第 229 页。

上述事实说明，对于有的青年人来说，选择难度大的课题，敢于碰硬，也是有可能弯道超车、出奇制胜的。为什么有的青年人碰硬居然也能成功呢？如下两条理由是值得一提的。

（一）碰硬所需要的基础知识可以快速获得

众所周知，攻克科学上的难题是需要科学家具有扎扎实实的知识基础的。这种知识基础包括专业知识、相关知识、外语，以及科研能力方面的基本功，等等。一个人的知识基础不扎实，当他钻研一个较难的科学问题时，将会四面碰壁、举步维艰。只有具备扎扎实实的知识基础，做起研究来才能高屋建瓴、势如破竹。可是真正要奠定一个扎扎实实的知识基础，需要付出巨大的劳动，同时也是要花费时日的。青年人不像年长的人那样，可以有较充裕的时间去打基础，因而在知识基础方面常常不占优势。这也就是一般人认为青年人选题不要攀高贪大，而应择小就易的缘故。

然而，打基础有一个方法和效率的问题。有的人把打基础看得很死，打了大半辈子心里还不踏实，老是不敢独立进行科学研究，或老是不敢碰有点分量的题目。也有的人盲目打基础，什么知识都想学，今天读这类书，明天读那类书，一旦去搞科学研究，不论搞什么题目，原来的基础还是不够用，还是浅薄。恰似一个人为盖房子打基础，一开始，他并不明确是盖土房、瓦房，还是楼房，心中只有一个念头：反正盖房子需要打基础。结果真正盖房子的时候，发现自己打基础的方向不对，只好重来。就这样打了改、改了打，折腾几回，一生也就在匆匆忙忙中了结了。科研队伍中，这种悲剧人物并不罕见。

有的青年人碰硬能够取胜的基本经验就是他们打基础的方法对头、方向明确，取得了高速度。所谓方法对头，包含的内容很多，例如，不是孤立地打基础，而是把打基础和搞研究结合起来，这就是一个很好的方法。方向明确是指为什么打基础、打什么基础，在科研人员那里，都能做到心中有数。就科学研究整体来说，打基础是无穷尽、无限制的；而就特定的科研目标来说，打基础则可以说是有限的，或者说是有特定内容的。有了起点，又有了确定的终点，就是两点间直线最近。相反，有了起点，终点游移不定，两点间的距离也就无法测量。那些成功的青年人往往就是那些凭着自己的洞察力或依靠杰出科学家的帮助，较早地确定了研究方向，选准了有重大意义的科研课题，然后，一门心思，矢志不渝地围绕该方向或课题打基础。其结果，提高了打基础的速度，用较短的时间积累了解决高难度问题的知识和能力。量子力学的奠基人之一海森堡的道路，就是典型的一例。海森堡 19 岁上大学，开始接触现代物理的基本概念，27 岁提出不确定性原理，成为世界上第一流的物理学家。同年，晋升为莱比锡大学理论物理教授。由于提出了不确定性原理，他获得了1932年的诺贝尔物理学奖。为什么短短的七八年间，他就从一个普通的大学生，一跃而为科学界的精英了呢？一个很重要的原因是他的导师索末菲要求他在扎扎实实地掌握物理学知识的同时，尽早接触物理学的前沿课题，并且把打基础有机地、巧妙地和解决前沿课题结合起来。就是说，海森堡很早就盯准了自己的课题，并且以课题为目标，有条不紊地定向积累知识，这样，才使得他在通向诺贝尔奖金的道路上，比一般人走得更快些。

（二）碰硬尤其需要具有革命精神

一般说来，包括科学知识在内的人类知识是以否定之否定的形式发展的。科学知识的每一步新的发展，都是对已有知识的继承，也是对已有知识不同程度地批判改造。在一门学科内，所提出的科学问题越根本，它的解决对已有知识所带来的冲击就越深刻、越广泛。从这个意义上说，不同层次上科学问题的解决，实质上乃是不同规模的科学革命。譬如，如果一个学科占主导地位的科学理论由于某个问题的解决受到了冲击，以致被取而代之，那么，这个问题所引起的就是这个学科整体性的科学革命；如果一个学科某个局部领域占主导地位的科学理论由于某个问题的解决受到冲击，以致被取而代之，那么，这个问题所引起的就是这个学科局部性的科学革命。

不同的科学家对待科学革命的态度是不同的。科学史证明，越是知识多、资历深的科学家越是容易倾向于保守，他们在旧理论运用上的娴熟技巧及其多产经历，已经使他们与旧理论有了一定的感情，因而产生了一定的偏爱。他们自觉不自觉地倾向于确信旧理论最终一定能够解决它所面临的一切问题，仿佛自然界发生的一切有关的现象都可以无一例外地塞进旧理论所提供的盒子一样。在这种情况下，知识多、基础扎实的优点往往成为他们肩上沉重的包袱，以至于在革命性的问题提出来以后，他们中的大多数人仍然抱住旧理论不放，不敢也不愿超越旧理论的界限，缺乏解决革命性问题所应有的胆识，在革命性的问题面前缩手缩脚，一筹莫展。他们中的许多人甚至在别人勇敢地解决了革命性问题，并提出了崭新的科学理论以后，依然执迷不悟。如许多被称为哥白尼主义者的科学家在哥白尼死后几乎一个世纪还不能完全承认哥白尼日心说；在牛顿的《自然哲学的数学原理》出版半个世纪以后，牛顿的成就还没有被欧洲大陆国家普遍接受；以不自觉的方式发现氧而闻名于世的英国科学家普里斯特里从来没有接受过氧的理论；开尔文勋爵也从来没有接受过电磁理论；等等。更有甚者，某些人不仅自己思想保守，还要用自己保守的思想去影响或要求他们的学生或同事。例如，当普朗克向他的老师约里表示，他将献身于理论物理学时，基于当时科学界对牛顿力学顶礼膜拜的保守立场，约里回答说："年轻人，你为什么要断送自己的前途呢？要知道，理论物理学已经终结。微分方程已经确立，它们的解法已经制定，可供计算的只是个别的局部情况。可是，把自己的一生献给这一事业，值得吗？"①

正是由于看到老一辈常见的保守倾向，所以，许多做出新发现的青年人并不幻想自己的学说能被老一辈顺利接受。如达尔文在他的《物种起源》行将完成的时候，不无感慨地写下了如下一段话："虽然我完全相信本书在提要的形式下提出来的观点是真实的，但是我决不期望说服富有经验的自然学者，他们的思想在岁月的悠久过程中装满了那些用与我的观点直接相反的观点所观察到的大量事实。……但是我满怀信心地看着将来，——看着年轻的、后起的自然学者，他们将会没有偏见地去看这个问题的两方面。"②普朗克说得更尖锐，他说："一种新的科学真理并不是靠使他的反对者信服，并且使他们同情而胜利的，不如说是因为他的反对者终于死了，而在成长的新的一代是熟悉它的。"③普朗克这段话入木三分地揭示了科学界的一种普遍真理：新的科学真理取得胜利，不是依靠说服那些以权威自居的反对者，更不是依靠他们的同情，而是要等到他们死亡以后，依靠青年一代的拥戴！普朗克的这一观点获得了知识界的广泛认同，以致科学社会学称这一观点为"普朗克原理"。

上述情况表明，打好基础是碰硬的必要条件，但不是充分条件。科学上的重大问题，通常具有不同程度上的知识革命的性质。提出并解决它们，需要具有尊重真理、敢于同旧传统决裂的革命精神和气概。在这一点上，知识少的青年人框框少，没有后顾之忧，不怕失去什么，反而比年龄大的科学家具备更有利的条件。俗话说"初生牛犊不怕虎""在一定条件下，学问少的人可以打败学问多的人"就是这个道理。

总而言之，如果青年人素质高、干劲大，又有优秀导师的指导和良好的科研条件，同样能够去碰科学上的关键问题，并很有可能取得胜利，那种不加区别，一味要求青年人只能选小问题或容易问题的做法是庸人之见，是要误事的。在某些情况下，我们应当鼓励青年人敢于创新、勇挑重担，这不是感情用事，说大话、空话，而是符合科研规律的；同时，也是发展中国科学技术的实际需要。试想，如果年轻人都争着去搞四平八稳的小题目，国家急需的高层次人才的培养怎能加快步伐，中国的科学技术何时能走到世界最前列？

---

① 转引自李醒民：《激动人心的年代》，四川人民出版社 1983 年版，第 14 页。

② ［英］达尔文：《物种起源》，周建人等译，商务印书馆 1963 年版，第 585 页。

③ 转引自［美］T. S. 库恩：《科学革命的结构》，李宝恒、纪树立译，上海科学技术出版社 1980 年版，第 125 页。

三、冷与热:冷热相济

科学的发展是不平衡的。由于种种原因,有的领域大家争着去做,于是成了热门;有的领域做的人少或没有人去做,于是成了冷门。热门和冷门是科学发展中的正常现象,任何时候都是会存在的。

选题中如何正确地处理热门与冷门的关系呢?比较适宜的原则是冷热相济。冷热相济包含两层意思:一是热门冷做,二是冷门热做。所谓热门冷做,就是如果在热门选题,就要尽量寻找那些热门中的冷门问题。所谓冷门热做,就是如果在冷门选题,就要尽量寻找那些冷门中最有希望成为热门的问题。

(一)热门冷做

科学上的热门有各种各样的情形:

有的是由于某种科学理论推广应用十分成功而形成的热门。例如,1540~1710 年间的经典力学,该领域的科学成果数占全部科学成果数的 20%以上,其主要成就有伽利略的运动学、牛顿的动力学等;1630~1740 年间的热学,重大成果数也超过 20%,主要成就包括真空大气压的发现、燃素说、温标与蒸汽机的发明;1780~1900 年间的化学,它的成果数占当时全部成果的 1/4,其主要成就有氧化说的提出、电热定律的成功、元素的大量发现以及无机化学理论的确立。

有的是由于某种新概念、新理论、新方法、新工具的产生而形成的热门。例如,1895 年 X 射线的发现,向原子不可再分的传统观念提出了挑战,于是形成了一股世界性的研究热潮。关于当时的情形,一本科学史著作这样写道:"伦琴的发现震惊了世界。几天以后,全世界的报纸都报道了这个重大发现。差不多每个有名望的物理学家都在重复做这个实验。"[①]而光谱分析方法的发现,曾导致大量稀土元素的一连串发现,离子加速器、中子反应堆、电子计算机等科学仪器的问世,也相继大踏步地推动了有关领域的研究。李政道在 1987 年与北大物理系研究生谈话中说,过去 30 年中粒子物理学的重大发现大约平均每两年有一项,其中绝大多数是用加速器发现的。[②]

总的看,科学上的热门是那些进展顺利、业已取得重大突破,而且其理论价值和应用价值已经充分显示出诱人前景的研究领域。打一个比方,这就好像科学向社会指明,某一座山拥有富矿,在这里投资成功的希望很大,于是,科学家

---

① 申漳:《简明科学技术史话》,中国青年出版社 1981 年版,第 298 页。

② 参见李政道:《和研究生的对话》,《神州学人》杂志社编:《足迹》,北京语言学院出版社 1989 年版,第 115 页。

都争着到这里选题，智力投资；而各个国家也都争着到这里开采，进行资源投资。比如超导研究，就一度是这样一个热门。许多国家集中物力、人力，开始了大规模的研究，形成了世界性的竞争局面。这表明热门的特点有二：一是有实力的科学家容易获得突破性的进展。研究成果容易受到科学界和国家的承认、重视和支持，并且能够较快地转化为技术；二是竞争性强。各学科的主力部队和精干人物都云集在热门。这对于弱者、新手和实验条件较差、远离科学中心的研究团体是十分不利的。

热门的上述特点要求新手、弱者在选题原则上应当与老手、强者有所不同。这也就是我们提倡青年选题热门冷做的原因。

和其他事物一样，热门也是有结构的。热门内部各个组成部门之间的热度一定是不均衡的。而且在特定的时期内热门内部各个组成部分的热度和其科学价值、应用价值未必相称，就是说，热门中相对较冷一些的组成部分未必价值就低。另外，热门中有些问题尽管大家都争着去做，但是研究角度或研究方法可能有被忽视的地方。总之，热门中必定存在某些课题、研究角度或研究方法是冷门，选择课题时抓住这些，就是热门冷做。

许多有经验的科学家十分强调热门冷做。例如，李政道先生曾说过："做科学研究工作，不但需要知道目前已有的先进科研方法，更重要的是能够确切了解哪些是科学重点，而在这些重点中有哪些是他人还不清楚，还有严重问题的。向还没有开辟的领域进军，才能创造新天地。"李政道先生曾讲过一件亲身经历的事来阐明他的上述思想：某年，他出席一个报告会，报告会上一位科学家介绍了他刚刚做完的一项工作。这位科学家的工作很出色，引起了科学界的轰动。李政道对这位科学家的工作并不熟悉，但引起了他的兴趣。于是报告会结束后，他特地请求那位报告人借给他一些有关这项研究的基本材料。那位科学家爽快地答应了。李政道拿到材料后，关在家里整整看了一个星期的材料，发现这位科学家的工作是有片面性的，他只考虑了其中一个方面，而另一个与之对称的方面却被忽略了。于是，李政道继续闭门不出，又一口气在家钻研了几个星期。结果他在那个对称的方面做出了自己的发现。李政道说，现在我不仅赶上了那位科学家，而且还超过了他。并且说："一个人做研究工作一定要走自己的路，不必用太多的精力去研究别人已经做过的工作，只要了解他在干什么，他的弱点是什么就够了。要针对他人的弱点，去做自己的工作，一旦突破就能前进一步。"①应当说，李政道先生对于热门冷做的战术掌握和运用得是非常娴熟和得心应手的。

---

① 转引自严生园:《科学家的可贵品质——记李政道教授在京作重要学术报告》,《神州学人》杂志社编:《足迹——杨振宁、李政道、丁肇中、李远哲成功之路》,北京语言学院出版社 1989 年版,第 158 页。

（二）冷门热做

在科学中，冷门基本上可分为三种情况：空白；薄弱环节；边缘地带。各个学科都有自己的空白和薄弱环节。而各个学科之间交叉的地方，又都有广阔的边缘地带。

冷门有利于选题的地方，首先是几乎没有竞争性。这一点恰好和热门形成了鲜明的对照。正由于人们还没有注意到或普遍忽视，所以很有利于新手和弱者。正所谓“山中无老虎，猴子称大王”。

其次，冷门未必因为开采的人少就没有开采的价值。热门不是一开始就热的。它也经历过冷门的时期。有许多冷门，之所以冷清，只不过是由于这个领域里的工作暂时还处于未开发或者酝酿积累的阶段而已。冷门中一旦有突破，就可能异军突起，骤然成为万众瞩目的热门。这在科学发展史上颇为司空见惯。例如，孟德尔选择具有植物典型性性状的豌豆做试验材料，连续奋战八年，经过 250 次人工杂交，终于发现了遗传学的两个基本规律——分离定律和自由组合定律。但是，这样重大的科研成果，当孟德尔把它公之于世，甚至把论文分送给欧洲各地的学者们的时候，并没有引起任何反响。三十年以后(1900 年)当有人重做了同样的杂交实验时，孟德尔的论文才重新被发现，并且使遗传学很快成为生物学上的热门研究领域。冷门热做就是选这种将来有希望成为热门的题目。将来一旦成为热门，就可以站在前沿，走到别人前面去了。

在冷门热做问题上，特别值得一提的是边缘地带的问题。一个学科的发展，除了纵向发展以外，还有横向发展。相邻的学科常常会发生互相渗透，互相靠拢的情形，这便出现了学科之间的边缘地带。现代科学一个突出的特点就是学科越分越细，新学科越来越多，学科间的边缘地带大量增加。因此，边缘选题的问题也就变得十分突出了。

边缘地带往往比较容易出成果。因为边缘地带好比未开垦的处女地，工作往往需要从最基本的地方做起，有价值的课题也特别多。比如 1926 年量子力学刚刚诞生，一年之后，W. H. 海特勒和 F. W. 伦敦就把量子力学移植到化学中，创造了量子化学这门物理和化学交叉的新兴学科。早在一百多年前，恩格斯就责怪当时的科学家似乎深受狭隘的专业分工和形而上学思想方法的束缚，看不到不同学科之间的联系，不懂得运动形式之间的转化。在研究电对化学作用和化学变化对电运动影响的时候，物理学家认为是化学家的事情，化学家则认为是物理学家的事情，“这样，在分子科学和原子科学的接触点上，双方都宣称无能为力，但是恰恰在这里可望取得最大的成果。”[①]当代自然科学的发展，特别是大量边缘科学的出现，充分证明了恩格斯这一科学预见的正确性。许多科学家通过自己的科学实践也深刻地认识到这一点。例如，控制论的创始人维纳在《控制论》一书中说：“在科学发展上可以得到最大收获的领域是各种已经建立起来的部门之间的被忽视的无人区。……正是这些科学的边缘区域，给有修养的研究者提供了最丰富的机会。”[②]

冷门热做包含一个很重要的思想，就是反对冷门问题上的极端化和钻牛角尖。属于冷门热做的问题和属于牛角尖的问题，有着原则上的区别。虽然它们都为人很少注意或根本无人问津，但是，在科学价值和应用价值上，两者迥然不同。属于牛角尖的问题是指那些很少有科学价值和应用价值的问题。据说，前几年，我国某名牌大学一位研究生做毕业论文时，在外国人的指导下，选了这样一个题目：给咖啡壶里的漩涡建立微分方程。结果这个题目搞了整整一年，也没搞出名堂，因为要毕业，只好不了了之，论文答辩交了白卷。这种教训是值得记取的。

当然，冷门热做，也有许多不利的因素。例如，冷门特别是边缘地带选题，一般需要知识面广博，这对于青年科研人员来说，是一个难点。另外，冷门选题不容易得到社会的支持和承认，尽管这通常是暂时的。对于这些我们应当有充分的认识。

从上面关于热门冷做和冷门热做两方面的情况看，关键问题不在于热门或者冷门，而在于一定要看准所选的题目是否有开采的价值，是否别人已经做过了。南京大学程千帆教授说得好：“选题要像开矿一样，不要选穷矿，不要选人家开采过没有多大发展前途的矿，也不要选那些岩石过多过硬，而自己的技术水平还暂时达不到要求的矿；要选前人没有开过，具有开采价值有发展前途、技术水平能够达到的矿。”[③]李政道先生也表达过类似的思想。他说：“我认为太注意所谓的‘热门’是个有危险的概念。我们不应当为热门而研究物理，而是应当找真正有意义的领域作为研究对象，什么东西是有意义的呢？那就要看它和自然界有多密切的联系。研究物理学的目的就是把自然界中最基本的规律找到，也就是说能把‘总开关’找到，其余的都能和它搭上关系。”[④]

---

① ［德］恩格斯：《自然辩证法》，人民出版社 2018 年版，第 282 页。

② ［美］N. 维纳：《控制论》，郝季仁译，科学出版社 1962 年版，第 2 页。

③ 参见傅兆龙：《喜看新秀脱颖出——江苏高校文科研究生培养工作调查》，《江海学刊》1982 年第 2 期。

④ 李政道：《和研究生的对话》，《神州学人》杂志社编：《足迹——杨振宁、李政道、丁肇中、李远哲成功之路》，北京语言学院出版社 1989 年版，第 114～115 页。

第五章　科学问题的四种基本类型

论文撰写一定要有问题意识，并且应该尽量使论文聚焦到价值较高的问题上来。为此，需要对科学问题的基本类型有所了解。一般地，人文社会科学的科学问题和自然科学的科学问题尽管差异明显，但原则上具有某种一致性。花点时间了解一下自然科学的科学问题，必定会对加深了解人文社会科学的科学问题大有裨益。因此，这里拟借鉴当代科学哲学“问题学”研究的成果，扼要论列一下科学问题的类型问题。

众所周知，科学发展的动力可以分为外部因素和内部因素。外部因素主要包括物质生产、政治制度和精神文化等；内部因素则主要包括科学理论与科学事实的矛盾、科学事实之间的矛盾、科学理论之间的矛盾以及科学理论自身的矛盾等。由于这些因素都可以带来或产生科学问题，所以科学问题可以按上述因素进行分类。不过，尽管外部因素有时是对科学发展起决定性作用的动力，但是在一般情况下，外部动力一定要首先转化为科学自身的问题，才能够发挥作用。所以，实际上，从产生的渠道说，科学问题可以大致分为以下四种基本类型：科学理论与科学事实矛盾引发的问题、科学事实之间矛盾引发的问题、科学理论之间矛盾引发的问题，以及科学理论自身矛盾引发的问题。

一、科学理论与科学事实矛盾引发的问题

科学理论和科学事实是科学构成中两种最基本的因素。科学的其他因素如科学概念、科学定律、科学学科等等，无不是这两种基本因素的构成部分或组合。这两种基本成分不可避免地要发生这样或那样的联系。一方面，科学事实是形成科学理论的土壤，推动科学理论发展的动力，以及检验科学理论的试金石；另一方面，科学理论最基本的功能就是解释已知的科学事实以及预言未知的科学事实。所谓解释科学事实，其实质就是按照一定的先行条件，把个别性

和分散性的科学事实囊括于具有普遍性的科学理论之中。所谓预言科学事实，其实质就是在一定的先行条件下，推广理论的应用范围。

由于人们的认识本质上具有相对性，任何既成的科学理论都不会是完美无缺的，因此，科学理论的解释和预言活动在复杂多变的客观世界面前，总会有遇到失败的时候。当科学理论不能解释某一新鲜事实时，或当科学理论所预言的事实不属实的时候，就意味着科学理论与科学事实发生了矛盾。这时认识主体的当前状态与所要达到的目标之间出现差距，于是科学问题便应运而生了。

科学理论与科学事实的矛盾大致可以分为两种情形，相应地，由此而产生的科学问题也有两种类型。

一种情形是科学理论和科学事实的矛盾对于科学理论来说是非根本性的，这时它所引起的科学问题就是常规问题。例如，1781 年 3 月 13 日的晚上，英国天文学家 W. 赫舍尔在天文观测中发现了一颗奇特的天体。当时他估计很可能是一颗彗星。资料表明，在赫舍尔之前，这颗星至少被看到和记录了 17 次之多，但都被看作是恒星。赫舍尔在 3 月 17 日和 19 日两次观测中看到这颗星在恒星间移动了，于是它不是恒星而可能是彗星的结论便被初次认定下来。数学家们开始根据已有的天文学理论计算这颗新发现彗星的运行轨道。计算表明，这颗新星作为彗星的运行轨道的理论计算值和观测事实是不一致的。天文学家莱克塞尔便提出猜想：它可能是一颗行星。后来表明，它作为行星的轨道与作为彗星的轨道相比，能够更好地与观测事实相吻合，于是这颗新星便作为行星肯定下来。这就是天王星的发现过程。由于赫舍尔的观测是发现这颗新星的契机，于是赫舍尔观测到它的 1781 年 3 月 13 日便被定为天王星发现的日子，科学家们为了保护现行的天文学理论，设想天王星不是彗星而是行星，结果使天文学理论与观测事实的矛盾得以解决。这类矛盾对于现行天文学理论来说就是非根本性的，它所引起的常规问题通常能够通过调整科学理论而得到解决。

另一种情形是科学理论和科学事实的矛盾对于科学理论来说是根本性的，这时它所引起的科学问题就是革命问题。例如，亚里士多德物理学的基本观点是“物体下落速度和重量成正比”和“作用力与物体运动速度成比例”。1586 年，荷兰数学家、工程师西蒙·斯蒂文撰文指出，他曾经做了一个试验，让两个轻重不同的铅球从 30 尺的高度同时下落，掉在一个可以听见音响的木板上，结果并非重物体先下落，而是两个物体同时落地。后来，伽利略进一步设计了用斜面滚动金属球的实验，比较准确地测定了重力加速度的数值，建立了自由落体定律，确切证明物体的下落速度和重量无关。同时，他还进一步研究了金属球脱离斜面后继续沿平面运动的情况，又得到了惯性定律。于是，彻底推翻了亚里士多德物理学的上述两根支柱，从而开创了近代实验力学。在这个例子中，亚里士多德物理学与科学事实的矛盾是根本性的，不可拯救的，所引起的科学问题也是革命性的。革命性的问题通常是形成科学革命即新旧理论更替的基本因素。

很明显，常规问题的实质是丰富、完善和加强已有的科学理论，革命问题的实质则是对已有科学理论的批判和排斥。这两类基于科学理论和科学事实之间矛盾的问题的分野启发我们，对待它们应具有不同的思维方式。在革命性的问题面前，不应对其持一种暧昧或逃避态度而固守已有的理论，相反应当采取一种发散式思维方式，使思想保持高度灵活和开放性；在常规问题面前不应对其持一种草率轻信或过激的态度，动辄怀疑和疏远现行理论，相反应当忠实于和尽力维护现行理论，采取一种收敛式思维方式，使思想具有一种高度的原则性和约束性。发散式思维方式和收敛式思维方式恰相对立、各有所用。关键是科研人员应当在它们之间形成必要的张力，娴熟而恰到好处地运用它们。

二、科学事实之间矛盾引发的问题

科学事实是指在科学研究领域之内，与科学认识活动发生关联的事实。它最突出的特点是感性、具体性。这一特点一方面带来了它的可靠性，另一方面也带来了它的分散性和现象性。人类的认识总是倾向于追求普遍性，因此人们不会满足于对科学事实的获取，而要努力探寻科学事实背后所蕴含的普遍性。这种普遍性的探索，有时是通过典型或重大的科学事实进行的，而更多的情况下则是通过寻找科学事实之间的联系而进行的。就是说，不同科学事实之间的联系是引起科学问题的重要渠道之一。

一般说来，科学事实之间关系引起的科学问题主要有两种情况：一是相反的科学事实引起的科学问题。俗话说，“事实胜于雄辩”，说的是事实具有确定性或可靠性。一般的事实尚且如此，更不要说科学事实了。因此如果关于同一件事居然呈现出两种不同的面貌，即出现了相互对立的两种事实，就非常引人注目，必然会成为典型的科学问题。二是同类的科学事实所引起的科学问题。一般地说，同类的科学事实不如相反的科学事实那样容易引起科学问题，但如果同类的科学事实数量增多，显示出某种统一性的时候，也会引起科学问题。例如，进入 19 世纪以后，化学元素发现得越来越多，当时已不下 28 种。这时人们就提出问题：各种化学元素之间是否存在某种内在联系？如何揭示这种内在联系呢？一时间，这成为当时化学领域最突出的科学问题。于是人们竞相探求化学元素之间的内在联系。先后由普劳特、德贝莱纳、尚古尔多阿、纽兰兹等人提出了普劳特假说、三元素组假说、螺旋图假说和“八音律”假说等，最后由门捷列夫集前人之大成，于 1869 年提出了元素周期律。

由上述可见，基于科学事实之间关系产生的科学问题，不论是相反科学事实之间的关系，还是同类科学事实之间的关系，都具有追求统一性的性质。只不过相反科学事实之间关系引起的问题所追求的统一性主要是在真假性上，意在追求真实性和客观性基础上的统一；而同类事实之间关系引起的问题所追求的统一性主要是在普遍性上，追求的是在最大普遍性基础上的统一。

三、科学理论之间矛盾引发的问题

和经验事实、经验定律不同，科学理论是按照逻辑规则严密地组织起来的系统化的科学知识。科学理论最核心的部分是那些足以体现其理论观点和倾向的一组基本概念和基本关系。它的外围部分则是分布在不同层次上的各种一般概念、范畴、公式、定律、定理、推论等等。例如，牛顿在他的《自然哲学的数学原理》这本标志经典力学成熟的著作里，列举了质点、质量、力、运动、空间、时间、加速度和万有引力等八个基本概念，并由此确立了由运动三定律为主体的基本关系。整个经典力学学说就是由这些基本概念和基本关系推论出来，组成了一个逻辑严密的理论系统。

另外，在一门成熟的学科里，科学理论都不是孤立存在的。它们往往要依附于一定的科学体系，还要具有一定的哲学背景，即人们通常说的“形而上学基础”。

由于基本概念和基本理论所体现的基本思想不同，以及由于科学理论所依据的哲学背景不同，带来了各自在理论出发点、研究重心、研究方法、思维方式等方面的种种差异，因此，不同的科学理论之间发生矛盾是十分正常的事情。自然科学理论虽然不像社会科学那样学说林立、论争迭起，但在科学史上，不同的科学理论之间发生冲突乃至冲突绵延几个世纪之久的情况并不鲜见。如数学上直觉主义、形式主义和逻辑主义之争，物理学上光的微粒说和光的波动说之争，天文学上日心说和地心说之争，地学上水成说和火成说及大陆漂移学说和板块构造学说之争，生物学上机械论和生机论之争、预成论和新生论之争、机体论和记忆论之争，等等。

一般地说，科学理论之间的矛盾往往引发出如下三个方面的问题。

(1)经验问题。经验问题即是由于人们对自然界客观事物的现象产生好奇心而发生的问题。它的实质是人类的知识背景与关于客观事物现象的实际了解之间所存在的差异。例如，当人们看到重物以惊人的规律性落到地面时，便会问：它为什么会如此落地？这就是经验问题。我们看到一滴墨水在水杯里迅速扩散，于是要寻找对此现象的解释，这也是经验问题。经验问题不是来自纯中性的观察，而是与人类头脑中已掌握的理论知识大有关系。凡是合乎自己所信奉理论的事物，我们看起来就觉得顺眼，不成“问题”，凡是不合乎自己所信奉理论的事物，便觉得奇怪，有“问题”。特别是当以不同的理论面对同样的事物，在理解和看法上发生分歧的时候，问题将更加尖锐。为什么对同样的事实会做出不同甚至是截然相反的解释来呢？是非何在？这必然会引发信奉不同科学理论的双方寻找有利于自己的证据和不利于对方证据的激情，乃至引起人们千方百计去设计足以裁判双方是非的判决性实验的活动。例如，在光学发展史上，曾经发生的一场旷日持久的微粒说和波动说之争，就是典型的经验问题。

(2)理论问题。理论问题是由于认识主体对于某种理论的真理性产生疑问而引起的问题。考虑到认识主体通常是具有一定理论背景或信奉某种理论的人，所以理论问题通常是由不同理论之间的矛盾、不协调而产生的。科学史上许多重大科学争论往往既涉及经验问题，又涉及理论问题，甚至主要涉及理论问题。比较典型的像天文学史上的地心说与日心说之争。

(3)哲学问题。科学与哲学是两门性质不同的学科。为什么科学要产生哲学问题呢？这涉及哲学的性质问题。哲学不是脱离科学而存在的，许多哲学甚至以科学为基础，就是说，许多哲学的观点是从科学材料那里概括出来的；从另一方面说，如果科学观点逐步提高普遍性，就势必要触及哲学。为此，我们看到，科学史上许多不同的科学理论之间或同一科学理论的不同解释之间的差异和矛盾，往往导致或溯源于各自的哲学立场和观点的不同。例如，生物学上对于生命现象的解释，在各个历史时期有不同的见解。大致说来，这些不同的见解，可以总括为几个理论学说，如机械论和生机论、预成论和新生论、机体论和记忆论等。从哲学观念上说，这些学说又大体可分为两种情况，一种是整体论观念，认为生物是一个完备的个体，生命现象只能从完整的情况下表现出来；另一种是还原论观念，即把个体看作部分或特性的集合体，以分析部分或特殊性来说明个体。一般地，预成论者属于还原论观念者，新生论者属于整体论观念者，机械论者和记忆论者有的是还原论观念者，有的是整体论观念者；机体论者是坚定的整体论观念者。可见，生物学上各种理论学说之间的分歧，总根源就在于整体论观念和还原论观念的对立。整体论观念和还原论观念的问题属于哲学研究的对象，是哲学性质的问题。哲学问题对于科学发展往往具有一种纲领性的导引作用。这里，我们再次看到了哲学和科学的密切关系，看到了哲学在科学中的地位和作用的重要性。那种轻视哲学、排斥哲学的倾向是完全错误的。

四、科学理论自身矛盾引发的问题

科学理论的发展是采取假说的形式进行的。科学家首先在经验材料和已有理论背景的基础上试探性地提出假说，然后根据新的科学事实修改、补充和完善假说，最终将科学假说发展为科学理论。科学理论产生后，认识并没有停止，由于一切具体的真理都是相对性和绝对性的统一，所以任何科学理论的成长都必将经历一个从相对真理不断走向绝对真理的无限过程，或真理的相对性不断缩小、真理的绝对性不断增长的无限过程。科学理论存在真理上的相对性或不同程度的可错性，必然会带来科学理论各成分之间或科学理论不同阶段之间的差异和矛盾。于是由此便引发了大量科学问题。

原则上说，由于科学理论都有自己特定的经验事实基础，并且都包含概念、范畴、定律、规则、定理、推论等理论成分，所以，上面说过的理论与事实之间的矛盾、理论之间的矛盾、事实之间的矛盾也不同程度地包含有科学理论自身矛盾的成分。这里仅就科学理论自身矛盾最常见的一种情形，即理论内容与形式间的矛盾及其所引发的科学问题略作说明。

科学理论的内容通常是指科学理论所反映的客观世界的现象与规律，科学理论的形式通常指科学理论的表达方式、逻辑结构等等。这二者都是复杂的，它们之间的矛盾关系更是复杂。其中，科学理论的内容与科学语言之间的矛盾是一种常见情形，这也是科学问题产生的重要渠道之一。例如，化学科学的发展产生了制定化学符号系统的问题，反过来，化学符号系统的产生与完善也提出了科学理论内容方面的许多问题，进而极大地推进了化学科学的发展。化学符号系统是化学元素符号、名称、化学式等的统称，它们是化学科学所特有的一种形式化语言。这些抽象的语言不仅表示化学元素、化学原子、化合物的组成等物质内容，而且由这些符号组成的关系式，还表述了化学反应过程以及化学的理论和规律。此外，它们还是化学工作者进行理论思维和交流的工具。因此，化学符号系统对于化学学科的存在和发展必不可少。在一定意义上讲，化学符号系统也是近代化学迅速发展所必须具备的条件。

和化学学科一样，其他学科也存在着自身的科学理论内容与科学语言的矛盾，并由此而引发出大量科学问题。例如，生物遗传学的发展产生了制定遗传密码符号的问题，电子计算机科学的发展产生了制定程序语言的问题，等等；反过来，遗传密码符号和程序语言的制定和完善又提出了科学理论内容方面的许多问题，极大地推动了生物科学和计算机科学的发展。

科学理论的内容与科学理论的形式美之间的矛盾是科学理论内容与形式

矛盾的另一种常见情形，也是产生科学问题的重要渠道之一。科学理论既然有其形式，就有一个形式美的问题。什么是科学理论的形式美？由于美的本质是美学界分歧最大的基本问题之一，所以，很难给科学的形式美下一个确切的定义。不妨大致认为，科学理论的形式美就意味着和谐、优雅、一致、简单、整齐。

许多有成就的科学家都对科学理论的形式美有深刻的感受，并认识到，具有美学观念是科学家的基本素质之一。例如，杨振宁曾撰《美和理论物理学》一文，专门讨论理论物理学中的美的问题。19世纪最伟大的物理学家之一——麦克斯韦，在评论一位数学家时说，这个人“具有和谐性鉴赏的观念，他感到这是一切知识之本，一切快乐之源，它构成了各种行动的前提。这位数学家首先具有对称的眼力”①。表明麦克斯韦对科学美是很看重的。

由于任何一种科学理论只要存在，就一定有其内容和形式，同时有一个形式美的问题。所以，科学理论的内容与科学理论的形式美之间的矛盾存在于任何一个科学理论发展过程的始终。科学理论的内容与科学理论的形式美的矛盾是推动科学理论发展的重要动力之一。

① 转引自杨振宁：《美和理论物理学》，杨建邺编：《杨振宁文录：一位科学大师看人和这个世界》，海南出版社2012年版，第264页。

第六章 材料的占有、消化和“e-考据”

理论观点属于理性认识的范畴，理性认识永远建立在感性认识的基础上，而感性认识的主要表现形式，即是经验材料。即便经验材料里也包含有一些理论性质的材料，但相对于研究者所追求的新的理论观点，这些材料仍可视为经验性的。因此，所有形式的经验材料都是新观点的源泉。这一点决定了占有、消化和使用材料是发现和提出问题并形成理论观点的基本环节。

一、如何占有和消化材料？

（一）如何占有材料？

人文社会科学各学科的内容均可大致分为“史”和“论”两部分。思想史是“史”的重要组成部分。这里，我们就以思想史类题目和理论专题类题目为例，简要谈谈材料问题。

关于某个历史人物的思想研究，是理论学科的研究生学位论文较为常见的一类题目。这种类型的题目，研究对象明确，材料范围相对集中。因此，比较适于专业基础不太厚实的学生。思想史类题目需要首先区分“一手材料”和“二手材料”。“一手材料”原指自己动手采集和发现的材料，别人没利用过。这里我们代指关于历史人物、历史事件的原始材料，如人物的论著、信件、档案等，或者历史事件的档案记载、当事人的口述、遗存与旧址等。“二手材料”是指学界关于该人物或事件特别是与作者所选定题目直接相关的研究性著作、论文、回忆录等材料。

1.详尽占有材料

对于材料，最基本的要求是详尽占有，不论“一手材料”还是“二手材料”均应如此。详尽占有，最高境界是一网打尽。相对于“一手材料”，“二手材料”实现这个要求似乎更难一些。

就传统的搜集材料的方法来说，搜集二手资料常用的工具书是《全国社科新书目》《全国报刊文献索引》《全国报刊索引》等各种综合的、专业的、专题的书目和索引；同时，还要尽量利用中国知网、万方数据、读秀以及JSTOR、Proquest等在线和电子版的学术数据库、互联网的各种网站和搜索引擎，以及充分利用港澳台和国外的学术资源等。目前，海外学术材料的搜集较之过去也方便多了。此外，要充分利用前人所整理的相关专题材料。例如，研究乾嘉考据学，台湾“中央研究院”的林庆彰先生所主编的《乾嘉学术研究论著目录(1900～1993)》(“中央研究院”文哲所筹备处印)就是一本很有用的文献索引。这类不同专题的材料很多，很有使用价值。

传统的搜集二手材料方法主要有三种方式。

(1)全部一网打尽。从人物所处时代以来的所有文献都要统统找到。新中国成立以前的文献，近年来已陆续制成光盘。借到光盘后，可用搜索引擎进行搜索；新中国成立以后的文献，依靠《全国社科新书目》，以及《全国主要报刊资料索引》或《全国报刊索引》即可。

(2)近期一网打尽。改革开放以后，学术研究逐步走向繁荣，各类文献的学术价值有明显提升。可用第一种方式，把1980年以来的文献统统找到。

(3)重点期刊一网打尽。选定一定数量的重要专业学术期刊和最高层次的综合性学术期刊。对于每种期刊，从创刊号一直搜索到当下，把所有相关的论文统统找到；著作则利用《全国社科新书目》普查。后两种方式尽管没有做到彻底的一网打尽，但是近期的、最重要的有关文献已经罗致，而且搜索文献的时间大为缩短。在时间和精力特别紧张的情况下，当不失为一种权宜之计。

关于搜集材料的最新方法即“e-考据”方法，下面将予以专节讨论。

2.重视发现新材料

详尽占有材料强调的是材料的“量”，而材料的“质”更加重要。在材料的“质”的方面，相当重要的一点就是重视发现新材料。新材料即是学界没有发现过的材料，或对于所研究主题从没有使用过的材料。就新材料的表现形态来说，需要强调指出以下几点。

(1)新材料可以是文献上的，也可以是地下发掘出来的或田野调查得来的等。

(2)新材料可以是一宗，也可以是零星的，小到一件事、一件实物、一句话、一个词、一个字均可。比方说，我们今天看到的很多中国古书，特别是一些名著，并非自古传下来的。秦朝焚书坑儒，烧了很多，后来历史上又发生过几次大的焚书事件，于是许多书没有传下来。既然如此，我们是怎么读到的呢？靠学者“辑佚”，即从存留下来的古书里一句句、一段段、或一篇篇地辑录出来。据记载，仅从明代《永乐大典》这部类书里，就辑佚出了近千种古代文献。中国古代数学名著《算经十书》，它所包含的10本算经，有7本是从《永乐大典》里辑佚出来的。这些辑佚出来的书，每一本都是新材料，每本书的发现过程都可以写成一篇好文章。

(3)新材料是相对于研究主题而言的，不一定是从未发现过的，只要某个研究主题没有使用过的材料，如首次引入的外文材料、自己调查得来的材料等，原则上都可以称之为新材料。例如，我所指导的一位硕士，现为北京某高校的青年学者，从科技哲学转向了《资本论》研究。2013年，他以“基于《马克思恩格斯全集》历史考证版(MEGA)文献的《资本论》创作史研究”为题申报的国家社科基金项目获准立项。MEGA共114卷，当时已出版58卷、66册，把它用于《资本论》创作史研究，至少国内还没有过。鉴于《资本论》创作史研究是一个老题目，所以，材料新当是该课题申报成功的重要原因之一。

通常，一些年轻学者对新材料不太重视。其实，新材料绝不仅仅是材料的问题。绝大多数情况下，它和观点是紧密相关的。“材料蕴含观点”，这句话虽然老套，却放之四海而皆准。诚然，个别不能证明一般，观点不能单纯依靠材料来证明，但是新材料尤其是关键性的新材料，对于支撑观点是很有用的。因为材料对于观点作用的大小，主要不是靠材料的“量”，而是取决于材料的“质”。关键性的材料对于观点的支撑作用，能够以一当十，其真伪对于观点的真伪具有一定的支配性作用。此外，当新材料发表后，即使作者不做概括，新材料里蕴含的观点或理论也会被有些读者感受得到。所以，写文章一定要到学术前沿，到稀见文献、地方史料、新出土的文物中或到社会实践第一线去寻找新材料。我有一个习惯，到一个地方总是设法向当地的史志办公室或者政协文史委要一点地方史料。有的地方史料尚未进入学界视野，十分珍贵。史学界通常高度重视材料，尤其一手材料。认为搜集一手材料是“采铜于山”(顾炎武语)，一手材料远胜于“旧铜钱”般的二手材料。历史学家傅斯年一再强调说:“史学便是史料学”“史学本是史料学”“史学只是史料学”。他还有句名言:“一分材料出一分货，十分材料出十分货，没有材料便不出货。”他代表了一派人的观点，虽然对材料的强调未免过了头，但重视发现新材料这一观点无疑是正确的。

(二)如何消化材料?

详尽占有材料以后，接着是通过浏览，对全部材料进行分类处理。核心材料要复印或誊抄下来进行反复精读，其他材料或通读、或段落抄录或内容提要即可。大量关系不大或价值不大的材料很可能就过滤掉了。

消化材料是指在全面浏览有关材料的基础上,反复阅读并吃透核心材料。通常,消化材料分为两个阶段。第一个阶段主要关心如何从材料中提炼问题,使得论文题目进一步具体化,一直下沉到“点”,聚焦到真正的“问题”上。或许在搜集材料之前,对所要研究的“问题”已经有了初步认定,但为慎重起见,有必要在把资料搜集起来以后,粗读一遍,专门把所研究的“问题”予以“坐实”。这一点对于提高论文的质量大有裨益。第二个阶段主要关心如何寻找解决问题的途径。在寻找解决问题途径的导向下,重新阅读和消化材料。

消化材料有以下几点需要特别注意。

1. 材料的权威性。为提高论文的质量,要注意所利用二手材料的权威性。尽可能地阅读、消化以及在论文中引用那些较权威的二手材料。所谓较权威的二手材料,是指那些质量较高、作者知名度较高、载体(期刊、出版社)层次较高的二手材料。尽量不用或少用三流作者或三流载体所提供的二手材料。

2. 材料的真伪性。由于种种原因,二手材料里往往以不同形式夹杂着一些不实信息。对于二手材料所提供的人物资料、事件描述、时空信息、统计数字等,不可拿来就用,一定要经过自己亲手的审查和核实。杜绝以讹传讹,彻底把虚假关闭在自己论文的大门之外。

3. 材料的直接性。二手材料里往往包含着大量引用或转述,对于这些引用或转述,一定要找到原始材料予以核实后,才可以放心地去使用。力争在自己的论文里,避免照单接收二手材料里的间接引用,而要通过找到原始材料,把二手材料的间接引用转变为直接引用。这样,一方面可以减少错误,另一方面,也可以提高自己所使用材料的权威性。

消化材料要始终围绕完成论文“提出问题和解决问题”的核心任务来进行。不过如果“解决问题”仅仅被视为给出解决问题的对策,就不太适当了。因为解决问题还包含另一层更重要的意思,那就是观点创新。凡是观点创新一定要提出问题和解决问题,但提出问题和解决问题并不一定能观点创新。应当说,科学研究服务于决策很重要、很有意义,但服务于决策只是科学研究的目标之一,而且是外围的、表层的。科学研究的核心任务是发展知识。具体说,即是提出新概念、新判断、新理论、新学说,所有的学人都应当牢固树立这样的创新意识。每写一篇文章都要反问自己:我这篇文章有没有观点创新?甚至在决定写一篇文章的时候就应当明确认识到自己在观点创新上的大致目标。

二、一手材料出“观点”,二手材料出“问题”

前面说过,就历史人物思想研究而言,论文所使用的材料分为一手材料和二手材料。两种材料各有各的用途，其中最基本的就是：一手材料出“观点”，二手材料出“问题”。恰当区分一手材料和二手材料的作用，是消化材料的一个具有关键意义的问题，这里拟单独予以讨论。

（一）二手材料出“问题”

先说二手材料出“问题”。

写论文总是要提出问题和解决问题的。正如本书第五章所说，“问题”是指理论与事实之间的矛盾、不同理论之间的矛盾、不同事实之间的矛盾、同一理论的内容和形式之间的矛盾等。具体说来，对于研究者，“问题”是指学界有分歧的观点、有差错的观点、研究不充分的观点和缺乏研究的观点等。所有这些基本上反映在二手材料里，所以应该主要到二手材料里去找。脱离二手材料，单纯依靠一手材料找“问题”，由于人的思维往往具有同构性，你想到的，别人也很容易想得到。所以，很容易做重复性研究；同时，由于对前人的优秀研究成果缺乏继承，不能站在前人的肩膀上思考，也很容易做低水平的研究。不过，需要强调指出，从二手材料里找“问题”，对材料的量是有一定要求的。只有充分掌握了二手材料，才能够找到最有代表性或最重要的“学界有分歧的观点、有差错的观点”，才能够准确界定学界“研究不充分的观点和缺乏研究的观点”等。一句话，才能把问题找得准、找得好。至于二手材料的量如何掌握，下面谈搜集二手材料的三种方式时，将会涉及，此不赘述。

诚然，一手材料也能出“问题”，而且关于历史人物研究的“问题”归根结底来自一手材料。有些被学界研究较少或从未被研究过的人物的有关“问题”，应当且也只能到一手材料中去寻找；同时，即便对于学界研究较为充分的人物，随着学术的进步、研究方法的更新和新材料的不断被发现，从这些人物一手材料中发现有研究价值的“问题”的可能性也是随时存在的。既然如此，为什么要说二手材料出“问题”？因为一般情况下，一手材料不知已被多少学者研究过，也不知研究过多少遍。再从一手材料里发现有研究价值的“问题”，难度较大。历史人物的二手材料越多，从其一手材料里发现“问题”的难度越大。

总之，对于学术功力不够深厚的青年研究生来说，研究历史人物，应当秉持二手材料出“问题”的原则。

（二）一手材料出“观点”

再说一手材料出“观点”。

问题解决以后所得出的结论，即是“观点”。由于研究是针对历史人物进行的，所以关于某历史人物的所有观点，最终都应该得到有关该历史人物的一手材料的支撑。质言之,“观点”与一手材料不能脱节,更不能冲突。常见一些研究生写文章是在二手材料里讨生活的,文章写出来了,却始终没有碰一手材料。例如,一位年轻人曾告诉我,他发表了两篇关于墨子科学思想的论文,我问他《墨子》一书读得怎样,他竟然说,还一直没有读!这是不允许的。二手材料是别人关于一手材料研究的结果,而且,不少二手材料是转述他人关于一手材料研究的结果,甚至不知转了几道手。没有谁能保证形形色色的二手材料对于一手材料的理解是准确、到位的。倘若你所依据的二手材料是不可靠的,那么,你的研究不就成为沙滩上的房子了吗?另外,过分依赖二手材料而忽视一手材料,还有一个严重的危害:容易造成人的观点游移不定。我认识一位博士生,他兢兢业业,一心向学,购买和阅读了大量专业书籍。一位在读博士生,在其卧室里,竟然四壁皆书!可是就是这样一位学生,逾期数年,迟迟不能毕业。其间的原因很多,但不可忽视的一点,就是他沉迷在二手材料里不能自拔:忽而被这本书征服,观点追随这位作者;忽而被那本书征服,观点追随那位作者。由于他对所研究对象的一手材料关注不够,根底不牢,缺乏对二手材料足够的鉴别力,只能东说东倒,西说西随。结果,论文题目变来变去,始终写不出一篇完整的、令人满意的毕业论文!为此,必须强调:在整个学位论文的写作过程中,钻研一手材料始终是重点。如果说对于二手材料最重要的是尽可能“搜集要全”的话,那么对于一手材料最重要的则是“钻研要透”。就是说,对一手材料既要通读,又要读通。

诚然,当我们主张一手材料出“观点”的时候,并不是说凡“观点”都一定出自一手材料。首先,二手材料也能出“观点”,只不过对于二手材料的“观点”,不可无条件地接受,需要予以批判性的审查。批判性审查的判据,通常就是一手材料;其次,有些观点,特别是对历史人物思想的辨析、评价,以及关于历史人物思想“接着说”的成分,还要参考和运用一手材料和二手材料以外的其他思想资源。

三、怎样认识和运用“e-考据”?

在博士和硕士研究生论文写作中,不论何种学科,搜集材料都是最基础、最重要的环节。正因为如此,搜集材料有哪些途径和方法,是研究生普遍关心的一个问题。最近数年,我们高兴地看到,一种新的搜集材料的高效方法正在学界悄然兴起。该方法即是“e-考据”。

(一)“e-考据”的提出:考证瞿汝夔身世的意外收获

所谓“e-考据”,即是开放式乃至大规模运用互联网和电子数据库进行考据的方法。该方法是由台湾“中研院”院士黄一农教授于2005年最先提出来的。

1994年，黄一农教授曾写过一篇题为《瞿汝夔家世与生平考》的三页短文。之所以写这篇短文，皆因瞿汝夔是最早和传教士利玛窦有深交的一位儒士，正是他建议利玛窦以“儒冠儒服”取代和尚打扮，从而对利玛窦制定学术传教路线起到过重大作用。

十年后，黄先生准备出版他的《两头蛇：明末清初的第一代天主教徒》一书时，他意识到，鉴于瞿汝夔在早期传教士传教过程中所起的关键性作用，这个人物无论如何绕不过，必须弄清其身世和思想脉络。于是，他超越坊间流行的三、四本纸质文集，转向使用台北汉学研究中心制作的《明人文集联合目录及篇目索引资料库》等电子数据库搜集资料。结果令他大吃一惊，他居然顺藤摸瓜查清了长期不为人知的瞿汝夔的身世、家族和社会关系网络，以及他深陷其中的“叔嫂通问”家庭变故的前前后后，弄明白了瞿氏离家出走、漂泊南国及其信仰佛教的真正原因。这一次，他写出了30页篇幅的长文，把瞿汝夔这个人物写得活灵活现、跃然纸上。

通过这件事，黄一农教授真真切切看到了使用互联网和电子数据库的无限潜力。于是，他在《两头蛇：明末清初的第一代天主教徒》一书中，第一次提出了“e-考据”概念，大声疾呼：“随着出版业的蓬勃以及图书馆的现代化，再加上网际网路和电子资料库的普及，新一代的史学工作者常拥有博闻强识的前辈学者梦寐以求的环境。我们有机会在很短时间内就掌握前人未曾寓目的材料，并填补探索历史细节时的许多隙缝，或透过逻辑推理的布局，迅速论断先前待考的疑惑或矛盾。事实上，一个有机会孕育‘e-考据学派’的时代或已出现！”①

黄一农教授提出“e-考据”不是偶然的。一个时期以来，随着电脑和网络的普及，以及文献材料的数据化，学术界已经开始重视互联网和电子数据库的运用了。只不过对于绝大多数学者来说，运用互联网和电子数据库，主要是有限地搜集研究主题所需要的二手材料。“e-考据”与上述做法的根本区别乃是：“e-考据”不仅仅是二手材料的搜集，而是将重点指向了一手材料的搜集和考证，并且对于互联网和电子数据库的运用是全方位的，有时甚至是大规模的。例如，黄一农教授关于瞿汝夔的研究，“e-考据”搜集资料的范围不仅包括学界历来关于瞿氏研究的二手材料，更重要的还包括有关瞿氏本人、家族和社会关系网络等一切相关的一手文献材料和物证材料的搜集和考证。简言之，“e-考据”的特点是，运用互联网和电子数据库往往是全方位的和大规模的。

“e-考据”提出后，在学界立即引起了热烈反响。多数人肯定，也有人反对。

① 黄一农：《两头蛇：明末清初的第一代天主教徒》，上海古籍出版社2006年版，自序第VII页。

分歧主要集中在如何评价“e-考据”的学术意义上，换句话说，“e-考据”的出现是否引发了人文社会科学领域特别是文史领域的一场革命？

令人不安的是，“e-考据”提出十多年来，仍然有相当多的学者充耳不闻、无动于衷。即便在博士和硕士这个年轻学者的群体里，自觉运用该方法的也不多见。鉴于“e-考据”意义重大，直接关系到电子时代研究生论文写作中的材料占有、消化和运用的效果和效率问题，所以，怎样看待“e-考据”，是必须辨明的。

（二）“e-考据”的评价：人文社会科学的革命性变革

黄一农教授高度评价“e-考据”的学术意义。他反复强调“e-考据”在学术史上的革命意义：“‘e-考据时代’的出现，已使文史学界的研究环境与方法面临千年巨变。”[①]“文科的研究环境与方法正面临千年巨变，而在这波典范转移的冲击之下，许多领域均有机会透过 e-考据跃升至新的高度！”[②]“‘E 考据’的方法，足以使文史专业领域迎来一个学术黄金期。”[③]“E 考据是属于整个时代的，它绝对会使文科研究产生天崩地解的变化。”[④]学界许多人赞同黄先生，甚至有人把“e-考据”与纸和印刷术的发明关联到一起：“笔者以为影响中国学术进程的科技活动，有三个重要的关捩，一是纸的发明，二是印刷的流行，三是网络信息技术（古籍数字化为其中之一）。”[⑤]然而，持不同意见者则认为，不应当高估“e-考据”的学术价值，它和传统考据并无本质区别。

正确评价“e-考据”的学术价值，关键在于澄清“e-考据”与传统考据的区别。倘若二者的区别是根本上的，那么，“e-考据”的革命意义就是不言而喻的。

“e-考据”究竟引起了传统考据学的哪些变化呢？

首先，“e-考据”使得搜寻证据的广度有了质的飞跃。

传统考据学考证一个对象，所搜寻到的证据数量通常在个位或十位，能达到百位就是凤毛麟角了。“e-考据”所能找到的证据数量，显然已远非传统考据学所能比拟的了。当然，不同的考据对象，对于证据的量要求不同。量不一定太大，关键是“全”和“充分”。“e-考据”已经使得人们在考据一个对象时做到证据一应俱全的情况越来越普遍了。

---

① 黄一农：《e-考据时代的新曹学研究：以曹振彦生平为例》，《中国社会科学》2011 年第 2 期。

② 转引自张昊苏：《红学与“e 考据”的“二重奏”——读黄一农〈二重奏：红学与清史的对话〉》，《文学与文化》2016 年第 3 期。

③ 樊丽萍：《“现在是做文史最好的时候”台湾历史学家黄一农在沪推荐“E 考据”史学方法》，《文汇报》（上海）2011 年 9 月 9 日。

④ 郭倩：《黄一农：用 E 考据“玩”红学》，《中华读书报》2013 年 3 月 27 日。

⑤ 吴夏平：《论古籍数字化与现代学术进程》，第二届中国古籍数字化国际学术研讨会论文集，第 59 页。

其次,"e-考据"使得搜寻证据的深度有了质的飞跃。

这一点主要体现在两个方面。一是直接证据出现的频次大幅度增加。和间接证据相比,直接证据论证的力量更加强大。不过,主要受可用材料的限制,寻找直接证据的难度通常远远大于寻找间接证据的难度。这一点,"e-考据"有了极大改观。例如,1793 年大英帝国使节马戛尔尼晋见乾隆帝时是否行过跪叩礼,基于直接证据不足,中英双方史学家一直说法不一,该问题长期悬而未决。黄一农教授主要运用"e-考据"方法找到了随马戛尔尼访华的 12 人使节团中几乎全部使节所撰写的关于"三拜九叩"的日记。利用这些直接证据,最后得出结论:马戛尔尼跪拜了,但没有叩头。二是证据的类型更加多样化。传统考据学的证据主要表现为针对文献资料的本证和旁证两种类型。本证即是考据对象所在著作提供的证据;旁证即是其他著作所提供的证据。而"e-考据"所能利用的证据,就不仅仅是书证的本证和旁证了。例如,黄一农先生为了考证瞿汝夔的"家难",不仅搜遍了瞿汝夔"家难"各位主要当事人的传记、文集、碑刻等资料,而且还搜遍了瞿氏家族数代以及瞿氏家族社会交往网络所涉及人员的相关传记、文集、碑刻等资料,甚至连瞿汝夔兄长瞿汝稷的身高和相貌都作了详细考证。以致有学者慨叹:"过去的乾嘉学者有孤证不信的互相告诫,一般都要找到两个以上的证据,才能把一个结论确定下来。一农考证瞿汝夔的家变不只是复证、多证,简直有点竭泽而渔的味道,几乎是把所有可能的线索都穷尽,把能够堵塞的漏洞都堵上。"①就是说"e-考据"所能利用的证据,除了书证、物证等证据外,还将包括田野调查得到的证据以及视听资料、电子数据等形形色色的证据了。

再次,"e-考据"使得搜寻证据的速度有了质的飞跃。

传统考据不仅材料数量受限制,而且操作方式是手抄目验、手工化,所以寻找证据的速度往往十分缓慢。例如,戴震考证《尚书·尧典》中"光被四表"的"光"字的读音,当他根据有关资料提出在古代"光"字有可能等同于"横"字时,关键性的证据是依靠了许多学者的帮助,并且历时多年才得到的:两年后,钱大昕和姚鼐分别替他找到一条证据;过了七年多,戴震的一位族弟替他找到了两条证据;又过了许多年,他的弟子洪榜和段玉裁又为他各找到一条证据。更有甚者,明代陈第为了证明"服"字古音读如"逼",竭尽全力找到了 20 多个证据;几十年后,顾炎武又找到 162 个证据。历时数十年,仍不能定案。阎若璩为了证明古文《尚书》是假的,皓首穷经,花费了三十年的功夫!

相反,"e-考据"不仅使可供使用的材料数量空前增多,而且使用起来更方便

---

① 李天纲:《E 时代的考据之魅》,《书城》2007 年第 4 期。

了，从而大大加快了考据的速度。首先，电子资源库都设置了多种检索方式，如分类检索、条目检索、全文检索、高级检索、区域检索等；同时，还设置了种种附加功能，如“中国基本古籍库”阅览时不仅可以对照版本、标点批注、分类收集、下载编辑、打印等，而且还可以使用“版本速查”功能，查到某种图书有哪些版本及其收藏地等。其次，新浪、百度、网易等互联网不仅实现了全国各高校图书馆的资源共享，而且实现了高校图书馆、地方图书馆和国家图书馆的资源共享。为方便读者，这些互联网无一不设置了多种多样的检索功能，如关于学术论文的作者、篇名、期刊名称、期刊期数、内容摘要、关键词等。

上述所有这些，都使得材料检索变得异常快捷和精准，手起键落，一索即得，省却了学者游历访书之苦、翻检群书之劳。

最后，“e-考据”使得考据的重心发生了转移。

学术界通常认为，考据是一种通过寻找证据而解难释疑的方法。胡适曾归纳出考据的四项特征：“(1)每立一种新见解，必须有物观的证据；(2)证据完全是例证，例证就是举例为证；(3)举例作证是归纳的方法；(4)观察了一些个体的例之后，脑中先已有了一种假设的通则，然后用这通则所包含的例来证同类的例。所以这是一种归纳和演绎并用的科学方法。”[①]总之，考据的要义就是通过事实证据即经验材料来证明或反驳一个判断，而这个判断，通常是一种特殊性而非普遍性判断。

对于“e-考据”而言，情况发生了显著变化：“e-考据”并不仅仅用于通过事实证据来证明或反驳一个特殊性判断，它也可以大量用来证明或反驳一个普遍性判断。试想，如果把从经验材料中抽象概括出普遍性判断视为经验材料对普遍性判断的一种特殊支撑或证明方式的话，那么，我们就可以把从经验材料中抽象概括出普遍性判断这种研究称之为广义上的考据。至少，通过“e-考据”搜集经验材料，可以视为抽象概括普遍性判断的一个必要步骤。众所周知，从经验材料中抽象概括出普遍性判断，实际上是人文社会科学许多学科学术研究的中心环节之一。这样一来，考据学的范围便大幅度扩张，广义考据的地盘远超狭义考据。也正是在这个意义上，我们才说，“e-考据”使得考据的重心发生了转移。

造成上述变化的根源何在？关键在于，和传统考据相比，“e-考据”所使用的工具有了质的变化。由于互联网和电子数据库的使用，“我们遇上了前所未有的好时光。现在可以全文检索的中文古典文献多达50亿字，中文论文多达500

① 胡适：《清代学者的治学方法》，葛懋春、李兴芝编辑：《胡适哲学思想资料选》上册，华东师范大学出版社1985年版，第193～194页。

万篇。”[①]如果再把现代文献和外文文献，甚至把学术文献电子化的速度正日益加快这一因素也考虑进去，那么，可供使用的文献材料数目之大，更是不可估量。较之传统考据通过目验手抄所能得到的材料，“e-考据”可供使用的文献材料的确达到了海量！“e-考据”可供使用的文献材料由少量发展到海量，实际意味着看待外部世界的方式由坐井观天达到登高望远，或者说，正像生产工具由手工业方式发展到了蒸汽机而引发工业革命那样，考据手段由手工方式发展到了互联网和电子数据库，必定会引发考据学乃至人文社会科学的革命。

总之，对于“e-考据”的学术意义应当有充分的估价。“e-考据”不仅从考据的广度、深度和速度等方面使考据发生了翻天覆地的变化，而且打破了考据和非考据的界限，使考据方法有机地融入人文社会科学学术研究的方方面面。“e-考据”不仅使考据学迎来了春天，而且对整个学术发展的影响也是不可估量的。所以，把“e-考据”的出现视为考据学乃至人文社会科学学界的一场革命并不过分。

诚然，在充分肯定“e-考据”的学术意义的同时，也应当冷静地认识到它的局限性。

1. “e-考据”所使用的材料仍然是有限的

“e-考据”所使用的材料尽管是海量的，但仍然是有限的。首先，尚未发现的材料是大量的。亡佚的，未出土的，以及散落民间和流失海外尚未进入公开使用范围的文献的数量，不可小觑。其次，尚未电子化的材料是大量的。已经妥善保存的文献，仍有许多由于种种原因，未被网络和电子书库收录，更不必说绘画、碑刻、谱牒等类文献了。第三，未进入使用状态的材料是大量的。许多电子数据库制作好了，但由于价格昂贵或只限内部使用、不对外开放等人为保护的原因，大量材料不能被充分使用。对于大量研究人员来说，这些材料“有等于无”。

2. “e-考据”所使用的材料存在许多缺陷

一部分电子数据库，受制作人员学术水平和工作态度的影响，不同程度地存在错录、漏录等现象；还有一些数据库的功能欠完备，检索项目不能满足研究人员的需要，制作水平有待提高。

3.“e-考据”容易滋生一些错误倾向

由于“e-考据”搜索材料比较便捷、迅速，因此容易诱使研究人员沉湎于材料的铺陈，或者一味依靠“e”得的材料做论文，而忽视对传统纸质文献特别是对经典著作的研读，以及对“e”来的材料的鉴别、分析和提炼等。

---

① 范昕、李凯旋、刘剑：《文史研究迎来“E考据”时代》，《文汇报》(上海)2013年8月19日。

此外，“e-考据”说到底，重心在搜集材料手段的变革，它不仅不能代替对材料的研读、分析和概括，而且对这些方面的要求反而更高了。因此，对于“e-考据”的学术意义既要充分估价，又不可过分夸大。

（三）“e-考据”的运用：熟练掌握三种技巧

既然“e-考据”迎来了考据学的春天、对整个学术发展的影响巨大，那么，博士和硕士研究生乃至全体人文社会科学工作者就应当与时俱进，适时拿起并熟练运用“e-考据”。

怎样运用“e-考据”呢？涉及的方面很多，其中最重要的是熟练掌握以下三种技巧。

1.精心设计关键词

“e-考据”不论使用何种电子资源，首要的一步都是用关键词搜集资料。因此，对于使用“e-考据”来说，精心设计关键词是重要的第一步。

精心设计关键词的要义是由单一检索变为多元检索，由定向检索变为关联检索，由静态检索变为动态检索。例如，古代称呼某人通常回避直呼其名，而是把其字号、谥号、绰号、笔名、官衔等作为称谓。这样，查古代人物的资料，一般不能仅仅以其姓名作为关键词，而应以其字号、谥号、绰号、笔名、官衔等作为多元关键词。例如查杜甫的资料，应当以“杜少陵”“杜拾遗”“杜草堂”“杜工部”“子美”“野老”“老杜”“诗圣”等作为多元关键词。再如，查某一地名的有关资料，除了以该地名作为关键词外，还要考虑该地名的历史沿革以及该地隶属关系的沿革，动态选择多种关键词；查某一术语的有关资料，要搞清楚该术语所涉及的文字变迁以及别名、代称等，如查“麒麟”的有关资料，关键词除了“麒麟”“麟”以外，还要包括“骐麟”“麐”“麖”“麢”“麔”等。

目前，检索系统正在面临变革中。据报道，清华大学计算机科学与技术系已研制出了基于深度学习模型的智能诗歌检索。该检索突破了依据关键词检索的模式而跃进到依据语义检索，从而克服了“采用简单的字符串匹配策略而导致的会遗漏很多用词不同但语义相近或相关的候选结果的现象”①。

2.动态绘制知识地图

熟练使用“e-考据”，一项重要的基本功是对现有的电子资源有哪些、各有什么内容和特点、收藏在哪里、使用要领是什么等等，做到心中有数。这有点类似于研究人员在头脑中有一张关于电子资源的地图，而且这张地图要与时俱进，随着电子资源的不断扩大，随时调整、补充。这就是“动态绘制知识地图”。

① 刘石、孙茂松：《关于建设“中国古典知识库”的思考》，《人民政协报》2020年8月24日。

为使读者对“知识地图”有一个感性认识，下面主要依据一位在“e-考据”方面深有素养的学者所提供的材料，对“e-考据”中常用的资料库、网络资源作一介绍。[①]

搜寻或浏览古籍之资料库、网站：

(1)“汉籍电子文献资料库”：由台湾“中央研究院”历史语言研究所制作。内容包括“十三经”“二十五史”等经、史、子、集各部图书，其类别可略分为宗教文献、医药文献、文学与文集、政书、类书与史料汇编等，累计收录历代典籍已达800余种，4.7亿余字，内容几乎涵盖所有重要的典籍。

(2)“中国基本古籍库”：由北京爱如生数字化技术研究中心制作。收录先秦至民国一万多种书籍，总计全文约20亿字，图像约2000万页。

(3)“中国方志库”初集、二集：由北京爱如生数字化技术研究中心制作。每一集收录中国地方志2000种。

(4)“中国谱牒库”：由北京爱如生数字化技术研究中心制作。收录宋、元、明、清历朝家谱7000余种、年谱1200余种、仕谱300余种、日谱500余种，总计全文逾20亿字，影像逾1000万页，是研究人物传记、家族史的重要资源。

(5)“明清实录”：记载明清时期每一位皇帝起居注、宫中档案、诏令章奏等资料，依照时间顺序汇编而成。目前“明清实录”有两种电子资源可供查询，一为台湾“中央研究院”历史语言研究所“汉籍电子文献资料库”，可整合“十三经”、“二十五史”、《四库全书总目》等重要典籍一并搜寻。另一为北京爱如生数字化技术研究中心制作的“明清实录”资料库。

(6)“明人文集联合目录与篇目索引资料库”：由台湾“国家图书馆”汉学研究中心制作。收罗台北故宫博物院图书馆、台湾大学图书馆、台湾“中央研究院”傅斯年图书馆、台湾“国家图书馆”及汉学研究中心所藏明人文集。

(7)“内阁大库档案”：由台湾“中央研究院”历史语言研究所制作。收录4000多件明代文书，30多万件清代档册，包括内阁收贮的制诏诰敕、题奏本章、朝贡国表章、内阁各厅房处档案、修书各馆档案、试题、试卷、沈阳旧档等，而以题奏本章占最大宗。

(8)“古典籍総合データベース”(古籍综合资料库)：由日本早稻田大学制作。收录早稻田大学所藏古籍约30万册。

(9)“东京大学东洋文化研究所所藏汉籍善本全文影像资料库”：由该所制作。收录该所“特别贵重图书”4630种，其中A类4019种完全开放浏览、下载，B类611种仅限于该所及特定机构浏览全部影像。

---

① 参见曹琦：《问对问题，找出答案——“第二届e考据与文史研习营”研习报导》，《中国文哲研究通讯》2014年第24卷第3期。

(10)“朝鲜王朝实录”:收录1392年至1863年间朝鲜王朝之编年史料,可用中文搜寻。

(11)柏林国家图书馆数位典藏(Digitalisierte Sammlungen der Staatsbibliothek zu Berlin):由该馆制作。提供多种古籍线上浏览,须以英文搜寻,可下载阅览。

(12)法国国家图书馆数位典藏(Gallica,la bibliothèque numérique de la BnF):由该馆制作。提供多种古籍线上浏览,可用中文搜寻。

(13)CADAL(China-Academic Digital Associative Library)大学数字图书馆国际合作计划:是一个由国家投资,作为公共服务体系一部分的数字图书馆项目,同时得到“中美百万册书数字图书馆合作计划”美国合作方给予的软硬件系统支持。目前该数据库里有中文古籍图书24万余册、民国图书17万余册、民国期刊15万余册、当代图书81万余册、英文图书57万余册;另外还有满铁资料、地方志、侨批、书法绘画、敦煌画卷等。资源量共计266万件。

(14)《瀚堂典藏》古籍数据库:以精准校对的小学工具(文字、音韵、训诂)、古代类书、出土文献类资料为基础,大量纳入包括经史子集、中医药典籍、古典小说与戏曲、敦煌文献、儒、释、道等历代传世文献,以及大型丛书、史书、方志等,涵盖文史哲等专业的教学和研究工作中所应用到的专业古籍文献资料。

(15)静嘉堂文库《宋元版古籍在线》数据库:是静嘉堂文库首次对国内机构及学者开放的电子版古籍数据库。其内容包括258套古籍,5182卷。其中宋代古籍(包括金代古籍一套9卷)127套,2629卷;元代古籍131套,2553卷。

(16)《四部丛刊09增补版》数据库:在原来《四部丛刊》珍本的基础上,又收纳了最精华的典籍数据1.3亿字,365种书,18440卷,比《四部丛刊》翻了一番。

(17)“学苑汲古”:全称“高校古文献资源库”,是中国高等教育文献保障系统(CALIS)的特色库项目之一,由北京大学、南京大学、复旦大学、山东大学等24家全国重点高校图书馆合力创建。其内容不仅包括各参建馆所藏古文献资源的书目记录,而且还配有部分相关书影或全文图像,总体规模庞大,资源品种多样。参建各馆还可以向读者提供一定范围的文献传递服务。

(18)《中华经典古籍库》:是大型古籍整理本数据库,收录了中华书局及其他古籍出版社正式出版的整理本古籍图书。

(19)“中华再造善本数据库”:是将“中华再造善本工程”中影印出版的珍贵古籍善本进行图像数字化而打造的古籍数字资源平台。数据库内容按版本写刻年代,自唐迄清分为四编,并另设“少数民族文字编”。各编按传统的经、史、子、集、丛编次类归,遵循《中国古籍善本书目》的分类标准。数据库中所收每一种古籍均配有版本专家撰写的提要,全面介绍古籍的详细信息。

搜寻期刊、书籍、二手资料之电子资源：

(1)“读秀中文学术搜索”：可同时搜寻大量的图书、期刊、报纸、学位论文、会议论文、博客等。

(2)“外文期刊汉学论著目次资料库”：由台湾“国家图书馆”制作，可查询以外语发表的汉学相关期刊论文。

(3)“PanSou 盘搜网站”：可搜寻各种网站、下载期刊，须先登入会员。

(4)“鸠摩搜索”：一个电子书搜索引擎，可以搜索到大量的电子书资源。

工具网站：

(1)“异体字字典”：由台湾教育主管部门制作，台湾“国家教育研究院”维护。收录历代字书中各个汉字之异体字，可依笔画或部首检索。每一字除呈现该字之异体字，亦列出音读、释义及历代字书中的形体资料。本字典包含多种实用性极强的附录。

(2)“全字库”：由台湾“国家发展委员会”制作。其目的为解决个人电脑中文字数不足及造字后字码不统一的问题。

(3)“人名权威—人物传记资料查询”：由台湾“中央研究院”历史语言研究所制作。可查得传主之基本资料、异名、初名、字号、谥号等，以及传主的亲属、师友关系、履经历、爵位、受赐殊荣、非官衔之履历等，均按照年代日期排列。

(4)“雅昌艺术网”：本网站为艺术品拍卖网站。艺术品上的文字、记号等特征，原本难以用资料库搜寻，本网站将其以文字描述出来，使研究者可通过搜寻，找到与研究主题相关的艺术品。

(5)“华邮网”：本网站为集邮购物网站。可搜寻及购买清代以来之邮票、信封、集邮相关档案、书籍等，另设有讨论区。

(6)“寻根网”与“中国家谱联合数据库”：可依百家姓姓氏搜寻家谱，每一姓氏介绍其起源参考、家族名人、地域分布，并有多种相关族谱提供会员查询。另有家谱目录、图片档案、宗支世系、宗谱族谱、宗祠祭祀、姓氏文化、诗词联赋、书画艺术等项目可供查询。①

诚然，上述资料库和网站还只是现有资料库和网站的一部分。各种各样的资料库和网站还有很多。

3.“e-考据”和传统学术研究方法有机结合

(1)与传统构建理论的方法相结合。对于“e-考据”说来，最先要解决的问题就是考据什么，或者说，为什么而考据？这就涉及运用“e-考据”的学术研究的“问题”意识。学术研究所选定的“问题”，决定着要不要考据、考据什么和怎样

① 参见曹琦：《问对问题，找出答案——“第二届 e 考据与文史研习营”研习报导》，《中国文哲研究通讯》2014 年第 24 卷第 3 期。

考据。总之，运用“e-考据”的学术研究选题，既独立存在于“e-考据”之外，同时也是“e-考据”的前提，从而与“e-考据”紧密相关。

通过本书前面几章关于科研选题的讨论，我们已经大致弄清楚：要选择一个既有学术价值又有一定应用价值的问题绝非易事。它不仅需要对前人相关研究的成绩和不足有一个准确而全面的把握，而且还需要研究者有较厚实的理论素养和敏锐的洞察力，以期能够透过纷纭复杂的现象去伪存真、攫取本质、抓住要害。其间，分析、综合、归纳、演绎和抽象概括等构建埋论的方法是会经常用到的。

(2)与传统搜集材料的方法相结合。从上述“e-考据”的局限性，我们领会到，尽管“e-考据”威力巨大，但它依然不是搜集材料的唯一方法。在人文社会科学领域，相当多的研究课题还必须实现“e-考据”与传统搜集材料的方法相结合。

首先，搜集使用未实现电子化的材料还必须运用书目和期刊索引等工具，通过目验手抄等手工方式去完成。

其次，对有些学科特别是某些社会科学学科的研究，仅仅依靠 e-考据搜集来的文献是远远不够的。观察、试验、统计、测量、田野调查、民意测验、亲身体验等搜集材料的传统方法，是“e-考据”没有代替也永远代替不了的。黄一农先生在关于《红楼梦》的“新曹学”研究中，除了运用“e-考据”之外，还“为考察曹家祖籍及其迁徙路线以及曹雪芹高祖曹振彦的旗籍、历官等……多次赴进贤、南昌、湖口、都昌、北京、丰润、辽阳等地，调查碑刻、谱牒和文物等”[①]。就是说，频频运用了田野调查等方法。

(3)与传统整理材料的方法相结合。鉴于电子资源常见的弊病，“e”来的材料是不能随便就用的，还应有一个加工整理的过程。在这个过程中，需要用到一系列传统的整理材料的方法。

首先是版本鉴别。电子数据库容量巨大，涉及的古今典籍众多，而电子数据库受制作者水平和工作态度的制约，难免出现数据库中古籍部分版本不精的情况。因此，对于“e”来的材料，需要首先做一番版本鉴别工作，而这就需要运用传统版本学的方法和知识。

其次是文字校勘。找到了“e”来的材料的善本，接着就是把“e”来的材料和其对应的善本进行文字校勘。电子数据库录入过程中，出现文字上的错讹和遗漏等情况司空见惯。因此，对于“e”来的材料需要和善本逐字逐句地校对，并真正弄清其本意，特别对关键性的材料更应如此，而这就需要运用传统的文字学、音韵学、训诂学、校勘学、辨伪学等方法和知识。

---

① 张瑞龙：《e-考据是“立体”史学而非“伪考据”》，《中国社会科学报》2013 年 9 月 23 日。

再次是把零散的材料置于原典整体中去理解。“e”来的材料通常是点击关键词得到的，它们往往是原典中与研究主题密切相关的分散且局部的材料。对于这些材料，不可望文生义、过度诠释，必须把它们置于相关原典的整体中，原原本本地理解，而这就需要运用传统的文献学和诠释学等方法和知识。

第七章　巧用逻辑方法

如何在学位论文写作中充分运用逻辑，以增添论文的说服力和感染力，是一个十分诱人的问题。这里就人文社科博士和硕士研究生论文写作中的逻辑问题谈以下三点。

一、主题鲜明与科学抽象

主题是否鲜明，是衡量一篇学位论文质量的最重要的指标之一，而要做到主题鲜明，很重要的一条就是善于运用逻辑。

（一）主题鲜明与常见偏差

主题鲜明是指主题新颖、明确和深刻。“新颖”，要求主题对读者能够产生一种冲击力，或者令读者眼前一亮；“明确”，要求主题旗帜鲜明、一目了然；“深刻”，要求主题鞭辟入里、入木三分。真理总是简单的，最好一句话能够说出来。然而，一般情况下，不仅很难做到主题鲜明，而且还很容易出现偏差。在主题问题上最容易出现的偏差有三种。

其一，“无主题”。无主题的文章，让人读后不得要领，难以留下清晰的印象。“无主题”现象在科技哲学学位论文中十分常见。许多研究生的毕业论文只限于摆情况，即限于对研究对象的描述或转述，缺乏对于研究主题的提炼和自己观点的阐发。在我的印象中，有不少硕士毕业论文和少量博士论文都不同程度地存在这种问题。

其二，“主题模糊”。即是主题不明确，令人费解。这种情况大都源于作者对研究对象了解欠全面、认识不透彻，吃了夹生饭。所以，绕来绕去、纠缠不清，或者浮在面上、抓不住根本，给人以雾里看花的感觉。

其三，“主题平庸”。即是主题陈旧、立意不高。如一篇讨论中国为什么女性精英科学家少的博士学位论文，作者做了大量调查研究，文章中有不少问卷分析、图表和数字，但最终找到的原因却是：女性承担家务劳动多于男性、生育和抚养孩子花费了女性大量时间、中国重男轻女的社会风气影响女性成长等等。这些观点十分表象，缺乏创新，即便不作研究，一般人也都了解。

说到底，主题应该是有待解决的有意义的问题，即学术上有一定建设意义、实践上有突出现实意义的问题。由于学术研究深深扎根于现实土壤之中，所以，有现实意义的问题未必有学术意义，但有学术意义的问题，一定会有现实意义；同时，有重大现实意义的问题，往往也具有重要学术意义。好的论文主题，应当兼顾现实意义和学术意义。为此，可以在大量有现实意义的问题之中，选择那些也有重要学术意义的问题，也可以在大量有学术意义的问题之中，选择那些也有重要现实意义的问题。

就论文主题的学术意义而言，最重要的是观点创新。关于观点创新需要明确以下几点：(1)观点创新即是在前人研究的基础上有所前进，对已有知识有所发展。因此，学位论文一定要有文献综述部分，交代清楚本论文与前人同类研究的关系。(2)新颖不是指对于某个人(包括作者在内)或某群人而言的，而是针对全世界所有关注这一类问题的人或在此之前所有相关文献而言的。(3)学位论文的读者对象是学界同行专家，而不是普通老百姓。倘若陈景润写“数论”论文是给老百姓看的，他就必须从初等数学讲起，那样文章就长得不得了了。科研论文与科普文章完全是两码事。不过，为了便于同行专家阅读，学位论文在表达上应力求语言平实、深入浅出。(4)观点创新是实质上的、内容上的，而不是形式上的，旧观点换了个新说法仍然是旧观点。(5)创新的观点需要选择恰到好处的语言表达形式，形式和内容任何时候都不能分裂。一旦有了创新的学术观点，必须下功夫考虑它的语言表达问题，不然就会削弱新观点的影响力。新观点搭配上犀利、凝练、激情四射的语言形式，才会更能说服人、征服人。

(二)主题鲜明与科学抽象

如何做到主题鲜明？涉及的因素很多，其中很重要的一条就是善于运用逻辑。这是因为鲜明的主题需要提炼。鲜明主题的提炼是一个复杂的思维过程，它既需要逻辑方法，也需要各种非逻辑方法，而在逻辑方法中，“科学抽象”是最为常用的。

一般说来，科学抽象的要义是透过现象攫取本质。因此，就撰写学位论文而言，了解现象即详细充分地搜集资料、研究资料，以及在此基础上完成由感性具体到抽象的规定，再到思维具体的飞跃，这是科学抽象的基本环节。例如，写一篇关于研究某个历史人物的某一方面思想的学位论文，通常的做法是：(1)搜集资料。搜集有关该人物某方面思想的一手和二手资料，即该人物的著述、档案材料、口述材料和前人对该人物进行研究的著述。资料搜集要尽可能一网打尽，并适当关注最新进展。搜集二手资料可以从最新发表的资料开始，由近及远往后查。(2)研究资料。先浏览全部资料，根据研究目的，剔除无关的，把其余资料区分为核心的和一般的，或者分为背景资料、相关资料和核心资料等。对核心资料应逐篇阅读，做好笔记；一般资料或背景资料则予以摘抄或精读有关章节、段落等。然后按时间、学派或其他适当标准，排列研究者的观点，理清学界有关观点的发展脉络、各种代表性观点的异同和长短。在研究资料的全过程中，钻研原著即一手资料始终是重点。对原著既要通读，又要读通，而且，随着主题的逐渐明朗化，还要反复读，力求原原本本地弄清该人物思想的由来、内容、实质和影响，并随时做出自己的分析和评价。(3)形成主题。根据对学界研究成果的分类和归纳、对当前社会现实的真切关照，并结合该人物思想的实际，抽象、概括出论文有待研究的核心问题。这个核心问题应该恰好是关乎该人物思想的特点、精髓以及闪光点，即该人物思想中最有学术价值和社会价值的地方。有时可以通过寻找难题的办法形成主题：首先，参照二手核心资料，潜心钻研原著并逐一记录下遇到的疑难问题；然后，把所有搜集到的难题集中到一起，通过全面阅读二手资料筛选出前人没有解决的疑难问题，并思索它们之间的内在联系；最后，从中抽象出对整体有重大制约作用的核心难题。或许回答这个核心难题，就是理想的论文主题。主题一旦确定，再依此主题重新审视和组织所搜集到的全部有关资料，形成论文框架，并按这一框架完成论文就可以了。

当然，运用科学抽象方法提炼论文主题是一件十分复杂的事情，它与作者的理论背景、思想深度、理论勇气、政治立场和知识积累等许多因素有关。譬如，提炼论文主题脱离不开理论背景。因为提炼论文主题总要采取一定的角度或依据一定的方法论，而角度或方法论就是理论的具体体现。面对同样的材料，所依据的理论不同，提炼的主题将会大不相同。最近，我有一位硕士生的毕业论文作的是关于清末民初中医泰斗张锡纯的中西医会通思想的研究。她反复精读张锡纯原著，也搜集了大量二手资料。结果，初稿完成后，她自己都觉得囿于描述、缺乏深度、主题不鲜明。后来，我向她推荐了西方新近有人提出的“后殖民技科学”理论，由此她认识到西医和中医一样也有地方性，也有自己天然的局限性。因此，未来医学发展的方向应当是西医和众多诸如中医、藏医、蒙医这类非主流医学的结合与互补，而张锡纯的中西医会通思想的实质是对中西医结合的探索，张锡纯是中西医结合的先行者。于是，她一下子找到了自己论文的主题：以对张锡纯中西医会通思想的研究为个案，探讨中西医结合的方向和途径。一旦明确了这一点，她再回头审视原来所搜集的张锡纯的资料时，那些资料就有了主线和灵魂,论文也相应有了一定深度。

另外,在许多情况下,运用科学抽象方法提炼论文主题的过程实际上是一种新概念提出的过程。概念是逻辑思维的基本单位和形式,"是帮助我们认识和掌握自然现象之网的网上纽结"①。

众所周知,自然科学论文特别重视提出新概念。一项重要的科学发现往往需要用一个或一组新概念来表达,如基因、熵、场、函数、化学键等,这些概念统统代表着科学上的重大突破;同样,人文社会科学的论文也十分重视新概念的提出,一篇高水平的人文社会科学论文往往总能提出独到而新颖的概念。因为新概念就是新观点、新规律、新方法的凝练。一般说来,不论是自然科学,还是人文社会科学,越是基础性学科,其学位论文发现和提出新概念越经常、越大量,可以说,基础性的自然科学和人文社会科学最主要的任务之一就是生产新概念。科技哲学学位论文应该向这个目标努力。

在整个学术界,哲学家当是最能创造新概念的一群人了。黑格尔说:"思维的产物一般地就是思想;但思想是形式的,思想更进一步加以规定就成为概念。"②几乎每个著名的哲学家都拥有自己的核心概念和一整套独立的概念系统。如孔子的仁、义、礼、智、信、中庸、忠恕等,其中以"仁"为核心;黑格尔的绝对精神、绝对理念、异化、反思、扬弃等,其中以"绝对精神"为核心。为什么会这样?这是因为哲学是理论性最强、抽象度最高的知识领域,而概念是思想的浓缩,是反映对象本质属性和共同属性总和的一种用词语表达的思维形式,因而是表达抽象思想最有力的工具。学位论文达不到这么高的要求,但相对于其他专业,哲学专业的学位论文在提出新概念方面的要求,往往更高一些。

不过,必须强调,新概念不可等同于新名词。新概念重在内涵创新,它必须对研究对象的本质和发展规律有新的发现、新的发明。任何玩弄新名词的花架子做法都是浅薄的、令人鄙夷的。

二、思路清晰与逻辑规律

当论文的主题确定以后,紧接着就要考虑一个问题:为了表现主题,全文需要分几部分?先写什么,后写什么?每一部分之间的关系是什么?如何开头,如何展开,如何结尾?这就是形成清晰思路的问题了。形成清晰思路,同样离不开逻辑。

---

① [苏]列宁:《哲学笔记》,人民出版社 1993 年版,第 78 页。

② [德]黑格尔:《哲学史讲演录》第 1 卷,贺麟、王太庆等译,商务印书馆 1959 年版,第 25 页。

（一）思路清晰与三条基本规律

一般认为，逻辑思维有三条最基本的规律。这三条规律普遍适用于各类逻辑形式，是人们运用概念、判断和推理进行逻辑思维时必须遵循的。对于科技哲学学位论文来说，由于这些规律是逻辑思维整体上的逻辑，所以，它们不仅适用于立意、文辞、记叙、论证等各个方面，而且尤其适用于学位论文形成思路这一谋篇布局中的关键环节。

逻辑思维的这三条基本规律是：(1)同一律。在同一思维过程中，每一思想的自身都具有同一性，即“A是A”。(2)矛盾律。在同一思维过程中，一个思想及其否定不能同时是真的（必有一假），有时亦称不矛盾律，即“A不是非A”。(3)排中律。在同一思维过程中，两个相矛盾的思想必有一个是真的，即“或者A或者非A”。三条规律的全部含义是：一个事物，如果它存在，那么它就存在；它不能既存在又不存在；它或者存在，或者不存在。总之，从不同的角度要求与保证着思维的确定性和客观性。

根据以上规律，我以为，对于撰写科技哲学学位论文，形成清晰思路需要提出以下两条规则：

其一，主线“一根筋”。著名语文教育家张志公曾说：“作者的思路是他对客观事物怎样观察、理解、认识的反应。……文章的结构组织是否清晰严密，表明作者的思路是否清晰严密。思路是否清晰严密，表明他对所写的客观事物是否形成了鲜明的印象、看法、态度或感情。”[①]就是说，论文的思路是否清晰取决于作者对所写客观事物的认识是否清晰，并最终通过论文的结构组织是否清晰表现出来。可论文的结构组织是否清晰又通过什么表现呢？不难想见，关键乃在于论文是否能够找到一条主线。主线即是论述主题所依据的线索，它的表现形式灵活多样，并无一定之规，如时间的推移、空间的转换、情景的变化、主题依某种内在逻辑的展开，或者研究对象围绕主题所表现出的一系列特点等。总之，主线的选择必须满足以下条件：(1)准确表达主题；(2)能将各种材料串联起来；(3)一以贯之。就是说，这条线服务于主题，而且要直，不能随意弯曲、分叉。此即所谓“一根筋”。

其二，标题“一条龙”。论文应形神兼备，不但要考虑主题和主线，还要兼顾形式，做到形散神不散。形散与神不散是好文章的两个重要方面。对于论文而言，形散就是论据、论证、结构和语言等都能做到恰切、巧妙地展开；神不散就是主题足以成为论述的定海神针，使扩散开的形式和内容都能有效地在为文章主

① 张志公：《怎样锻炼思路》，中华函授学校编：《阅读与写作》，商务印书馆1980年版，第92页。

题服务那里得到统一。为此，需要重视论文总标题和小标题的设计及其搭配。论文的总标题和小标题负载着论文大大小小的观点，是用来展现思路的，或者说，它们是思路的形式方面。

论文总标题的任务是表达主题。或一语中的，或一语双关，或巧做比喻，或隐喻、借代等。一般说来，小说的标题追求简洁美、诗意美、音乐美和性感美，要“上口”“刺激”“亮眼”等。其实，论文的标题整体上也追求上述各种美感，尽可能使主题光彩照人、鲜艳夺目，不过，它更加追求画龙点睛、入木三分。

论文小标题设置的依据主要是和主线的展开顺序相一致，即遵循上面所说的时间推移、空间转换、情景变化，或者主题的某种内在逻辑等。小标题在总标题的统摄下，需要成龙配套，为“一根筋”服务。所谓成龙配套，是说内容连贯，彼此呼应，工整对仗，浑然一体。它们的关系或并列、或递进，切忌互相交叉、彼此包含、角度不一、参差不齐。

小标题的互相包含或交叉是最为常见的一种通病。例如，一位年轻学者准备研究西方科学与乾嘉学术的关系。一次，当我问他西方科学对乾嘉学术发生了什么影响时，他列举了以下几个细目：(1)科学知识的影响；(2)研究方法的影响；(3)逻辑思维的影响；(4)归纳方法的影响。显然，上述标题存在两重包含关系：一是研究方法包含逻辑思维；二是逻辑思维包含归纳方法。倘若这样的小标题进入论文，肯定会造成内容上的混乱。一些作者之所以会犯这样的错误，大都是因为他们想到哪就写到哪，或者受相关资料多寡的束缚，对所研究的内容缺乏一个整体上的筹划，对各部分之间的逻辑关系没有进行严格的审查。

当年，我在刚刚进入科技哲学队伍的时候，最先受到的训练就是形成思路的训练。1983 年，我加入了舒炜光先生领衔的以创作《科学认识论》五卷本为中心任务的科学共同体。第一卷是“导论”，主要论述科学认识论研究中的各种方法论问题。分配给我的任务是第四章“概括科学成果的方法论”。接受任务后，我查了很多资料，看了很多书，但就是没有思路。后来是舒先生手把手地教，我最后找到了以下思路：第一节，概括对象的选择；第二节，概括的基本方式；第三节，概括结论的哲学评价。不难看出，这篇文章所选择的思路是哲学概括的过程：先讲与“概括什么”相关的方法论问题，再讲与“怎样概括”相关的方法论问题，最后讲与“概括结论的哲学评价”相关的方法论问题。不论这条主线是否最佳，但它至少在概括科学成果的方法论的论域上是周延的，给人一种论述较为整齐、全面的印象。这篇文章是我早年的文章，今天读来，有其稚嫩之处，但写这篇文章我得到的最大收获，是对形成文章的思路有了初步的认识。

(二)思路清晰与充足理由律

其实，除了上述三条逻辑思维规律以外，还有一条逻辑学界存在争议的逻辑思维规律，即“充足理由律”。其含义是：在论证过程中，一个判断被确定为真，总是有充足理由的。它的公式是：“A 真，因为 B 真并且 B 能推出 A。”违反这一规则就要犯“虚假理由”和“推不出”的逻辑错误。

逻辑学界一部分学者不承认这条规律的存在。我本人反倒认为，这条规律不仅存在，而且相当重要。这是因为，它广泛适用于论证和反驳，尤其在学位论文形成清晰思路的过程中有重要作用。

思路的实质是清晰表现论文主题展开的逻辑。应当说，需要为主题提供哪些依据才能做到“理由充足”，并使主题得以稳健地确立，是形成清晰思路的根本任务。为此，可以认为，形成清晰思路必须遵循充足理由律。

例如，前不久，科学界发生了一个“青蒿素事件”。事件的大致情况是：2011 年 9 月 12 日，中国中医科学院中药研究所研究员屠呦呦获得了被誉为诺贝尔奖风向标的美国最高科学奖拉斯克临床医学研究奖（Lasker Awards），奖励她“发现了‘青蒿素’——一种治疗疟疾的药物，挽救了全球特别是发展中国家数万人的生命”。为什么获此殊荣，反倒成了“事件”？原因是获奖引发了争议。争议焦点在于：青蒿素的成功是个人智慧还是集体力量的结晶？奖项颁发给屠呦呦个人是否合理？一种观点认为，奖项颁发给屠呦呦是实至名归；另一种观点认为，余亚纲和钟裕容两位科学家也对青蒿素的发现作出了关键性贡献，奖项不应单独授予屠呦呦。

有学生问我可否针对“青蒿素事件”写一篇硕士学位论文，我说可以。不过要把文章写好，必须回答以下问题：(1)科学奖励的标准是什么？这是个相当复杂的问题，必须有一个较为端正的认识。原则上说，科学奖励应颁发给具有科学发现优先权的人。但在合作项目，尤其大型、复杂的合作项目中，优先权不易鉴定。因为在这样的项目中，科学研究具有一定的接力性和协作性，每一个科研步骤和参加研究的每一个人都有自己相对独立的价值和作用。不过，比较起来，毕竟不同人的工作、不同的研究步骤有主从之分。譬如，三个人修电视，两个人忙着查故障，累得满头大汗，第三个人坐在旁边抽烟、思考、看图纸。突然，他走到电视机旁把一根滑落的导线固定好，结果，电视机好了。显然，第三个人作出的贡献最关键。科学史上也有大量这样的事例。本来小居里夫妇发现了正电子，但他们不知道是一种新粒子，结果，让美国的卡尔·安德森抢了头功，后者因发现正电子而获得了 1936 年的诺贝尔物理学奖。同样，英国科学家普里斯特利已经发现了氧，但受传统的燃素说的束缚，未辨认出来，认为是一种失燃素的空气。后来，法国科学家拉瓦锡经过反复试验和研究，肯定了氧是一种新气体，于是人们便认定拉瓦锡是氧的发现者。总之，文章应通过深入的讨论，首先选定一个颁奖的基本标准。(2)辨析屠呦呦、余亚纲、钟裕容三人各自的贡献及其价值。比较三人的科学贡献,看屠呦呦的贡献是否更加关键。(3)分析诸如屠呦呦是课题组组长这类在科研组织中三人的隶属关系,是否应做适当考虑。

整篇论文的思路应围绕回答上述几个问题予以安排。只有这样,才有可能满足充足理由律的两个基本要求:其一,理由真实;其二,理由充足。最终使推导出的结论具有必然性。

三、材料可靠与逻辑证明

学位论文的主题是靠材料来证明的。而证明根据所用推理形式的不同,可分为演绎证明和归纳证明。这两种证明在学位论文写作中应用十分广泛。

(一)材料可靠与演绎证明

演绎证明是用演绎推理形式所进行的论证。具体说来,它是以得到公认的或权威性理论观点等材料作为证据,运用演绎推理的形式,证明某一具体论断。演绎推理即是前提与结论之间有蕴含关系的推理。演绎推理包含一个前提的是直接推理;包含两个以上前提的是间接推理。包含两个前提的"三段论"是最常用的间接推理。

演绎证明最基本的要求是:前提必须真实。因为只有前提的真实,才有可能保证论题的真实。然而在实际中,前提的真实往往并不能够得到充分保证。面对名人名言、俗语和常理等,人们常常自动解除了思想上的武装,放弃批判性思考。结果,原以为正确无误、可以放心大胆地作为前提的判断,却很容易出现纰漏。例如,有句谚语:"人非圣贤,孰能无过?"乍一听,它是正确的,而假如圣贤是指德性高、学问大的人的话,那么从逻辑思维的角度予以审查,它就是错误的。因为这句谚语蕴含一个前提:圣贤无过。但世界上根本不存在无过之人,所以,这句谚语不能随便在演绎证明中作为大前提使用。

最近,我院科技哲学专业硕士研究生复试时,有一位考生说他正在做关于儒家文化和鲁西南老年人再婚率低关系的本科学位论文。要他谈谈学位论文的大意时,他立即滔滔不绝地讲起他调研到和想到的各种证据来。我打断了他,说:"先不急讲这些。让我们首先讨论一下你的论文的一个前提问题:你怎么知道鲁西南老年人再婚率低的?"他说,是他老师告诉他的。我又问他,你老师是从哪里得到这个观点的?他说是从一份材料上。我再追问他,那份材料是什么人做的,又是怎样做出来的?他答不出来了。于是,我向他建议说:"你这篇学位论文选题很好,但在设计调研方案之前,最好先澄清论文所包含的前提问题。你说鲁西南老年人再婚率低,低到什么程度,有准确数字吗?若有,这个数字是否可靠？高低需要比较，全国其他地区老年人再婚率的数字你掌握得怎样？总之，不要轻易相信和使用二手资料，应当通过自己的研究，让作为自己论文前提的命题真实可靠。只有前提真实可靠了，你后面的研究才有可能真实可靠。”

事实上，一切判断都是有前提的。比如，当有人问“你戒烟了吗?”这个问题时，隐含着一个前提:“你吸过烟”。再比如，当有人说“今天他上班去了”这句话时，隐含了一个前提:“他是个上班族”。对于论文而言，有的前提不用追问，而是明摆着的。一般情况下，论文的关键词往往就是最重要的前提问题。如，以研究某个人的科学观为题，“科学观”就是一个重要的前提问题。作者对科学观的理解，影响着论文的框架和内容;反过来，论文的框架和内容直接表现着作者对科学观的理解。在动手写文章之前，作者一定要下功夫批判性地审查前人关于科学观的种种观点，进而形成自己对科学观的独立见解。

总之，演绎证明中，对于前提的批判性审查并非是一时一地的，而是带有普遍性质的一件事情。尤其对于科技哲学学位论文来说，不懈地追问其理论前提并严格地进行批判性审查，是使论文写得深刻的一项重要措施。既然每一个具体的理论观点都是有理论前提的，而理论前提又有更高层次的理论前提，那么就可以一层层地追问下去，直至无须再问便已自明的“根底”。显然，对于一个理论观点的理论前提的每一步追问和批判性审查，都会触及该理论观点更深刻的内涵并使该理论观点更加可靠。

(二)材料可靠与归纳证明

归纳证明是用归纳推理的形式所进行的论证，是运用个别或特殊的知识来证明一般知识的论证形式。归纳推理分为以下两类。

其一，完全归纳推理。根据某类的每一个对象具有或不具有某种属性，推出一个关于某类的一般性知识的结论。完全归纳推理的规则有二:(1)每一条单独判断都是确实的。(2)被断定的个别对象是某一类的全部对象。完全归纳推理是一种必然推理，但由于某类的全部对象是少量的和有限的情况毕竟不多见，现实中绝大多数类的全部对象往往是数量较大或是无限的。所以，完全归纳推理的用途十分有限。

其二，不完全归纳推理。根据一类中的部分对象具有或不具有某种属性，从而得出该类对象都具有或不具有某种属性的推理。这种推理的特点是:(1)整体上说，结论是或然的，但由于同类对象往往具有同质性，所以，结论具有必然性的情形还是很多的。这一点决定了不完全归纳推理的用途是广泛的，尤其面对自然事物或自然过程时更是如此。正由于此，自然科学往往被称为归纳科学。(2)结论的可靠性取决于前提的可靠性，而前提的可靠性与前提的质和量息息相关。

为了增进不完全归纳证明的可靠性和必然性，最基本的措施是扩大枚举证据的量和扩大枚举证据的质的范围。由于现实中一类对象往往数量巨大乃至无穷大，因此，在一些情况下，扩大枚举证据的量的作用不甚明显。两相比较，扩大枚举证据质的范围倒是一条颇有潜力的途径。质的范围扩大，增强了枚举证据的代表性，自然也就增进了枚举证据作为归纳证明前提的可靠性。为此，学界在这方面创造了许多行之有效的方法。

1.“旁证”

一般地，证据可分为事实证据和理论证据（前者又可以进一步分为人证和物证），也可以分为本证、旁证和反证等类型。本证是直接证据，后两种是间接证据。本证是最有力的证据，它是任何论点的成立所不可或缺的。但若是本证只有一条，即“孤证”，那也是不可以的，任何孤立的事实都不能完全反映事物的本质。因为历史的复杂性往往在于它存在着大量相互冲突的事实、失去历史合理性的事实和偶然性的事实等。所以必须重视旁证和反证的作用。

例如，化学元素周期律的发现和承认就是一个充分发挥旁证作用的典型例证。俄国化学家门捷列夫在继承前人成果的基础上，通过对大量元素性质的研究和比较，发现了化学元素性质随原子量递增而呈现周期性的变化现象。于是，1869年他发表论文正式提出了“元素周期律”概念；同时，发表了第一张元素周期表，排出了当时所知63种元素的顺序。其中留有四个空位，表明有四种未知元素尚待发现。由于从逻辑上讲，门捷列夫的元素周期规律基本上是建立在不完全归纳推理基础上的，缺乏必然性，所以并未获得学界的立即承认。但是，门捷列夫预言的四种未知元素随后陆续被化学家们找到了，这就为元素周期律提供了极其有力的旁证，于是很快获得了学界的公认。

学界一向推崇的清代考据学大师戴震所作的对“光”字的考证，也是一个充分发挥旁证作用的好例。《尚书》第一篇《尧典》里有句话：“光被四表，格于上下。”“光”是何意呢？在这个问题上，学界主要有两种意见：一是作“显”解，一是作“充”解。表面看起来，前一种解释似较合理，但戴震却倾向于后者。他从古书中找到许多作“充”解的例证。但是，仍不足以服人。于是戴震又作了进一步研究，发现《尧典》的“光”字通“桄”，即今天的“横”字。《说文》解释：“桄，充也。”即“气作充满”的意思。尽管《尚书》各种已见版本都是“光”字，可他还是提出了一个大胆假设：未发现的《尧典》古本必定有将“光”作“横”，即说“横被四表”者。过了两年，有两位知名学者分别为他寻到了一个证据：《后汉书·冯异传》有“横被四表，昭假上下”；班固《西都赋》有“横被六合”。这些书虽然是后来的书，但却十分权威，肯定是言之有据的。此后，又陆续发现了一些“光”作“横”的例证，于是面对一系列有说服力的旁证，学界便接受了戴震的观点。

2.“三重证据法”

过去，历史学界讨论问题总是从书本到书本，证明结论所用的材料也都是书本上的。1925 年，历史学家王国维提出了二重证据法，二重证据即文献材料上的证据和考古材料上的证据，又称纸上材料和地下材料。王国维说：“吾辈生于今日，幸于纸上之材料外更得地下之新材料；由此种材料，我辈固得据以补正纸上之材料，亦得证明古书之某部分全为实录，即百家不雅驯之言，亦不无表示一面之事实。此二重证据法，惟在今日始得为之。虽古书之未得证明者，不能加以否定，而其已得证明者，不能不加以肯定，可断言也。”①王国维本人运用二重证据法以甲骨文考订商王世系，恰好与《史记·殷本纪》的记载相契合、相印证，取得了重大成就。

二重证据为什么较之一重证据更为有力？这是因为证据的质的范围扩大了。地下的材料虽然也有一些是文字性的，但毕竟带有实物性质；而且流传不广，不易被抄袭、篡改。就是说，具有纸上材料所不具备的一些优点。

但是，地下材料毕竟很难获得，相当多的地方也用不上地下材料。所以，二重证据法有明显的局限性。后来，在王国维二重证据法的基础上，有人又提出了“三重证据法”，提出三重证据法的不是一家，所谓“第三重证据”是什么，也因学科不同而不同。如有的主张是调查资料，有的主张是“口述史料”，有的主张是文化人类学资料，等等。总之，目的都在于扩大证据的质的范围，提高归纳证明的可靠性。这样说来，证据的质的范围应是开放的，未必限于二重或三重，在某些情况较为复杂的研究领域，存在四重或更多重证据也是有可能的。

其实，提高演绎推理和归纳推理前提的可靠性涉及的内容很多，远不止上述这些。例如文献引用就是最常见的一个问题。不论是演绎推理，还是归纳推理，都经常使用理论证据而旁征博引，这就出现了一个文献引用的问题：是直接引用原始文献还是通过二手文献转引？不少人为贪图方便，习惯于转引，包括我本人。应当说这是一个很坏的毛病，因为转引文献是极易出错的。就以上面我在本章中引用的张志公先生的一段话来说吧。我是在网文上看到这段话的，说是出自张先生《阅读与写作》一书，却没有出版社、出版时间和页码等信息。继续搜索发现，这段话的引用频率很高，但大量网文关于这段话不仅出处不详，而且词句变异严重。最后我让一位博士生帮助查找原文，学生很快给我发来了原文的照片。结果令我大吃一惊：原来这段话出自张先生一篇名为《怎样锻炼思路》的论文，曾发表于《中国青年》1963 年第 12 期，后来又收录于中华函授学

---

① 王国维：《古史新证——王国维最后的讲义》，清华大学出版社 1994 年版，第 2～3 页。

校编的“语文学习讲座丛书”的《阅读与写作》一书。将原文和我从二手文章中转引的文字一对照，二手文章错误还真不少！

上述关于演绎证明和归纳证明的情况表明：科技哲学学位论文中关于材料的使用需要注意以下几项。

(1)重视占有材料。不论是归纳证明，还是演绎证明，都是从前提到结论，从材料到观点。材料是观点的基础：材料真，则观点有可能真；材料假，则观点一定假。此外，材料的完备性对于观点的真也有直接的制约作用。我们一定要牢固树立依据材料说话的信念，正如历史学家傅斯年所说：“一分材料出一分货，十分材料出十分货，没有材料便不出货。”“材料之内使他发见无遗，材料之外我们一点也不越过去说。”[①]总之，写文章一定要重视占有材料这一环节，在占有材料上舍得下功夫，有“上穷碧落下黄泉，动手动脚找东西”的气魄。

(2)严格审查材料的真实性和可靠性。占有材料是观点正确的必要条件，但远不是充分条件。为了观点的正确，最起码的条件是做到材料可靠、真实。原生态的材料通常粗枝大叶，良莠不齐，鱼目混珠，需要下一番去粗取精、去伪存真、改造制作的功夫。

(3)在扩大材料数量的同时，尽可能扩大材料质的范围。前面说到的重视旁证的作用和“三重证据法”都是行之有效的方法。原则上此类方法还有许多，还可以继续创造此类新的方法。

(4)力戒“原则＋例子”。在使用材料证明理论观点的时候，应力戒“原则＋例子”的做法。鉴于个别性的事实丰富多样且相互冲突，所以随机的例子对于一般性的理论命题，可以起到解释以及使之通俗化、形象化的作用，但起不到证明作用。这一点也已经由人们对不完全归纳法的研究充分表明了。列宁有一段十分精辟的论述值得我们永远铭记：“在社会现象领域，没有哪种方法比胡乱抽出一些个别事实和玩弄实例更普遍、更站不住脚的了。挑选任何例子是毫不费劲的，但这没有任何意义，或者有纯粹消极的意义，因为问题完全在于，每一个别情况都有其具体的历史环境。如果从事实的整体上、从它们的联系中去掌握事实，那么，事实不仅是‘顽强的东西’，而且是绝对确凿的证据。如果不是从整体上、不是从联系中去掌握事实，如果事实是零碎的和随意挑出来的，那么它们就只能是一种儿戏，或者连儿戏也不如。”[②]如何从事实的整体上、从它们的联系中去掌握事实呢？可行的途径之一就是要善于从全部事实中抓住那些或者最简单、最基本的事实，或者最反常、最不近情理的事实，或者正在大量出现、具

---

① 傅斯年：《历史语言研究所工作之旨趣》，岳玉玺等编选：《傅斯年选集》，天津人民出版社 1996 年版，第 181 页。

② 《列宁全集》第 28 卷，人民出版社 1990 年版，第 364 页。

有普遍化趋势的事实，或者对一般原理能够起到一定证明作用的事实等。

总起来看，逻辑有助于科技哲学学位论文主题鲜明、思路清晰和材料可靠。其实，逻辑的作用远不止这些。逻辑是人类正确地进行思维和准确地表达思维的工具，它的基本功能是保障人们的思维具有条理性、准确性、明晰性，以及同一理论体系、各个原则之间的相容性。因此，逻辑的作用贯穿于学位论文的各个侧面，对于科技哲学学位论文质量的提高具有关键意义。任何论文都必须讲究逻辑，具有严肃意义的学位论文尤其应当如此。有的学生思维活跃，不乏耀眼火花，但思维跳跃。思维跳跃实际上是发散思维，是好事，不过，如果不和收敛思维相结合，有意识地用逻辑去规范思维，那么，所形成的观点就有可能显得紊乱、松散、晦涩，不被人理解，也难成气候。对于这样的学生，学点逻辑尤其重要；有的学生为文、说话总是前言不搭后语、一盘散沙，易犯偷换概念、自相矛盾、模棱两不可、推不出等逻辑错误。这样的学生除了需要学点逻辑外，还需要自觉增强逻辑意识。

为了提高逻辑素养，除了阅读逻辑学书籍、选修逻辑学课程，以及品味长于逻辑思维的思想家的经典著作外，学点数学很有必要。逻辑是数学的基础，数学的每一条定理都必须经过严格的逻辑证明，否则只能称为猜想。在自然科学中，数学居于核心地位。可以说，所有自然科学理论的准确性都要由数学来保证。数学向前迈进的步伐不一定快，但必须保证每一步都不出错。就我个人的体会而言，不必说多么高深的数学，即便几何、代数、微积分等初等数学和普通高等数学，它们对于培养一个人的逻辑思维能力、提高逻辑思维的自觉意识，也是十分有效的。直到今天，我在青年时代做辅助线证明几何题和进行代数运算的那份智力上的享受和无形中接受严密逻辑思维训练的愉悦，仍然难以忘怀。事实上，在《几何原本》第一次传入中国的时候，该书译者之一、明末著名科学家徐光启就已经明确认识到了这一点。他说：几何学“能令学理者祛其浮气，练其精心；学事者资其定法，发其巧思，故举世无一人不当学”①；“人具上资而意理疏莽，即上资无用；人具中材而心思缜密，即中材有用，能通几何之学，缜密甚矣！”②应当说，他对于几何学训练人的思维能力的认识，是比较到位的。

尽管逻辑的作用有其限度，但逻辑是理性的结晶，是人类精神文明最美丽的花朵，因此，学习逻辑，提高逻辑素养，为自己的思维插上逻辑的翅膀，对于青年学子，这一课无论如何是不可或缺的。

---

① （明）徐光启：《徐光启集》，上海古籍出版社 1984 年版，第 76 页。

② （明）徐光启：《徐光启集》，上海古籍出版社 1984 年版，第 76～77 页。

第八章　科学方法的分类及其推广应用的限度

毫无疑问，方法创新是研究生论文写作中一个至关重要的问题。前面我们说过："原则上说，实现方法创新需要根据研究对象的性质和特点，具体情况具体分析。但一般说来，灵活而适当地引进自然科学和相邻人文社会科学学科的方法是最常见的方法创新途径。而这一做法正是'新文科'研究方法所主张的。"因此，对于人文社会科学领域里的研究生来说，培养善于以不同的方式大胆借用自然科学方法的能力，是不容忽视的。

要做到善于借用自然科学方法，涉及许多方面。这里，拟讨论以下两个问题：一是科学方法的分类问题。搞清楚科学方法的分类问题，不仅能够大致了解科学方法究竟有哪些，而且会使五花八门的科学方法变得条理化，显现出科学方法之间的内在联系，最终加深对科学方法整体乃至每一科学方法本质的理解。二是科学方法在人文社会科学领域应用的限度如何？搞清楚这个问题有助于了解运用自然科学方法应当遵循的基本原则。

一、几种常见科学方法分类观点

（一）按方法的普遍性程度划分的观点

这种观点认为，认识客观自然界的科学方法，按其普遍性程度分成三种类型或三个层次。一是各门自然科学中的一些特殊的研究方法。例如，在天文学中利用天体光谱线的红移测定天体在视线方向的运动速度，在地质学中利用古生物化石来确定地层的相对年代，等等。二是各门自然科学中的一般研究方法。如观察、实验、科学抽象、数学等方法。三是哲学方法。哲学方法不仅适用于自然科学，也适用于社会科学和思维科学，是一切科学的最普遍的方法。自然科学的一般研究方法是从自然科学的特殊方法中概括和发展出来的,如一般的实验方法就是从物理实验、化学实验、生物实验等特殊的实验方法中概括产生的,数学方法最初主要在个别学科(如天文学、力学)中应用,随着科学的发展逐渐变成为自然科学广泛应用的一般研究方法。自然科学的特殊方法是各门自然科学所要研究的内容,哲学方法是哲学研究的一个部分;自然科学的一般研究方法则是自然科学方法论研究的主要对象。自然科学方法论是关于自然科学的一般研究方法的规律性的理论。① 这种观点从广义上理解科学,把科学方法分为部门科学方法,一般科学方法和哲学方法三种类型。它的优点是,这样划分以后,科学方法显得条理清晰,层次分明,各类方法所属研究范围十分明确。

这种观点的缺点主要有两条:

第一,它实质上是对所有方法的分类,而不是对自然科学的一般方法的分类。

第二,模糊性。这种分类方法看起来是以各类方法的适用范围的大小为标准,十分明确。其实不然,它给人的明确感觉是一种似是而非的满足。这是因为,它只是从外延上对三类方法进行了界定,而缺乏对其内涵的揭示。例如,所谓"各门自然科学中的一般研究方法",意为普遍适用于所有自然科学学科的方法,那么,什么是普遍适用于所有自然科学学科的方法?它有什么本质特征?这是不得而知的。

(二)按方法的理论基础划分的观点

这种观点认为,方法实质上不过是规律的运用,这一点同样适用于科学方法。

首先,科学方法是科学规律的运用。这是因为,科学规律是科学内容所反映的自然规律,它是任何一门科学或科学理论的基础,科学或科学理论就是在这个基础上建立起来的概念系统。因此各种科学理论才具有方法的功能。各种不同科学规律或科学理论的运用形成了科学认识中不同的科学方法,例如:用力学的基本规律或力学理论考察认识对象就是所谓力学方法;用量子论的规律或理论研究自然事物就是所谓量子论方法;等等。这一类方法还有建立在量的规律性基础上的数学方法,以及建立在研究各个不同领域某些共同规律的科学理论基础之上的控制论方法、信息论方法、系统论方法等等。

其次,科学方法是科学认识规律的运用。从科学实验和科学观察中获得经

---

① 参见《自然辩证法讲义》编写组:《自然辩证法讲义》(初稿),人民教育出版社 1979 年版,第三篇。

验材料，经过以往认识成果提供的手段和逻辑方法的加工，形成科学假说，由科学假说推演出的各个结论再回到科学实验和科学观察中接受检验，使假说转化为科学理论，或修改、补充以至推翻原有的假说建立新假说。科学认识就是这样不断发展的。在这一过程中，如果说科学实验和科学观察是基础的话，那么假说就是通往科学理论的必由之路。有些科学方法就是建立在上述科学认识规律基础之上的。这些方法主要有观察方法、实验方法和假说方法等。[①]

这种观点按照理论基础的不同，把科学方法分为运用科学规律的方法和运用科学认识规律的方法两种类型。其理论根据主要是：方法是规律的应用或方法是行动中的规律，然后，把规律分为科学认识对象的规律即自然界的规律和科学认识活动的规律两类，因而就有了所谓两种类型的科学方法。显然，这种观点最突出的优点是深入到了科学方法的理论基础，试图着眼于科学方法的本质对科学方法进行分类。

这种观点的主要缺点是：

第一，比较粗糙，把所有的科学方法一分为二，每一类又缺乏进一步的分析。

第二，两类科学方法的关系不明确。分别依据科学规律和科学认识活动规律的两类方法有没有相统一的地方？依据科学认识活动规律的科学方法看起来与具体的科学规律无关，其实不然，它们明显地以科学规律整体即科学知识整体作为背景。譬如，假说方法固然不是依据任何一种具体的科学规律，但是却依据了科学规律整体的如下一种特性：任何科学规律作为真理，永远包含着错误的成分或可错的成分。因而，当我们提出一种观点或理论的时候，尤其是实证材料还不甚充分的时候，不应当把它们视为定论，而应当视为一种试探性的理论，即假说，以便为以后进一步修正和补充它留有余地。等到它的真理性基本上得到确证以后，再视它为科学理论也不迟。即便是科学理论也还需要不断发展和丰富。可见，依据科学认识活动规律的科学方法，即是依据科学规律整体的科学方法。在一定的意义上说，两类方法所依据的都是科学规律，只不过一个依据的是一般的科学规律整体，一个依据的是特殊的科学规律个体。另一方面，任何科学规律，不论是科学规律的个体，还是科学规律的整体，都是不会自动转化为科学方法的。只有把科学规律结合具体条件应用到科学活动中去，才会转化为科学方法。例如，直到今天，世界上还有许多国家尚不能利用原子能，原因并不一定是在科学原理上，他们还没有掌握原子科学的成果。因为这一科学的理论成果没有什么秘密而言，早已是公开的了。主要的原因是在技

---

① 参见舒炜光等主编：《自然辩证法基础教程》，兰州大学出版社 1990 年版，第四章。

术方面，他们还没有把这一科学成果转化为利用原子能的技术和方法。而那些已经能够利用原子能的国家所要对外保密的，恰恰主要是这种技术和方法。这有点类似于一个人仅仅懂得了游泳的知识，还不意味着他真正掌握了游泳的方法。只有当他把游泳的知识结合具体条件运用到实际的游泳活动中去，这些知识才能真正转化为方法。总之，人类对客观规律的认识或对科学规律的把握经过反复实践，形成程式化的功能活动方式，才会转化为方法，就是说，那些依据科学规律的科学方法，并非科学规律的直接的自动的转化，而是人们把有关的科学规律投入到认识活动中去，使之合乎认识活动的规律，才能真正实现对科学方法的转化。从这个意义上说，所谓依据科学规律的科学方法，其实也就是依据科学活动规律的方法。只不过，前者是间接依据科学认识活动的规律，后者是直接依据科学认识活动的规律罢了。

（三）按科学认识过程的阶段划分的观点

这种观点认为，自然科学的认识论和方法论总是以一定的哲学作为它的理论基础和出发点的。根据这个观点，在科学认识中存在着两个基本阶段，一个是感性认识阶段，属于经验层次，另一个是理性阶段，属于理论层次。相应地，在科学方法中也区分为两类基本方法，一类是经验认识方法，另一类是理论认识方法。其中经验认识的方法主要包括观察方法、实验方法、模拟方法等获得第一手事实材料的方法，以及分类、统计等对事实材料进行初步整理和描述的方法；理论认识的方法包括分析、综合、概括等科学抽象的方法和归纳、假说、演绎、数学、模型等把经验材料进一步提炼为系统理论的方法，以及比较、分析、综合、思想实验、功能模拟、数学计算和逻辑证明等主要运用经验理论的方法。①

在科学方法的分类问题上，这种观点影响最大，流行最广，原教育部和教委先后搞过的两个自然辩证法统编教材，基本上都持这种观点。此外，这些观点的变形很多，如有的比上述二分法更为细致些，把科学方法分为搜集经验材料的方法，加工整理材料的方法，形成科学理论的方法，检验科学理论的方法和评价科学理论的方法，等等。有的分类则是以科学研究程序面目出现的。因而，在上述方法之外，还要包括科研选题、查阅资料、论文写作和科学交流等等。

按照科学认识过程的阶段性对科学方法进行分类，是有明显合理性的。因为科学方法归根结底是科学认识过程中运用的方法，而科学认识过程中各个不同阶段所运用的主要方法往往是不同的。另外，按照科学认识过程的阶段性对科学方法进行分类，比较切合科学研究的实际，便于应用，更容易为初级科研人

① 参见黄顺基等主编：《自然辩证法教程》，中国人民大学出版社 1985 年版，第二篇。

员所接受。

这种观点的主要缺点是分类标准上的外在性。科学认识过程与科学认识方法毕竟是两码事,不直接针对科学方法的本质或基本属性进行分类,而以科学认识过程的阶段性进行分类,由此造成了科学方法分类上一定程度的失真或模糊性。不同的认识阶段,可能会运用相同的科学方法,反过来,同一科学方法可能属于或应用于不同的认识阶段。如不论是感性认识阶段或理性认识阶段都离不开实验方法,也离不开逻辑思维方法。实验方法既可以用于搜集事实材料,为提出理论或假说作准备,也可以用于检验科学假说或科学理论。对科学方法进行分类以后,各种不同质的方法仍然纵横交错在一起,这样的分类方法并不成功。

二、按科学方法的程序化程度划分

前面,我们曾说过,程序化是科学方法的一个基本特征,这是因为科学方法是协调和制约科学活动中人的思维活动和行为活动的,而人的思维活动和行为活动总是自发地倾向于程序性。因而在科学实践中,凡是真正被作为科学方法使用的东西,往往要求它具备程序化的形态。所谓程序化,就是条理分明,步骤清晰,秩序井然。

既然科学方法具有程序化的特征,就一定有一个程序化程度的问题,事实证明,不同的科学方法之间,程序化的程度是有差别的。按照科学方法程序化程度的不同,我们似可尝试把科学方法分为如下四种基本类型。

(一)逻辑方法

这类方法不仅可以通过规律的形式表达,而且达到了形式化和符号化,是所有科学方法中程序化程度最高的,又可以叫作形式化规律型方法。它主要包括形式逻辑方法,数理逻辑方法,以及新近发展的多值逻辑、概率逻辑和模态逻辑等逻辑学新分支所提供的逻辑方法。辩证思维是否已经能够做到逻辑化,这是一个有争议的问题,如果承认它已经达到逻辑化的话,那么,这一类方法也包括辩证逻辑方法。一般科学方法论书籍中讲到的归纳法、演绎法、分析法、综合法以及比较方法、分类方法、类比方法等等都属于此类方法。这类方法的突出特点是在规律形式表达基础上的符号化。例如,数理逻辑方法都能够上计算机,计算机可以代替人的许多逻辑思维。

有不少人否认逻辑方法属于科学方法,认为只有那种为自然科学所独有的方法才堪称科学方法。在一定意义上,这种观点是合理的。科学方法应具有而且也一定具有自己独特的性质，尤其是当人们把科学方法和其他类型的方法相比较的时候，更应当强调这一点。但是，当人们主要针对科学研究的实际过程谈论科学方法的时候，就是说在“科学研究过程中所运用的方法”的意义上来理解科学方法的时候，把科学方法理解得宽泛些，譬如把在科学研究中具有极端重要性的逻辑方法以及后面涉及的许多一般规律性方法包括进来，也还是允许的。

（二）一般规律方法

这类方法可以用规律的形式表达，但还达不到形式化或符号化的地步。所以，又可以称为非形式化规律型方法。例如实验方法，我们可以说它所包括的实验设计、实验操作、实验结果检验等是一套规律性的东西，但还不能把它形式化。这类方法范围很广，通常所说的实验方法、观察方法、科学抽象方法、假说方法、数学方法、控制论方法、信息论方法、系统论方法、耗散结构理论方法、协同学方法、突变学方法等等都属于此类方法。此外，科学家对某一学科基本概念的理解往往具有方法论作用，如，关于波函数，一种意见认为，它准确地描写了单个体系的状态；另一种意见认为，它只描写了由许多相同体系组成的统计系统的状态。由于对波函数的理解不同，造成了量子力学中哥本哈根学派和爱因斯坦学派的重大争论及其不同的研究路子。这种基本概念方法也属于一般规律型方法。此类方法的特点是能够从理论上说清楚，但不能形式化和符号化。

（三）形象型方法

形象型方法主要指形象思维方法，是一种主要运用形象或以形象为单元进行思维的科学方法。

形象思维方法在科学研究中应用十分广泛。如科学家在解决“四色猜想”时就用到了这种方法。四色猜想认为，任何一张复杂的地图，只用四种颜色就可以把地图上的不同国家和地区间隔开来。科学家为了证明或反驳这个猜想，一个不可缺少的步骤就是使自己的思维在各种作为可能解决方案的地图上往返驰骋，就是说运用各种各样的图形进行思维活动。这样的思维方法即是形象思维方法。图论中和几何学中的许多问题都与图形有关，在思维过程中，都离不开形象思维方法。再如，在科学史上曾经对电的流体说有卓越贡献的富兰克林在论证电的流体说的时候，曾经把电的运动和传递的大量实例在头脑中进行演示和分析，并与液体流动现象进行反复比较，就是说，在他头脑中，装着一种像水一样流动的“电流体”形象，这是他作出科学发现的关键环节之一。这种思维方式就是形象思维方法。再如，卢瑟福在研究原子内部的结构时，根据粒子散射实验，设想出原子内部像是一个微观的太阳系，原子核雄踞中心，诸电子则在各自的特定轨道上运行，如群星之绕日，由此产生了著名的原子行星模型。这其中就明显地运用了形象思维方法。

美国科学家麦克林托克是一位诺贝尔奖金获得者、玉米遗传学家。她在获奖后说："我这么多年来，确实得到许多愉快的经历，我的经历就是问玉米，要玉米给我解决问题。我给玉米出题，然后我就等着，从玉米生长的表现得到回答。"她认为她跟玉米的关系好像是朋友关系，可以对话似的。这中间也有形象思维方法的存在。

任何事物都有自己的形象。形象具有生动性、完整性和立体性等许多优点。因此，在人的思维过程中，它有时比那些干巴巴的概念和判断往往更有助于推进人的思维进程。所以，画家画竹，要胸有成竹；作家写小说，心中要有人欢马叫；工程师设计飞机，头脑中要有群燕展翅；生物学家研究生物学，心灵中要有一个"动物园"。形象思维方法广泛地运用于包括科学研究在内的一切人类认识活动和实践活动领域。

形象思维是和逻辑思维、规律思维等抽象思维相对立的一种思维方法。二者都是在感性认识的基础上进行的。只是，抽象思维是对事物间接的、概括的认识。它是运用概念、判断和推理的手段对感性材料进行抽象和概括的，而形象思维则主要是运用典型化的方式，以形象为手段进行概括的。二者的根本区别是：对抽象思维而言，概念是思维的细胞，对形象思维而言，形象是思维的细胞。

目前，对形象思维的机理研究还比较薄弱，但已经引起学术界的广泛注意。

（四）直觉型方法

直觉型方法主要指直觉思维方法，是一种不受某种固定的逻辑规则约束而直接领悟事物本质的思维方法。通常所说的"洞察""顿悟"和"灵感"都属于直觉现象。它在科学研究中的应用十分广泛，每一项科学发现的过程中几乎都包含着某种直觉思维的因素。而每个科学家也都不同程度地具有直觉思维的能力。例如，年轻的研究者向老一辈科学家请教某个学术问题时，他可以在几秒钟之内作出反应，告诉你最佳决策和处理方案。但是，要完整地证明这种看法的由来和正确性，可能需要花费上百页纸，用掉几个月的时间。老一辈科学家们的这种快速反应靠的就是发达的直觉思维能力。

许多科学家对直觉思维方法在科学研究中的地位和作用给予了高度的评

价。如爱因斯坦说:“我相信直觉和灵感。”[①]玻恩认为:“实验物理的全部伟大发现是来源于一些人的直觉。”[②]德·波罗意指出:“想象力和直觉都是智慧本质上所固有的能力,它们在科学的创造中起过,而且经常起着重要的作用。”[③]爱因斯坦甚至认为,物理学家的最高使命是要得到那些普遍的基本定律,而“要通向这些定律,并没有逻辑的道路;只有通过那种以对经验的共鸣的理解为依据的直觉,才能得到这些定律”[④]。

应当说,科学研究中的直觉思维是科学家长期从事科学研究活动的实践经验和知识储备得以集中利用的结果,是科学家日积月累地针对要解决的问题所思考的各种线索凝聚于一点时的集中突破,是科学家显意识与潜意识的豁然贯通。它最突出的特征是突发性,突如其来,豁然贯通。

目前,关于直觉思维方法的研究很不够,直觉思维的机理还不甚了了,但许多人正积极从事这项研究工作。

直觉思维方法和形象思维方法的区别是明显的。前者的突出特点除了突发性以外,还有偶然性和模糊性等;而后者的突出特点则是形象性、概括性和运动性等。当然,二者也有许多共性。例如,除了都具有高度的创造性以外,它们在如下一点上也是共同的:如果把知识分为可言传的知识和不可言传的知识即意会知识的话,那么,形象思维方法和直觉思维方法都属于意会知识。这类知识在人类知识整体中占有重要地位,作为科学方法,在科学方法整体中占的地位更加重要。众所周知,工匠的方法中,最珍贵的、堪称绝招的不是那些可言传的部分,而是那些只可意会不可言传的部分。关于这一类的方法,徒弟只能跟着师傅亲自去干,才能体会到、学到手中。科学界也有类似现象。可以说,尽管人们对逻辑方法、规律方法研究得比较充分,但它们却不是科学方法中最重要、最核心的部分。科学方法中最重要、最核心的部分恰恰是那些研究得比较薄弱的形象思维方法和直觉思维方法。所以,著名科学家钱学森非常强调科学方法中这些不可言传的部分。他说:“一位青年人要学这个本领,最好的办法是拜有科学研究成就的人作老师,从老师的研究实践中领会。这个方法也包括去参加一个活跃的学术讨论集体,大家讨论学问,畅所欲言,你一句,他一句,也可以有

---

① [美]爱因斯坦:《论科学》,许良英、范岱年编译:《爱因斯坦文集》第1卷,商务印书馆1976年版,第284页。

② [联邦德国]M. 玻恩:《我这一代的物理学》,侯德彭、蒋贻安译,商务印书馆1964年版,第183页。

③ 转引自[苏]凯德洛夫、周义澄:《论直觉——凯德洛夫答〈科学与宗教〉杂志问》,《哲学译丛》1980年第6期。

④ [美]爱因斯坦:《探索的动机——在普朗克六十岁生日庆祝会上的讲话》,许良英、范岱年编译:《爱因斯坦文集》第1卷,商务印书馆1976年版,第102页。

说错了的，最后问题终究弄清了。年轻人就在这样的实践中逐渐领悟到搞科学研究的真本事，如何抓问题的关键，如何认识死胡同(此路不通)，如何从失败中总结教训迅速走上大道，如何锐敏地发现有希望的苗头，等等。”①

三、自然科学方法在人文、社会领域中应用的限度

长期以来，关于自然科学方法在人文、社会领域中应用的范围，是有尖锐分歧的。一些人认为自然科学方法在人文、社会领域中是通行无阻的，一些地方之所以暂时不能应用或不能完全应用自然科学方法，乃是主客观条件所限，一切人文、社会科学研究最终都要向自然科学看齐，在自然科学那里取得统一。另一些人则对自然科学方法在人文、社会领域中的应用，采取一种基本上拒斥的态度，认为零打碎敲可以，根本上的应用是不可能的。

或许，自然科学方法在人文、社会领域中应用的限度根本不存在一条壁垒分明的边界线。但是，从原则上说，在该问题上至少应明确如下两点。

(一)在真、善、美关系的框架中大致认识自然科学方法的应用限度

对于各门自然科学、社会科学和人文科学而言，真、善、美不仅是它们各自有所侧重的研究内容，而且是它们共同追求的理想境界。因此，从真、善、美关系的框架鸟瞰自然科学方法的应用限度，当不失为一个适当的角度。

在真、善、美的多重关系中，值得我们注意的是，真、善、美既各有分工，有彼此独立的一面，又有真是善和美的基础的一面。合目的性不可完全脱离合规律性，不合规律性的目的是注定要落空的，因而，真是善的基础。合情趣性是以人认识和掌握客观世界的规律并善于利用规律达到目的的实践活动、在人与对象之间建立起审美关系为前提的。因此，从美的发生和起源看，真是美的基础。此外，就美作为历史的成果，作为一个客观对象看，美是客观真实、艺术真实和本质真实的统一，也是以真为基础的。

依据上述情况，可就自然科学方法在人文、社会科学中的应用限度提出如下几点看法。

1. 自然科学方法原则上适用于一切求真活动

自然科学方法是人们在追求自然界真理的活动中所发展起来的一整套认识方法。这套方法使得自然科学所达到的认识结果即自然真理具备了其他领域的真理性认识难以望其项背的内容上的确定性，形式上的精确性和融贯性，

---

① 钱学森:《为〈科学家论方法〉写的几句话》，周林等主编:《科学家论方法》第一辑，内蒙古人民出版社1984年版，前言第2页。

动态上的开放性，以及功能上的有效性，等等。基于此，可以毫不夸张地说，自从近代科学诞生以来，经过数代人三四百年间的努力，尤其经过现代自然科学的洗礼，自然科学方法已经达到了相当发达、有效的地步。尽管自然真理和人文、社会领域的真理有一定的区别，但由于任何真理本质上都是主客观的相符合，具有根本上的一致性。因此，可以认为至少在原则上，自然科学方法适用于一切领域中的求真活动，并且足以成为人文、社会领域求真方法的典范。诚然，这里的真是认识论意义上的而非本体论意义上的。就是说，这里的真是指真理性的认识，而不是指与虚假相对立的事实或存在。许多事实或存在的发现并不需要科学方法的参与，反过来，科学方法也不一定适合用来发现某些事实或存在。

2. 自然科学方法在人文、社会科学中的应用有广阔的天地

善和美都建立在真的基础之上，意味着不论致善还是审美，都把求真视为自己的一个环节、一种成分。既然自然科学方法原则上适用于一切求真活动，那么，自然科学方法在人文、社会科学中的应用是有广阔天地的。那种对自然科学方法在人文、社会科学中的应用持排斥态度的观点是错误的。

3. 人文、社会科学在整体上各自具有独立的研究方法

与真、善、美各有分工、彼此独立的情况相一致，它们的研究方法在整体上也是各有分工、彼此独立的。例如，致善主要是一个认识、掌握和运用价值判断的问题。审美主要是一个通过感性形象感受和领悟的问题。致善、审美和求真在研究方法上的交叉和渗透，并不影响各自研究方法在整体上的独具特色。这一点决定了，人文、社会科学尽管在局部上都可以应用自然科学方法，但在整体上它们各自具有独立的研究方法。那种认为自然科学方法在人文、社会领域中通行无阻，人文、社会科学最终要以应用自然科学方法的程度作为自身成熟标志的看法是不正确的。

（二）积极审慎地推广应用自然科学方法

既然自然科学方法在人文、社会领域中的应用具有广阔的天地，那么，尽量推广应用自然科学方法，并实现其与人文、社会领域研究方法的综合运用，无疑是一件既利于人文、社会科学的发展，又利于自然科学发展的美事。不过，必须认识到，人文和社会现象的相关因素往往难以从整体中截然分离，即便有的因素能够分离，它们的量化指标也难以选择。这就使得人文、社会现象不易定量化、不具备可重复性，因而从根本上限制了自然科学方法推广应用的广度、深度和速度。例如，不久前有调查者发现，自然科学方法在人文、社会领域中推广应用的情况是不那么令人乐观的。仅以在各门人文、社会科学中已有悠久应用历

史并以应用成绩斐然著称的数学方法而言，它的推广应用，可说是步履艰难、进度缓慢的。据调查，1983～1987 年间，正值我国“科学方法热”掀起高潮的时期，在一些人文、社会科学学科的主干杂志中，应用数学方法的文章数量占所刊载文章总数的比例，除经济学科较高以外，其他学科一般都很低。如：法学为 2.6%，哲学为 1.3%，史学为 4.2%，文学为 2.4%。从应用质量上看，在上述学科主干杂志所发表的应用科学方法的文章中，有相当数量的文章不过是贴标签式和零点式（自然科学概念或方法零星地、比喻式地应用）的应用而已。[①]

此外，不论在何种领域，都有一个根据具体情况对自然科学方法灵活运用的问题，为此，很有必要提出如下几个问题予以讨论。

1. 人文、社会科学中的求真活动有哪些类型？

我们说过，自然科学方法适用于人文、社会科学中的一切求真活动。这就不可避免地要涉及人文、社会科学中的求真活动究竟有哪些类型的问题。这个问题比较复杂，因为，一般情况下，人文、社会科学中的求真活动往往是和该学科中的致善或审美活动交织在一起的。这里谈人文、社会科学中的求真活动，只能是相对意义和局部意义上的分离。不过，虽然全面划分人文、社会科学中求真活动的类型不是一件易事，但我们还是可以大略举出几类常见情况来的。如：搜集事实、抽象概念、溯因求果、概括规律、构建体系、数量研究等等。这些活动大量存在于人文、社会科学研究之中，而且，在所有这些活动中，都要这样那样地运用自然科学方法。例如抽象概念过程中，人文、社会科学在概念的明晰性上，应当向自然科学学习。自然科学概念通常是十分确切的，不易引起歧义。人文、社会科学则不同，许多学术争论往往是由于概念不清引起的。自然科学在抽象概念时用了什么方法呢？关键的一条是它们注意了概念的可证实性或可检验性，即牢牢抓住了抽象概念的经验基础。言必有据，据必确凿。人文、社会科学要想做到概念清晰或相对清晰些，应当力戒游谈无根，在“多一点实证精神、少一点臆想成分”上下功夫，要努力把概念扎扎实实地建筑在尽量详尽的客观事实的深厚基础上。

2. 自然科学方法在人文、社会科学中的运用有哪几种方式？

这个问题，实际上就是怎样运用自然科学方法的问题，只不过比较原则一些罢了。大致说来，人文、社会科学中运用自然科学方法主要有三种方式。

(1)移植。移植就是照搬，拿过来直接用。例如，统计一部文学作品中某些或某个关键词汇的使用频率，就是直接运用数学工具。

(2)创造性运用。方法与对象密切相关，对象变了，方法也要变。自然科学

---

① 参见孙小礼、李慎主编：《方法的比较——研究自然与研究社会》，北京大学出版社 1991 年版。

方法是研究自然界的方法，而自然界所具有的机械的、物理的、化学的、生物的等各种运动形式，较之人类思维和社会运动是较低级的运动形式。这一点决定了在人文、社会领域中直接移植和照搬自然科学方法的路子是很狭窄的。根据人文、社会现象的特点，对自然科学方法进行创造性的改造和变通，当是人文、社会领域应用自然科学方法的基本方式。从目前自然科学方法在人文、社会领域中应用的情况看，那些对人文、社会研究具有实质意义的自然科学方法应用，无不属于这种应用方式。例如，已在经济学、历史学和管理科学、决策科学等领域获得一定应用的模型方法即属此类。该方法的核心步骤是依据研究目的，从研究对象中提炼出主要的因素、过程和关系，通过定性分析，建立起基本上反映对象本质特征的数学模型。建模的过程，也就是在充分考虑研究对象的性质、特点的基础上，对各种自然科学方法和人文、社会科学方法综合运用和创造的过程。

(3)通过自然科学方法论和哲学间接运用。自然科学方法论是科学技术哲学的一个分支，也是西方科学哲学的研究重心。它的主要任务是对各门自然科学的具体方法进行研究，并在一定哲学理论的支配下概括总结各门科学共用的研究方法理论。哲学是自然科学和社会科学的概括和总结，其中一个相当重要的材料来源就是自然科学方法论。不容否认，自然科学方法论和哲学都可以在人文、社会科学中获得广泛应用。这种应用，实质上是科学方法的另一种方式的创造性运用，即通过哲学思维的途径，逐级对自然科学方法进行创造性地改造，然后加以运用。

3. 自然科学方法在人文、社会科学中有哪些实际作用？

这个问题和第一个问题有交叉。可以说，在人文、社会科学每一种类型的求真活动中的运用，都是自然科学方法的一种实际作用。但除此以外，自然科学方法在人文、社会科学中还有一种战略性、全局性的作用，这就是思维方式、思考角度或开辟思路的作用。

顺便说及，对研究复杂系统的自然科学方法的推广应用，应予特别重视。20世纪自然科学发展的趋势之一是“向复杂性进军”。自然科学越来越重视复杂现象的研究，随之也就发展出了一系列用于研究复杂现象的方法。例如信息论、控制论、一般系统论、耗散结构论、突变论、协同学、超循环理论和混沌理论等分支学科的方法即属此类。较之自然现象，人文、社会现象是名副其实的复杂系统。因此，在人文、社会领域创造性地应用上述分支学科的方法尤为重要。应用中十分关键的有三点：一是要真正熟悉上述分支学科的方法本身；二是要进行扎扎实实的资料搜集和考订工作；三是要有较高的理论素养、多学科的知识背景和敏锐的洞察力。

第九章　观点和方法创新

同其他学术论文一样，学位论文也以创造性为其生命线。缺乏创新、搞重复研究，有悖学术研究发展新知识的宗旨，浪费人力、物力，浪费读者的时间，是学术界所鄙薄、拒斥的。一般来说，学位论文的创新包括许多方面，其中较为主要的是：选题创新，观点和方法创新，以及材料创新。选题创新和材料创新，前面均已做了专门讨论；下面仅谈观点和方法创新。

一、观点创新

在学位论文创新的各个方面，"观点创新"是核心。因为其他方面的创新最终都要落脚到或服务于观点创新。人文社会科学的目标说到底就是不断提出新思想、新观念，以促使人们解放思想、更新观念，增长人们的智慧，鼓舞人们的斗志。

（一）何谓观点创新？

一般说来，观点创新是指在观点上达到以下基本要求。

1. 超迈前人。观点应该在前人研究的基础上有所前进，发前人之所未发。就是说，新观点不是无中生有，而是必须以前人的研究为基础；同时又不是前人观点的模仿，而是前人观点的超越和发展。需要强调指出，观点创新不是针对某个人或某群人而言的，而是针对在此之前所有同行的。学位论文的读者对象是同行专家，而不是普通老百姓，写论文实际上是在和学界高手对话或商榷，科普和科研是两码事。毛泽东主席说，哲学应该从哲学家的课堂里解放出来，说的是哲学普及，不是哲学研究。陈景润写关于哥德巴赫猜想的论文，若要让老百姓看懂，则必须从四则运算开始，那样论文就长得不得了。

2. 内容新。观点创新应是内容上的、实质上的，而不是形式上的。旧观点换了个新说法仍然是旧观点。有人写文章不在观点内容的创新上下功夫，而把功夫全用在胡编乱造新名词或表述的改头换面上，甚至玩弄增减字数、变更语序的小把戏，这是十分低劣的。

3.形式新。新观点要选择恰到好处的新的语言表达形式，倘若能升华为新概念更好。形式和内容不能分离，有了新的学术观点，一定下功夫考虑它的语言表达问题。正所谓“言之无文，行而不远”。

4.有冲击力。从更高的要求说，观点创新还包括效果和分量问题，就是看它有没有冲击力的问题。有时，一篇文章读后，会让人觉得作者所提的问题很好，回答得也不错，但就是过于中规中矩、四平八稳。这篇文章不论谁写，只要花上工夫，都能写出来。因此我认为，人文社会科学学位论文，应当拒绝平庸，一定要有冲击力。所谓冲击力，不是哗众取宠，而是提出的观点能够让人茅塞顿开、豁然开朗，甚至能够起到指点迷津、引领人生的作用。明清之际的大儒顾炎武有句名言：“君子之为学，以明道也，以救世也。”明道，就是阐明做人的道德准则，揭示世界的客观规律；救世，可以理解为挽救时局，推动社会发展。我们做人文社会科学研究，应该往这个目标上奔，即明道、救世，指点迷津、拯救灵魂。这个目标看起来很高，但有没有它是大不一样的。照这样去做，论文的立意就会比较高远。事实证明，有些文章做到了这一点。如，1978 年 5 月 11 日《光明日报》发表了一篇文章：《实践是检验真理的唯一标准》。文章的主要作者是南京大学哲学系的一名讲师，他的文章投到《光明日报》以后，立即引起了高层的重视。为什么？因为当时正值“两个凡是”（“凡是毛主席作出的决策，我们都坚决维护；凡是毛主席的指示，我们都始终不渝地遵循”）盛行，如果“两个凡是”不推翻，“文化大革命”不能正确评价，邓小平不能复出，天安门事件不能平反，整个改革开放无法进行！这篇论文敏锐地抓住了时代脉搏，提出了重大的现实问题，引起了全社会的大讨论，起到了明道救世、指点迷津、拯救灵魂的作用。

当然，有冲击力的文章，除了有社会现实意义外，还有一种类型，就是有较高的学术价值。如果一篇论文解决了学科发展所面临的关键问题，那么这篇论文肯定会有冲击力。每一学科的发展，都有着自己的“哥白尼革命”。一篇论文能在本学科里引发一场“哥白尼革命”，一定是有冲击力的。这不是说大话，只要有人能做到，就应该努力去争取。

（二）如何做到观点创新？

做到论文的观点创新涉及很多方面。如，奠定扎实的学术功底，密切关注社会发展现实，时刻保持开放的思想，积极参与学术交流，努力拓宽学术视野，等等。其中,以下四个方面需要特别予以强调。

1.洞察学科发展大势

既然观点创新是发展新知识,那么,观点创新的前提自然是对学科发展的历史、现状和未来趋势有一个较为全面和透彻的了解。其中最为重要的是,对于与所写论文的中心论题有关的研究历史、现状和未来趋势有较全面、透彻的了解。这也就是比较严肃的学术论文都需要有文献综述的缘故。自然科学论文相当重视文献综述,没有文献综述的论文一般是不能发表的。一篇论文提出的问题和观点是不是新,必须有所根据。这个根据就是靠文献综述来提供的。所以,撰写学位论文对于“国内外当前的研究现状与问题”部分要下真功夫,应该把它当作一篇相对独立的论文来写,不要敷衍了事。文献综述常见的缺点是:(1)文献量少。搜集文献不是朝着一网打尽的目标奔,而是蜻蜓点水,随机找一些,致使许多基本文献缺席。(2)文献名称罗列,缺少观点的概括;或者有观点概括,但缺少对观点的分类;或者对观点的分类不到位,太粗泛。(3)只有流水账似的“述”,没有恰如其分的“评”。对所述文献的贡献和不足缺乏正中肯綮的说明。(4)述评与学位论文中心论题错位,常见偏向是述评范围较之中心论题过宽。如,论文题目是《爱因斯坦的宗教思想》,但所综述的文献主要是有关爱因斯坦研究的。(5)所“述”非所“评”,“述”“评”错位。最为常见的情况是,把文献评论变成了脱离文献的自我陈述等。总之,文献综述必须紧扣有待研究的问题和需要创新的核心观点来写,其作用就是交代清楚学位论文的中心论题和前人研究的关系,落脚点是证明自己的中心论题和拟给出的解决方案是有创新的。

2.关注社会发展动向

与自然科学不同,人文社会科学扎根于社会现实的土壤之中。尽管人文社会科学相对于社会现实有自己的相对独立性,而且,随着人文社会科学的逐步发展,其相对独立性将越来越强。但是,社会现实毕竟是人文社会科学的源头活水,所以,社会现实的风云变幻,必定会直接影响人文社会科学的发展。特别是社会现实中具有历史转折意义的革命性变革,必定会在人文社会科学那里激起波澜,并对其发展方向和发展速度带来深刻影响。所以,在人文社会科学领域,要想做到观点创新,就必须保持对社会发展动向的关注。在某些情况下,甚至需要研究者直接投身社会发展的洪流,参与影响社会现实的发展。只有这样,才能更准确、更敏锐地抓住社会现实向本学科提出的重大需求和有待解决的问题,进而不仅有助于社会发展,也能够促进本学科的发展。

3.挣脱历史时代桎梏

每个人都参与历史的创造,也都为历史所塑造、所桎梏,而且历史时代对于人的思想观念的桎梏作用，常常表现得令人触目惊心。例如，改革开放之初，老年人对年轻人跳舞看不惯，斥之为有伤风化。可现如今，许许多多的老年人跳广场舞却如醉如痴！“文化大革命”期间，无数家庭分裂为“保皇”“造反”等派别，以致闹得夫妻反目、子女与父母决裂。当时被普遍认为天经地义，现在回头看，简直不可理喻。不同的时代，人们的观念竟会发生如此颠覆性的变化，充分表明时代对人的思想的桎梏作用是多么巨大！事实上，这种历史时代的桎梏作用并非仅仅发生在过去，而是在当前乃至今后，时时刻刻，正在和即将发生在所有人的身上。这种历史时代的桎梏作用是人文社会科学学者观点创新的大敌，必须尽力挣脱。如何尽力挣脱？或许作家莫言的文学创作能给我们某种启迪。

获得诺贝尔文学奖的莫言，其作品带有浓烈的个性色彩、浓郁的本土气息，能够触动读者的心灵，使人感受到震撼性的冲击力，以至于诺贝尔奖评委会给予这样评价：“他将魔幻现实主义与民间故事、历史与当代社会融合在一起。”这个评价是很高的。莫言的作品为什么获得成功？学界普遍认为他的创作有一个突出的特点：“汪洋恣肆、天马行空。”谈到创作风格，他个人也是这么认为的，他说：“我看，艺术方法无所谓中外、新旧，写自己的就是了，想怎么写就怎么写，只要顺心顺手就好……我主张创作者要多一点天马行空的狂气与雄风，少一点顾虑和犹疑。无论在创作思想上还是艺术风格上，不妨有点随意性，有点邪劲儿。”表面上看，莫言的观点只跟文学有关系，其实不然。从研究态度和研究方法上，人文社会科学不论哪个学科都应该学习他这种汪洋恣肆、天马行空的精神。不要轻狂，但要思想解放。按文学流派，莫言是魔幻现实主义，但是，他第一次接触魔幻现实主义时，就想到要超越它，立志做与众不同的东西。所以，他获得诺贝尔文学奖有其必然性。反映社会现实最敏感的就是小说，经常读点小说，可以从中汲取营养、获得启迪。

莫言的创作经验告诉我们，一定要充分认识到，时代是有局限性的，对于那些习以为常的观点，要保持高度的警惕性，不可盲从、盲信。应该把它们放到人类历史的整体中、着眼于与全球比较和着眼于未来去考量。只有保持这样的开放心态，才最有利于观点创新。

4.破除传统理论束缚

根据美国科学哲学家托马斯·库恩的“范式论”，每一位科学家都工作在本学科的“范式”之内。科学家习惯于按照既定“范式”的指导从事着解难题的活动。可是当新旧范式更替之际，不少科学家往往表现出迷恋旧范式而排斥新范式的倾向。库恩举例说，日心说在哥白尼逝世近百年后，信奉者依然寥寥无几；牛顿的《自然哲学的数学原理》出版半个多世纪以后，仍未被科学界普遍接受。至于著名科学家拒斥本学科革命性理论的事，更是不胜枚举。例如，普里斯特里至死不承认氧化学说，开尔文勋爵终生反对电磁理论，等等。基于这种现象，达尔文在其《物种起源》结尾时说："虽然我完全相信此书观点的真理性……但是对于观点与我完全相反的博物学家，我并没有期望能使他们信服，他们的心目中已充满从他们的观点去观察到的事实……但是我有信心面对未来，面对那些年轻的、正在成长的博物学家，他们将能毫无偏见地去看这个问题上的两种观点。"①物理学家普朗克则悲愤地说："一个新的科学真理的胜利并不是靠使它的反对者信服和领悟，还不如说是因为它的反对者终于都死了，而熟悉这个新科学真理的新一代成长起来了。"②

或许以上关于传统理论对科学家思想束缚情况的判定有点夸张，但是无论如何，包括人文社会科学界，传统理论对于人的思想的束缚作用不可低估。为此，要想观点创新，必须破除传统理论的束缚。应当树立这样的信念：理论是灰色的，生活和实践之树则常青。随着科学和社会的发展，包括科学理论在内的任何理论，都会面临新的科学事实和社会实践的挑战。在新的科学事实和社会实践的面前，我们应该随时准备着告别任何失去解释力的传统理论，而欢迎解释力迅速扩大的新理论的诞生。真正树立了这样的开放心态，观点创新就不是一件难事了。

二、方法创新

方法创新是指论文使用了新的方法。新方法包括新创造的方法、首次从其他领域引进到所研究领域的方法、看问题所采取的新角度等。

（一）重视方法创新

对于方法创新，一些人在思想上不够重视，而更多的人是无所适从，不知道如何创新方法。这一点十分典型地体现在一些人填报课题申报书"研究方法"一栏时的表现：敷衍了事，所填写的方法大都是一些习见的、大而化之的方法。如：文献研究方法、历史方法、定性与定量相结合的方法、比较方法等。给人的印象，这些方法无关痛痒，申报人也不打算认真运用。更有甚者，胡编乱造，杜撰出一些莫名其妙的方法来。多年来，我在参与全国哲学社会科学规划办公室组织的研究课题评议活动中发现，有人居然提出了诸如历史梳理方法、历史主

---

① 转引自[美]托马斯·库恩：《科学革命的结构》，金吾伦、胡新和译，北京大学出版社 2003 年版，第 136 页。

② 转引自[美]托马斯·库恩：《科学革命的结构》，金吾伦、胡新和译，北京大学出版社 2003 年版，第 136 页。

义与历史相结合的方法、总体方法、工具调查方法等怪模怪样的方法！

必须充分认识到，方法对于学术研究，至关重要。不论对于自然科学，还是人文社会科学，都是这样。可以说科学诞生的关键在方法，科学突破的关键在方法，科学发生效用的关键也在方法。近代实验科学诞生的关键在于，它摆脱了古代依靠经验、思辨和猜测等研究自然的方式，成功地实现了实验方法和数学方法的结合，从而为科学家确立了以定量的实验观测结果作为科学研究的出发点和理论检验的标准，并且以数学作为表达科学理论的形式化语言。如伽利略研究落体运动，不仅做了斜面实验，而且作为实验结果的落体定律是用数学公式表达的。正是基于此，自然科学得以发展起来。为什么说科学突破的关键在方法？因为要实现重大科学突破，走老路不成，非得独辟蹊径不可。每年的诺贝尔奖获得者，他们的获奖研究总是伴随着方法的更新，在方法上有其独到之处。还有，科学发生效用的关键也在方法。想把科学发现转变为技术和专门的应用，关键的环节在于通过中间试验解决如何转变的问题。可以说，方法创新是观点创新的根本保障。关于这一点，许多科学家都有特别深刻的感受。2007 年，我国著名科学家王大珩、刘东生和叶笃正三位院士联名向时任国务院总理的温家宝提出了《关于加强创新方法工作的建议》，表达了以下观点：创新方法相对薄弱是制约自主创新、建设创新型国家的源头问题。温家宝作出批示，指出："自主创新，方法先行""创新方法是自主创新的根本之源"。由此，引发了我国研究创新方法的一个高潮。

（二）方法创新的基本类型

一般来说，方法有多种多样的分类方式，例如可以分为定性方法和定量方法，逻辑思维方法和创造性思维方法，也可以分为软件方法和硬件方法。软件方法就是通常说的科学方法，是科学研究的无形工具；硬件方法就是实验仪器和实验设备等有形的研究工具。对于现代自然科学而言，实验仪器和实验设备等研究工具的重要性已经极大地提高了。研究工具是人的感官的延长和大脑技能的扩张，它们极大地提高了研究者的认识能力，因而极大地影响和制约着科学发展的速度和水平。例如，正是有了高能粒子加速器，才使得高能物理学的基本粒子研究成为可能。我参观过北京正负电子对撞机。它建于 1984 年，在地道里，很复杂、很长，感觉像是围着一个小城区转了一圈似的。仅 2009 年正式完工的改造工程，投资额就高达 6.4 亿元。要是没有这个，就无法研究基本粒子。现代的科学研究和技术捆到了一起，仪器设备跟不上，必然会制约科学的发展。

同样，人文社会科学研究方法也分为软件方法和硬件方法。科学研究的软件方法，即通常所说的研究方法，更新很快。例如，过去研究科学思想史，通行宏大叙事式的研究方式。如果研究一个人的科技思想，比较规范的做法是，把这个人的著作“全集”找来，甚至把全集里面没有搜集到的资料也一并予以搜集，包括将其交游范围内的人所涉及的有关资料搜集起来；接着熟读这个人的所有资料；最后，把这个人放到他所在时代的整体当中去，考察其科技思想。

前些年，西方出现了“新文化史学”和“微观史学”，他们的研究方法从宏观走向微观，令人耳目一新。例如，史学家王笛研究1900～1950年间中国经济、社会和政治的变迁，是通过调研成都街头的茶馆进行的。在过去，茶馆既是占城市经济主导地位的一种典型的小商业，也是人们公共生活和社会交往活动的中心，甚或是不少社会组织的大本营。很多政治的、社会的事件在茶馆里都会有所反映，所以说，茶馆这个微观世界，足以折射出大千世界的丰富多彩。王笛先生一度每年从美国飞到中国来，一蹲就是一个月或几个月，首先查20世纪前50年间的历史档案；再查这50年间的所有报纸以及到过四川的作家所写的游记，凡是与成都茶馆有关的资料都集中起来；最后从这些大量的资料中考察它们和经济、文化和政治事件的联系。他的这种方法刚刚引入时，对于中国的史学界包括科学思想史界冲击很大：竟然可以通过微不足道的茶馆来研究经济、社会和政治的变迁！他的《茶馆：成都的公共生活和微观世界，1900～1950》一书获得了巨大成功，他后来研究1950～2000年这50年的社会变迁，采用的仍然是这种方法。

“新文化史学”和“微观史学”中也有通过概念变迁研究思想史的。如，“科学”这个概念是一个外来词，是19世纪末从日本转道引进中国的。中国古代虽然也出现过“科学”一词，但它指的是“科举”考试。与现代“科学”一词所对应的是《大学》里的“格物致知”。明末以来，中国一度沿袭使用“格物穷理之学”“格致之学”“格致”等词语，最后才慢慢演变成了“科学”。“科学”概念的演变，展示了各个时代人们对科学的理解，从一个特定角度十分直接和集中地反映了科学思想的变化，所以通过关键词的演变历史去研究一般思想史和科学思想史，不失为一种有效方法。

人文社会科学方法也有硬件方法及其创新的问题。本书前面我们介绍过，数年前，台湾清华大学黄一农先生提出了历史学研究的“e-考据”方法，即利用网络和电子资源，大规模地搜集资料进行学术研究的方法。现在，相当多的古代典籍都刻成了光盘或上了网，有人专门做这个工作。用他们的光盘或上网阅读，需要花钱购买，这也是一种商业运作。所以，电子资源建设已经成为现代图书馆一项越来越重要的工作。研究某个历史人物，现成的资料很少或不够用，怎么办？就需要去查他的交游圈里的那些人的著作，进而汇集出所研究历史人物的相关资料，然而古籍资料浩如烟海，通过手工查找，即便耗费大量时间与精力，也未必如愿以偿。如果某个朝代所有的书面文献都刻成光盘或上网了，使用关键词进行搜索，研究效率就会高得多。“e-考据”虽然本质上仍是过去的考据方法，但研究工具由手工操作变为计算机操作，这就是硬件的变化。其他诸如大数据方法、计算机仿真方法也都属于这个范畴。

（三）方法创新的若干途径

从认识论的角度看，“在探索的认识中，方法也就是工具，是主观方面的某个手段，主观方面通过这个手段和客体发生关系”（黑格尔语）。① 具体说来，方法包含以下要素：其一，目的性。凡方法都服务于一定的目的，即服务于一定的任务、目标、需要、意愿等。其二，合乎规律性。方法不仅要合乎认识主体的主观目的，还要合乎认识客体的客观规律，以及方法所涉及的特定认识过程的客观规律。三是物质工具。方法不仅表现为精神形态，而且还表现为物质形态，而方法的物质形态即是通常所说的仪器设备乃至一切物质用品。四是对象。方法是要作用于一定对象的，而对象的性质和规律制约着方法的选择、构成和作用方式等。

方法的上述性质和特点决定了学术研究中的方法创新是一个多因素综合作用的复杂过程。其中包括认识主体、认识客体、认识条件和环境等。这一点决定了方法创新途径的多样性，这里仅略述以下几条常见途径。

1. 恰当引进人文社会科学其他学科的理论和方法

人文社会科学其他学科的理论和方法是本学科所没有的，所以，把它们引进到本学科所从事的某项具体研究中来，可以称之为方法创新。在人文社会科学中，最引人瞩目的是哲学理论和方法。哲学普遍性最高，专门研究世界观和方法论，因此，对于其他所有学科来说，哲学是一个天然的方法宝库。事实证明，人文社会科学各学科的方法创新，最常见的途径之一，就是恰当引进哲学学科的理论和方法。诸如现象学、存在主义、诠释学、结构主义、语言分析、过程哲学、范式论、地方知识论等哲学理论和方法在人文社会科学各学科应用的潜力都十分巨大。恰当引进哲学理论和方法的作用就是能够为研究者提供一件利器，从而使本学科的研究别开洞天。例如，就研究杜甫诗歌而论，山东大学的萧涤非先生那一代，自幼就对唐诗下了很大的功夫，甚至对杜诗达到了倒背如流的程度，当今已很少有人能做到这一点了。所以，若用传统的方法研究杜诗，超越萧涤非先生将会非常难；若用新方法就会产生不同的效果。例如，先把现代

① 转引自[苏]列宁：《哲学笔记》，人民出版社1993年版，第189页。

西方哲学中的诠释学钻研透了，然后从诠释学的角度研究杜诗，就可以看到萧先生未发现的东西，很有可能超越他。

原则上，人文社会科学各学科的理论和方法均可互相引进，在其他学科充当方法。不过，引进人文社会科学各学科的理论和方法一定要在"恰当"上狠下功夫。首先，透彻了解研究对象，并在对研究对象进行全面、深入研究的基础上，提出明确且具有新意的问题。最好通过写一篇过硬的文献综述的方法，把待研究的问题找好、找准。其次，选择欲引进的方法。根据待研究问题的需要，设想可选用方法的范围，再通过比较，从中找出匹配度最高的方法。或许，根据待解决的问题的条件或需要，对欲引进的特定理论和方法做适当变通或改造，是大量的和经常的事。最后，熟悉欲引进的方法。要把欲引进的特定理论和方法吃透，把握精髓，不可走样。例如，假设欲引进的方法是现象学的理论和方法，就一定要读一点现象学的原著，辅以现象学的二手文献，下功夫把现象学的理论和方法真正弄明白。千万不可只涉猎一点现象学的二手文献，对现象学的理论和方法一知半解就去用。否则，不但不能达到运用新方法进行学术创新的目的，反而会弄巧成拙，使论文沦为废品。

2. 移植和创造性运用自然科学的理论和方法

显而易见，对于人文社会科学而言，能够移植和创造性运用自然科学的理论和方法，应当属于方法的创新。事实上，自然科学理论和方法历来是影响人文社会科学乃至人类社会生活的智慧和方法的源头活水。移植和运用自然科学的理论和方法，是人文社会科学各学科方法创新的最重要的途径之一，学术发展史业已证明。在量的研究方面，以模型方法、统计学方法、运筹学方法和概率论方法等数学方法为主体的自然科学方法在人文社会科学中的应用潜力十分巨大；在质的研究方面，自然科学方法在人文社会科学中的应用也是大有用武之地的。质的研究方面，最为引人注目的是"老三论"（系统论、信息论、控制论）和"新三论"（耗散结构论、协同学、突变论）的运用。这些自然科学分支具有学科横断性质和方法论性质，其理论和方法的普遍性之大，虽不及哲学，但却接近哲学。以致在 20 世纪 80 年代，以运用"系统论"为核心，在人文社科界形成了一个以运用"老三论"和"新三论"为时尚的轰轰烈烈的"方法论"热潮。此外，自然科学的"观察方法""思想实验""对照实验""模拟实验""模型方法""黑箱方法""模拟方法"等等，在人文社会科学中的应用前景也十分广阔。因此，在人文社会科学各学科的各项具体课题的学术研究中，大胆移植和创造性运用自然科学的理论和方法，是方法创新的重要途径。

诚然，和引进人文社会科学各学科的理论和方法一样，移植和创造性运用自然科学的理论和方法也要在"恰当"上狠下功夫。上面所说的引进人文社会科学各学科的理论和方法在“恰当”上狠下功夫的注意事项，统统适用于移植和创造性运用自然科学的理论和方法。除此以外，由于自然科学和人文社会科学在研究对象上具有根本上的差异，所以在人文社会科学各学科中移植和创造性运用自然科学的理论和方法，还要对“创造性运用”予以格外的强调。这一点，在本书第八章已经大致作了阐明：“根据人文、社会现象的特点，对自然科学方法进行创造性的改造和变通，当是人文、社会领域应用自然科学方法的基本方式。从目前自然科学方法在人文、社会领域中应用的情况看，那些对人文、社会研究具有实质意义的自然科学方法应用，无不属于这种应用方式。例如，已在经济学、历史学和管理科学、决策科学等领域获得一定应用的模型方法即属此类。该方法的核心步骤是依据研究目的，从研究对象中提炼出主要的因素、过程和关系，通过定性分析，建立起基本上反映对象本质特征的数学模型。建模的过程，也就是在充分考虑研究对象的性质、特点的基础上，对各种自然科学方法和人文、社会科学方法综合运用和创造的过程。”

3.转换角度

任何事物都是多侧面的，转换角度必定会看到传统角度所看不到的东西，这实质上也是一种方法创新。广义上，运用其他学科的理论和方法也属于转换角度。这里谈论转换角度式的方法创新，主要指狭义上的，即突破传统视域，转移研究重点所带来的方法创新。例如，研究科学知识的客观性问题，按照传统的做法，主要是关注科学知识与经验的关系，看后者能否证实前者。事实证明，这条道越走越窄。于是有人开始考虑，能不能换个角度，把研究的重点转向科学知识的产生过程，看一看科学家在科学发现的过程中是否做到了完全屏蔽社会因素对科学知识的侵染？于是，科学知识社会学的代表人物拉图尔等人提出了“实验室研究方法”，他们深入到实验室，对科学家进行全程跟踪研究，记录其一言一行。最终，科学知识社会学家们根据大量事实，得出结论：科学知识是科学家磋商出来的，很多情况下，是科学家之间、科学家与企业主之间、科学家与政府官员之间的利益博弈。尽管他们的结论并未获得广泛认可，但他们研究科学知识的客观性不是单纯就知识论知识，而是独辟蹊径，转向科学知识的生产过程，使用了“实验室研究方法”。这一方法抓住了问题的要害，因而其研究成果颇具启发性，在学界引起了热烈反响。

总而言之，观点和方法创新是学术论文创新的核心。就观点创新而言，它涉及许多方面，其中，应予特别强调的是：洞察学科发展大势，以了解学科发展的内在需要；关注社会发展动向，以了解社会发展的外部需要；挣脱历史时代桎梏、破除传统理论束缚，以期鼓舞挑战权威和反潮流的勇气。方法创新是一个多因素综合作用的复杂过程。其中，最为重要的是：恰当引进人文社会科学其他学科的理论和方法;移植和创造性运用自然科学的理论和方法;转换角度。其中,转换角度的实质是依据研究目标以及研究条件和环境,另辟蹊径,创造新的方法。

第十章　好论文的四项指标

一篇好的博士和硕士学位论文的指标是什么？简单点说，就是四个字：专、新、深、实。这四个字的含义是什么，怎样才能做到呢？

一、专：下沉到点

论文选题是科研工作的第一个环节，也是十分关键的环节。选题好，不一定论文好，但论文好，一定要选题好。论文的题目较之最初的选题时常有变化，即便这样，在最终确定论文题目的时候，仍然有一个选择问题。成就一篇好的论文，选题的作用可以超过四成，所以，人们通常都非常重视这一环节。

怎样选好题？这个问题很难说清，不同的专业或研究方向，选题均有其特殊性；而且选题也因人、因时、因地而异。但基本原则还是有的。例如，选题最基本的原则可以概括为一句话：点面结合，着眼于点。这一原则的核心是，对于“点”，一定要下沉到位，千万不要只是浮在面上。常见一些选题很大、很空、很泛，比如“论科学规律”这个题目就太大，老虎吃天无处下口，自然就难以驾驭。需要指出，选题所着眼的“点”在这里是有限制词的。

首先，它应该是有新意的“点”，即别人没有研究过的、没有研究透的、有分歧的、应予纠正的或者需要重新审视的问题。例如北京大学科技与社会中心有一个博士做的毕业论文是《秋石源流研究》，一听题目，就令人耳目一新。诚如所知，鲁桂珍、李约瑟在 20 世纪 60 年代最先注意到中国人至迟至 16 世纪就已经用尿液炼制出了含有性激素的秋石，他们认为这是中国一项了不起的贡献，是科学史上的重大事件。但对于秋石是否真的含有性激素、它有几种配方等问题，学界至今未有定论。显然，这个问题就是前人没有研究透、没有解决的问题，关注度高，很有新意。

其次，它应该是关键性的“点”，即在一个领域里面具有关键意义的“点”。

它对于学科建设、基本理论发展具有显著意义或者属于社会实践提出的与社会发展前途、民族命运和人民根本利益攸关的理论问题,正所谓人们常说的选题上的"高起点"。也就是说,选题尽可能不要限于细枝末节,作那些内涵贫乏的文章。这样的文章写完也就完了,没有影响,意义不大。比方说,一个科技哲学专业的硕士生想做这样一个论文选题:"大学生对科学哲学课程的态度"。这个问题不能说没有意义,但是,理论价值不是太大,一是对于科技哲学的理论研究无关紧要,二来"态度"变化快、主观成分多,很难说清楚。相反,关于秋石的研究,尽管题目十分具体,但它事关中国人的贡献,是中国化学史和医药史的重要一页,意义非同寻常。

最后,它应该是前景广阔的"点",即有进一步开发的余地,甚至够一个人做一辈子的"点"。一个合理的做法是,根据本学科的国内外趋势、自己的兴趣和导师的特长等因素,把自己的选题置于一个较大的领域之内。换句话说,着眼于"点"并不是指孤立地去做"点",而是要与"面"相结合,使选题有广阔的前景,有明显的可持续性。对于有志于攻博的硕士生或毕业后准备从事科研或教学工作的博士、硕士研究生,更要重视这一点。事实证明,凡是沿着硕士论文题目继续做下去的博士论文,都比较顺利,质量也相对较高。相反,选题时缺乏这方面的考虑,只顾及眼下写出论文的学生,对于毕业以后再怎么做往往有可能迷失方向。有一个以民国前期一份发行量很小的杂志为毕业论文题目的博士生就向我征询说,我现在研究这份杂志,下一步做什么?当然,假如专业基础扎实、有一定科研素养,下一步也一定能找到相关的题目,可以做与这份杂志相关的其他问题。但话说回来,一份普通杂志跟科技哲学虽有关系,但毕竟不是十分明显、十分密切,如果把握不好,再做下去确实比较困难。由此观之,题目选得具体是好事,但假如点和面相脱离,所选的"点"含金量较低,那么文章写完后,也可能会面临无路可走的窘境。所以,选择"点"的时候,一定要点面兼顾、点面结合,认真考虑选题所涉及的"领域"。领域的选择是选题战略的有机构成部分,有些领域乍一看就很漂亮,像"西学东渐"这个研究领域,绝对是个好领域,你教谁看都会觉得有意思。在科技哲学领域,明末清初至1928年中央研究院成立之间的"西学东渐",是西方科学与中国传统科学、传统文化初次接触并发生激烈碰撞与融合的时期,不论是研究科学观、科学文化、科学思想,还是研究科学与社会的互动,这都是一个理想的领域。就说"西学东渐"中的"薛凤祚研究"这个题目吧,我们还没怎么深入做,马上就有人要拍电影,非常感兴趣。这个领域是没有任何问题的,关键是做论文选题的时候,选一个什么样的"有新意""关键性""有前景"的"点"。

面对广阔无垠的研究领域和浩如烟海的文献资料,究竟怎样才能找到可供研究的"有新意""关键性""有前景"的"点"呢？应该说，这样的"点"不是摆在那里，可以信手拈来的，而是需要下一番苦功夫才能找得到的。当我们在读书、学习的过程中，或者在导师的启发下，有了想做某个题目的冲动后，就应当利用各种文献检索手段，一网打尽式地系统查阅与题目相关的文献。大面积地浏览文献和钻研核心文献之后，就会发现关于这个题目，学界已经说了什么、没说什么、有什么分歧、有什么缺陷等，这样就自然而然地可以找到"有新意""关键性""有前景"的"点"了。

需要注意，强调选题要下沉到"点"，是否意味着绝对排斥宏观题目呢？不是的。原则上说，题目既可以选微观的，也可以选宏观的。一般来说，选微观的比较好一点，尤其对于科研经验较少的年轻人。对于小问题，一手资料范围小，容易上手，而且小处着手，大处着眼，可以收到以小见大、事半功倍的效果。要紧的是，不管做大题目还是小题目，都得大和小有机统一起来。小问题，一定要和全域联系起来，尽可能阐发出它的全域意义。宏观的题目一般来说要突出一个主题，找到问题的关键地方，选择一个新的角度，向深处开掘，这同样也是大处着眼，小处着手。

二、新：有冲击力

人们通常都强调"问题意识"。没有问题，一篇论文算是没有戏眼、没有灵魂，必定沦于"散"或"浅"。同时，是否养成自觉的问题意识，也是衡量一个人科研能力的重要指标之一。但是，问题意识固然重要，却不是唯一重要的，甚至可以说，问题意识仅仅是第一步，后面更重要的一步是考虑观点如何创新的问题。在某些情况下，一篇论文看似把问题解决了，甚至解决得很好、很透彻，可是给大家的印象是论文所提供的答案中规中矩，缺乏新鲜感，没有冲击力。充其量作者想得周到、全面些，轮到别人，如果下功夫，也可能会统统想到。也就是说这个问题尽管回答了，但就是打动不了人心。所以，我从这里想到，人文社会科学创新的关键是拒绝平庸，观点要有冲击力。

所谓有冲击力，并非哗众取宠、故意作秀，而是所提出的观点能够使人走出谬见、错误、常识和传统；能够让人豁然开朗，心里一下子亮堂起来；甚至也可以说，能够拯救人的灵魂！"指点迷津，拯救灵魂"，从事人文社会科学研究就应该往这个目标上奔。这个目标固然很高，但并非高不可攀。有这个目标和无这个目标是大不一样的，如果一开始构思文章就有这样的目标，不单是平平淡淡地解决问题完事，那么，文章的立意一定会很高。

在文学方面，我感受颇深的是《阿Q正传》。我们没经历过辛亥革命那个年代，但可以读读这篇小说，然后再结合着有关鲁迅的研究看一下它当时的反响，那确实是对人有巨大的思想解放作用。为什么呢？因为那个时候仁人志士都在思考富民强国的方案，都觉得中国人的精神状况有问题，然而是什么问题，大家一时却都难以说清。鲁迅通过这篇小说一下子击中要害，对这个问题做了简洁明快的回答：中国的国民性有严重弱点，中国人在封建主义的长期蹂躏下，养成了十分怯懦的习性，常常表现出一种荒唐怪诞的“精神上的胜利法”。阿Q明明是个穷光蛋，跟别人斗嘴时却瞪着眼睛说“我们先前——比你阔的多啦”；阿Q头上长了癞疮疤，受到别人的戏弄，却硬说“你还不配”；阿Q遭人毒打，心里偏偏嘀咕“我总算被儿子打了”。不少中国人就是这样：生活中长期是失败者，而在幻想中却一直是个可怜的胜利者！鲁迅通过阿Q这个头上拖着条黄辫子的江南小镇贫民的艺术形象，凸显了中国国民的劣根性，使人看了以后像触电一般，觉得鲁迅说的那个人就是自己，整个知识界都认为他对中国国民性的弱点刻画得惟妙惟肖、入木三分。正是由于《阿Q正传》所表达的观点抓住了时代脉搏，触动了国人的神经，所以才产生了巨大的冲击力。

另一个典型事例就是艾思奇的《大众哲学》了。现在说起来，大家可能不以为然，但在全国解放前，在它发表后的十三四年间，印行竟多达32版次，影响了一代人。当时很多年轻人就是看了这本书才奔向延安，投奔共产党，走上革命道路的。应该说，写一本书能引导很多人选择一条人生之路，这绝对是件很了不起的事情。《大众哲学》篇幅不大，讲的就是辩证唯物论、唯物辩证法那些内容，但深入浅出、鞭辟入里，都是通过生活当中鲜活的实例加以阐发的。因其表达、宣传的观点恰好顺应了时代潮流，点亮了进步青年心中的明灯，所以也才产生了巨大的冲击力。

如果说人文社会科学的创新关键在于观点要有冲击力的话，那么自然科学的创新，根本就在于方法的创新。在自然科学领域，许多情况下“问题”是一清二楚的，例如数学上要攻克哪些著名猜想，高能物理要打开哪些基本粒子，生命科学要正确绘制各种基因图谱等都是明摆着的，重要的是面对前沿课题要独辟蹊径，寻找到解决办法。举个最简单的例子，解几何题的时候，做辅助线那一步往往很关键。有时候百思不得其解，突然悟到如此这般地画一条辅助线，问题马上就“柳暗花明”。所以对自然科学来说，关键是方法创新。需要找到一个巧妙的、尽可能简洁的解决办法，这就是创新的重点。前几年我国科学界提出“自主创新，方法先行”，经时任国务院总理的温家宝批准，动员全国科技界、科技管理界和科技哲学界的力量，对科技创新方法进行大规模的研究，就是看到了方法创新对于发展科学技术的基础性和战略性意义。

要做到观点有冲击力，涉及许多方面。如，拓展国际学术视野、加强多学科交叉研究、洞察社会发展趋势等，但基本的一条就是要死死盯住本领域里深层次的基本理论问题。原则上说，一篇文章解决的问题越根本，就越有影响、越有冲击力。学术研究秉持关注现实、追踪热点、为国服务的理念是好事，但一定要避免随波逐流、只知为强势观点做注释，或者把严肃的学术研究降低到街谈巷议的水平。应当高度关注现实问题背后本学科的基本理论问题，通过对本学科基本理论问题独立而深入的探讨，达到推进学科发展以及为社会服务的目的。任何学科或领域，都有深层次的基本理论和外围的一般理论之分。例如西学东渐领域，在西学漫长而曲折的传播过程背后，深层次的基本理论问题往往表现为科学、儒学和宗教三者相互交错的互动关系，中西方在价值观、伦理观、自然观、科学观等层面上的冲撞和融合等。对于西学东渐的重要人物来说，无论他是科学家、传教士还是一般人士，其科学思想中能够产生冲击力的东西必定表现在这些基本观念的新异处。为此，科技哲学研究西学东渐就应当紧紧抓住这些基本理论问题，只有这样，研究成果才有分量。再如，研究某位科学家的科学方法论思想，一定要在弄清科学家所运用本学科具体方法的基础上，一直追溯到他在解决前沿问题时所使用的本体论或认识论前提。

顺便提及，我们搞研究、写论文有几个要素，杂志社编辑和特约专家审稿用稿时，也十分重视这几个要素：一是选题新，前面已有述及，不再赘言。二是材料新，文章所使用的材料应是学界没有发现或没有用过的。许多人常常对材料新这一点重视不够，其实新材料中往往蕴含着新观点，即便作者升华或概括不够，单单新材料本身对读者都是很有启发意义、很有价值的。所以写文章一定尽量到科技前沿、文献和文物的新发现，以及社会实践第一线寻找新资料。三是方法新，新方法包括创造新方法、从其他领域引进新方法或新理论、采取新角度等。四是观点新。上述“四新”中，选题新是方向，材料新是基础，方法新是手段，观点新是目的。一篇文章只要具备其中一“新”就有价值，若能同时具备“四新”，有可能就是传世的佳作了。不过，对于人文社会科学来说，在重视各种要素的前提下，要更加重视观点创新，归根结底，人文社会科学就是要向社会提供新观点、新思想，改变和更新人的观念。

三、深：不懈追问

写文章，主要是摆情况、讲道理。摆情况，就是把材料搜集齐全，在吃透、消化透的基础上，将其条理化；讲道理，就是从材料中提炼出最能反映研究对象特点、又有突出的理论价值和现实意义的问题，以此为红线串联材料，并系统而深入地阐发自己的观点。写文章切忌仅限于罗列材料、摆情况，一定要在充分掌握材料的基础上，努力凝练出中心论题，并围绕中心论题组织材料、展开论述，深入回答相应的理论问题。例如，研究某个人某方面的思想，仅仅罗列其思想的表现是不够的。应当在弄清某人思想面貌的基础上，进一步形成中心论题，这个中心论题应该最能体现某人思想的特点，而且具有重要的理论意义和现实意义。然后，以该论题为线索叙述和评价某人思想，并系统阐述自己在该论题上的独立见解。

显然，摆情况应服务于讲道理，根据讲道理的需要，选择和整理情况，从而使两者实现有机的统一。其中关键的环节是形成中心论题，中心论题既是摆情况的灵魂，也是讲道理的灵魂。中心论题哪里来？相当多的情况下，是从阅读相关重要文献中提炼出来。关于这一点，数学家杨乐强调，要带着研究的心态来阅读重要文献，不但要知道论文一步步的推理，而且要反复分析、揣摩、钻研论文的精神实质，提炼出作者解决这些问题时的原始思想。他说："现在，经常会有些水平不太高的论文，主要问题是作者对人家所做的工作钻研得不够深，没有掌握问题的实质，而只是在形式上看懂了别人的东西，于是，在某些地方算得更细一些，或者在已有的框架中再做得稍微广一点。这样的工作不是完全没有意义，但基本上是在人家的框架中转，缺少自己的创新。"①杨乐所讲的"阅读文献""提炼作者原始思想""自己的创新"等经验，原则上适用于一切领域。总之，一篇论文是否有理论深度，该论文所选择的中心论题是否恰当、是否有高度，往往是相当重要的制约因素，这是首先需要予以明确的。不过，制约文章理论深度的重要因素是如何围绕中心论题把道理讲深讲透。通常谈到理论深度时，主要指这一点。理论深度是衡量论文质量高低的主要指标之一，然而，在论文的实际写作过程中，许多人感到缺乏足够的理论储备，对于增进论文理论深度颇有畏难情绪。原则上说，增进论文理论深度的途径很多，所有可用的研究方法都有助于此，而尤其值得注意的是，要善于学习哲学的运思方式，对所研究的问题有一种刨根究底、不懈追问的精神。作为哲学最常用的运思方式之一，刨根究底、不懈追问原则上适用于具体科学，且作用巨大。通常我们说哲学对具体科学具有方法论意义，其基本含义便也在于此。从哲学史上看，刨根究底、不懈追问的方式主要体现为以下两种。

其一，纵向追问方式。即将客观世界进行主客二分，以此为前提，由作为主体的人置身客体之外，追问客体的根底。这种追问的方式的要义是：从特殊追问普遍，从现象追问本质，从"多"追问"一"。这种追问又是持续不断的：从较低的普遍性追问更高的普遍性，从初级本质追问高级本质，从较简单的"一"追问

① 王丹红：《数学家杨乐：博士论文怎么做》，《科学时报》2008 年 4 月 29 日。

更简单的"一"……一直追问下去，直至本体澄明之境。从苏格拉底、柏拉图一直到黑格尔的西方传统哲学基本坚持这种追问方式。柏拉图的"理念论"认为：理念是预先假定的，潜存于不死的灵魂之中，理念的回忆无法直接达到，必须借助感性中直接的东西的刺激。这实际上是主张人的认识必须遵循由感性到理性的路线。黑格尔也明确指出：在人的认识过程中，"按照时间的次序，人的意识，对于对象总是先形成表象，后才形成概念，而且唯有通过表象，依靠表象，人的能思的心灵才进而达到对于事物的思维的认识和把握"①。显然，黑格尔所主张的追问方式，也是从感性到理性，从个别到一般的路线。西方传统哲学中的唯物论者也持同样的追问方式，只不过他们不把理性、普遍性视为独立于感性、特殊的抽象概念，而是认为理性的、普遍的东西寓于感性的、特殊的东西之中，理性的、普遍的东西和感性的、特殊的东西的结合，构成了世界的本质。

这里，我们以康德在《纯粹理性批判》中关于人的认识能力的考察为例，扼要说明哲学家是怎样运用纵向追问方式的。康德认为：唯理论和经验论分别认定理性和感性可以完全认识事物的观点是武断的。因为他们并没有考察人的认识能力是否可以完全认识事物。所以要弄清理性和感性是否可以完全认识事物，必须追问人的认识能力是否可以完全认识事物。由于知识是人的认识能力的结果和表现，所以解决人的认识能力是否可以完全认识事物的问题必须进一步追问知识是否可能、如何可能。在康德看来，知识包括数学、自然科学和形而上学，所以，知识是否可能、如何可能实际上是数学、自然科学和形而上学是否可能、如何可能的问题。由于数学、自然科学和形而上学所包含的判断都属于先天综合判断，所以，要解决数学、自然科学和形而上学是否可能、如何可能，需要进一步追问在这三个领域中，先天综合判断是否可能、如何可能。其中，就数学而言，它所包含的先天综合判断的内容是经验的，形式则是先天的，这种先天的形式就是时间和空间。康德认为：时间和空间是两种纯粹的先天感性直观形式，这是自明的，所以就数学知识的可能性问题，追问到时间和空间这里就可以终止了。

其二，横向追问方式。即以人与世界一体或天人合一为前提，追问人与万物、一物与万物如何融为一体。如果在纵向追问方式中，追问的目标是抽象的、永恒的本质的话，那么横向追问方式所追问的目标则是具体的、变动不居的现实世界。它是从当前在场的现实事物追问到不在场的现实事物。例如，一个人的神态、容貌是当前在场的现实事物，而这个人的血统、生活环境和所受的教育等一切直接或间接相关的事物，则是不在场的现实事物。只有把当前在场的现实事物和不在场的现实事物融合起来，才能达到对在场现实事物的真正理解。

① ［德］黑格尔：《小逻辑》，贺麟译，商务印书馆1980年版，第37页。

横向追问方式超越主客关系，在物我两忘、万物一体的境界中认识事物，其追问手段主要是体验、领悟、想象、隐喻等。现代西方哲学尤其是胡塞尔、海德格尔等人本主义哲学和中国古代哲学所坚持的主要是这种追问方式。胡塞尔强调事物“明暗层次”的统一，认为任何事物都离不开它所暗含的大视野，感性直观中出场的事物总是出现于由其他许多未出场的事物所构成的视域之中。海德格尔更是明确地提出应该坚持从显现向隐蔽的追问方式。中国古代哲学家一向认为，天人一道、万物相通，人与万物一体、一体之仁贯穿万物。所以，他们大都将把握人与现实事物的彼此相通视为哲学的根本任务。

上述两种追问方式，前者偏重于逻辑，后者偏重于修辞，具有一定的互补性，而且实际上是相通的。纵向追问方式离不开现实事物的启迪和基础作用，离不开体验、领悟、想象、隐喻等创造性思维；同样，横向追问方式并不绝对排斥概念和普遍性，而是认为它们不能离开感性中的特殊性而独立存在，所以，横向追问方式所谓在场和不在场的东西，也是包含了概念和普遍性在内的。两种追问方式各有长短。纵向追问方式单刀直入、一针见血，见解可信但抽象枯燥，有失生动；横向追问方式感性具体、活灵活现，见解可爱但失之朦胧、模糊。两种追问方式都旨在深刻理解事物，所以它们对于增进文章的理论深度十分有用，我们应当努力学习和熟练掌握这两种追问方式。

像学习一般哲学一样，学习和掌握这两种追问方式的有效途径是学习哲学史。从事科技哲学研究的人，应当读一点哲学通史，并且下功夫认真阅读一批中外历代有代表性哲学家的原著，从中体会他们怎样提出问题和解决问题，怎样进行哲学思考，以真正掌握这两种追问方式的运用技巧。此外，阅读哲学家的原著，大致熟悉哲学家们的思想体系和基本观点，对于我们利用历代哲学家的理论遗产，增进理论研究的深度也是大有裨益的。这是因为，尽管我们今天所面临的研究物件大都是前人没有遇到过的，但是在很多情况下，我们分析问题、解决问题最终还是要回到一些基本理论问题上来，而这些基本理论问题往往是以前的哲学家和思想家们深思熟虑过的。我们只有在他们所取得成果的基础上继续进行理性思考，才有可能创新，达到真正的“深刻”。否则极有可能连几百年前先人所达到的高度，我们也是望尘莫及的。

四、实：慎用因果关系

明末清初以来，随着近代科学在中国的传播与体制化发展，以清代考据学为滥觞，中国学术界的实证传统逐步形成且日趋强大。一般说来，实证的东西在中国学界较易获得承认；思辨的东西除非水平很高，否则较难得到认可。我们研究科技哲学、科学社会学，如果就理论谈理论，去思辨、去思考，结果写出了论文，也可能我们会觉得论文中有自己的一得之见，但是，这类文章要获得别人的承认很难。因为一般说来，理论思维达到一定高度，大家的水平就很接近了。好像跳高一样，跳到一定高度再往上跳就很难了。而在大家都跳得差不多，差距几乎可以忽略不计的情况下，你想叫大家佩服得五体投地，那很难。相反，实证的东西精实典要，洞无可疑，只要不沦于琐细无聊，让人认可是不成问题的。顺便说及，就理论和事实的关系而言，尽管一些哲学家立足于"观察渗透理论"，竭力模糊事实和理论的界限，或者提倡建构论，让理论和事实彻底分家，但理论来源于事实，必须接受事实检验的基本观点是不可动摇的。渗透论和建构论的合理性是，它们看到了理论和事实关系的复杂性和彼此交融性，而其失误则在于过分夸大了这种复杂性和彼此交融性。事实上，渗透论和建构论在论证自己的合法性时，到头来仍然不得不乞求于"经验"和"事实"的支撑。这一点决定了实证精神中尊重事实的传统永远不会过时。

科研过程中要贯彻实证精神中尊重事实的传统，特别重要的一点就是慎用因果关系。我们从事学术研究，很多情况下，就是要寻找因果关系。亚里士多德说得好："我们应须求取原因的知识，因为我们只能在认明一事物的基本原因后才能说知道了这事物。"[①]有人认为：寻找因果关系仅仅是自然科学的事情，实际不是这样，不论哪个学科，只要是涉及经验层面，就离不开因果关系的探讨。例如，讨论某甲对某乙的作用，许多学科都会遇到，这就是典型的因果关系问题：某甲之因在某乙那里发生了结果。例如，就儒学和西方科学的关系而言，不论讨论儒学对西方科学的作用，还是反过来讨论西方科学对儒学的作用，都离不开在作用者和作用效果之间建立起因果关系。只不过由于人文社会科学所面对的研究物件错综复杂，关涉人的有意识有目的的活动，容易受到人的价值观念和大量变动不居的、偶然的社会因素的影响，因此要在作用者和作用效果之间建立起像自然科学那样严格、精准的因果关系难度较大。不过人的价值观念和大量变动不居的、偶然的社会因素在因果关系中的介入，只能改变因果关系的表现形式，并不能改变因果关系所蕴含的现象间的引起和被引起的实质性关系。因此经过缜密的分析，定性地建立起因果关系或者在多重因果关系中确定主要的、直接的因果关系等，还是办得到的。

在建立因果关系时，要注意证据确凿、理由充分。举个例子来说。清初科学家薛凤祚在南京跟随波兰传教士穆尼阁学习天文历法和三角学，号称"尽得其术"，但他却未像徐光启、李之藻、杨廷筠等热心西学之士那样受洗入教。一

---

① ［古希腊］亚里士多德：《形而上学》，吴寿彭译，商务印书馆1959年版，第6页。

般认为，薛凤祚未入教的原因是穆尼阁为人敦厚，不招人入教。例如《四库全书总目提要》说："顺治中，穆尼阁寄寓江宁，喜与人谈算术，而不招人入耶稣会，在彼教中号为笃实君子。"[①]穆尼阁为人敦厚和薛氏未入教之间是否具有因果关系？穆尼阁身为传教士他不传教吗？别人入教他不允许吗？他来中国后从来没有招人入过教吗？薛凤祚未入教是否有其自身的原因，是否与清初的政治形势有关，疑点真是太多了。我们无法仅凭《四库全书总目提要》一条孤证而下定论。可以肯定地说，薛凤祚未入教是薛凤祚研究中的一大悬案。

在涉及因果关系时，一定要注意区分事物的相关关系和因果关系。有些东西，切勿以为加上"因为……所以……"就确立了因果关系。凡因果关系一定是具有规律性、必然性，是无可挑剔、毋庸置疑的。比如斗蛐蛐，假设存在这样一种规律性的现象：把蛐蛐往空中抛一下，再斗的时候它就更有劲了。根据这个现象，是否可以下结论说：抛一下，就可以使它更有斗志，或者说斗得更猛？"因为抛一下，所以斗得更猛"，这就是因果关系了。严格地说，这个结论太草率了，为什么呢？因为并未证明它具有必然性。你抛的时候，肯定要把蛐蛐先抓在手里，那么，蛐蛐斗得更猛，是不是因为你用手抓了一下而不是因为你把它抛了一下？应该先把"用手抓了一下"这个因素排除掉，才谈得上上面所说的因果关系。于是，为了排除"抓一下"这个因素，你就应该尝试只抓不抛，然后再让蛐蛐去斗，看它怎么样。做完了这一步还不行。蛐蛐有翅膀，你要抛，它必然要飞吧？那么，它更能斗，是不是由于它飞了一段而不是由于把它抛了一下？是不是应该考虑这个问题？因此应该把它的翅膀捆上，只是抛它一下，不让它飞，再看看结果怎么样。做了这一系列试验，考虑了各种可能性（考虑各种可能性也就是所谓发散思维、创造性思维），在这种情况下所得结论的扎实程度和一开始那个"抛一下，更能斗"的观点，就有天壤之别了。

我们写文章就应该这样扎扎实实，慎用因果关系，严格使用"因为……所以……"，这才叫彻底的尊重事实。过去我曾几次写文章强调自然科学方法可以应用到人文社会科学中去，实验方法可以应用到人文社会科学中去。应用什么？怎样应用？说到底，就是应用上述尊重事实的实证精神：控制性实验、相关因素排除法等。自然科学的实验方法所体现的尊重事实的实证精神是普适的，在人文社会科学中具有普遍的方法论意义。我们做研究、写文章的时候要把握这一点，有意识地贯彻这一点。论文得出的结论，理由要尽量扎实、充分，别人想质疑你的，你预先都想到了，已经解决了，这样写出来的文章就可以做到使人口服心服了。

---

① （清）永瑢等撰：《四库全书总目》，中华书局1965年版，第900页。

第十一章　研究生论文的失范行为*

近年来,研究生学位论文学术不端检测结果显示不合格率有上升趋势,论文抄袭、造假事件屡禁不止,频频发生。其中不乏一些名牌高校和重点科研机构的研究生。研究生论文失范行为本质上违背了科学的求真精神,不利于论文质量的提高。

何为研究生论文失范行为?有哪些具体表现及潜在危害?与研究生自身因素有何关系?怎样加强研究生个体的道德自律?这些既是作为学术失范高危人群的研究生对论文写作经常感到困惑的问题,也是预防和治理研究生论文失范行为需要首先解决好的问题。

一、研究生论文失范行为的内涵界定

失范(anomie)一词是社会学概念,指无规范状态或违反规范的行为,最初是由失范理论创始人、法国社会学家涂尔干(Émile Durkheim)所使用。在涂尔干看来,失范"是指一种无规范状况,或者是社会准则的缺乏和含混不清"[①]。在失范状态下,个人行为缺少规范和制度约束,社会整体处于道德伦理的真空状态。20世纪30年代,美国社会学家默顿(Robert K. Merton)根据美国社会失范的实际,对涂尔干的"失范"概念进行了修订。默顿在阐述失范概念时引入了两个重要因素,即文化目标和制度化手段,文化目标是以文化或规范的方式描述的目标,制度化手段是以结构的方式描述的实现文化目标的合法手段。默顿认为,当个人以正当手段去实现正统目标时,个人行为是符合社会要求的;当个人采取非正当手段实现目标时,失范行为便出现了。面对社会所倡导的文化目

---

* 本章由卢艳君撰写。

① [美]杰克·D.道格拉斯、[美]弗兰西斯·C.瓦克斯勒:《越轨社会学概论》,张宁、朱欣民译,河北人民出版社1987年版,第56～57页。

标和社会所认可的实现目标的合法的制度化手段，不同的群体表现出不同的个体适应性，可分为“遵从”“创新”“仪式主义”“退却主义”和“反抗”五种行为方式。“遵从”是指行为既符合文化目标，也符合制度化手段要求，这是最常见的行为方式；“创新”是指接受文化目标，但采用非制度化手段；“仪式主义”是指不认同文化目标，但利用合法手段；“退却主义”是指既不接受文化目标，又反对达到目标的制度化手段；“反抗”是指拒绝社会认可的文化目标和制度化手段，代之以新的目标和手段。除了“遵从”外，其他四种行为类型即“创新”“仪式主义”“退却主义”“反抗”都属于社会失范。[①]

默顿认为社会失范的内涵包括宏观与微观两个层面。宏观的社会失范是指社会规范缺失、含混或变化多端，失去约束力，社会规范体系的瓦解状态。微观层面的社会失范是在社会规范、制度健全，社会秩序良好的情况下，社会成员或团体偏离或者违反社会规范。

综上可以看出，涂尔干与默顿对失范概念的理解角度不同，涂尔干是从宏观视角，将社会失范理解为规范和制度本身缺失的一种状态；默顿则是从人与社会规范的关系着眼，通过阐述“社会文化目标”和“制度化手段”这二者之间的关系来阐释“失范”，认为失范是社会为个体提供的正统文化目标与实现目标的手段之间的失衡状态。二者分别从宏观和微观两个层面为分析学术失范问题提供了启示。[②]

学术失范以学术规范为前提而存在。学术规范是在长期的学术实践活动中逐渐形成的科学共同体公认的一些行为规则。20 世纪 40 年代，默顿开启了关于科学精神以及科学规范的研究，他将科学的内涵社会化，认为科学是一种社会建制，需要遵守“普遍主义、公有性、无私利性和有组织的怀疑”等学术规范，这些原则是约束科研人员学术活动的基本价值规范。依据默顿的越轨理论，学术失范本质上是科研人员背离了其被赋予的社会角色和社会地位的规范的越轨行为。国内学者多基于默顿的基本观点，即从目标和手段的不一致、不协调出发，对研究生学术失范行为进行界定。[③] 本书借鉴默顿微观层面理解学

① 参见[美]罗伯特·K. 默顿：《社会理论和社会结构》，唐少杰等译，译林出版社 2006 年版，第 272～294 页。

② 参见万聪：《基于社会失范理论视角的研究生学术不端行为思考》，《内蒙古农业大学学报》（社会科学版）2011 年第 2 期。

③ 江新华将学术道德失范界定为学术人用不符合学术道德规范的手段来实现自己的文化目标，如职称、金钱、学位等。（参见江新华：《研究生学术道德失范：行为表现、教育根源与治理对策》，《学位与研究生教育》2003 年第 3 期）高力彬认为学术道德失范主要指在学术活动中通过不正当的手段而获得荣誉和利益，违背学术规范的行为。（参见高力彬：《高校预防学术道德失范的两条思路：约束与引导》，《重庆工学院学报》2007 年第 1 期）

术失范的角度，并结合学术规范的界定与我国自身的实际情况，认为学术失范是科研人员在科学研究活动中用不符合学术道德规范的手段来实现个人目标。具体到研究生群体的学术失范，是指研究生在论文写作和发表过程中采取不符合学术道德规范的手段以实现自己的学术目标（毕业、就业、奖优评选等）的不良行为。

二、研究生论文失范行为的表现形式

尽管目前国内外学界对学术失范的称谓不一，常见的称谓有学术不端、科研越轨、学术腐败等，对其含义的界定也莫衷一是，但对学术失范行为的表现形式达成了较为一致的观点，都包括了抄袭、剽窃他人成果、捏造或篡改实验数据、一稿多投、不当署名这几条，大多认为学术失范普遍程度和严重程度有加剧之势。2016 年教育部发布的《高等学校预防与处理学术不端行为办法》界定了七种学术失范行为，包括剽窃、抄袭、侵占他人学术成果，篡改他人研究成果，伪造科研数据，使用不恰当的署名，提供虚假学术信息，买卖、代写论文，等等。这可谓目前国内对学术失范行为最为权威的注解。

不可否认，当前大多数研究生对论文写作基本规范有较好把握，并做到了基本遵循，研究生学术研究中涌现出了大批优秀成果，但在小部分研究生中出现了论文失范行为。研究生论文失范既具有学术失范现象的一般共性，又有其特殊性。通过分析媒体曝光和学位授予单位通报的典型案例，归纳总结国内现有研究成果①，重点参考关于研究生学术规范状况的全国性调查数据，并结合教育部对学术不端行为的分类，这里指出研究生论文失范行为主要表现在论文写作和论文发表两个阶段。具体而言，研究生在论文写作阶段常见的学术失范形式主要可以概括为：抄袭剽窃他人成果、伪造或篡改科研数据、标注虚假引文及参考文献、雇用或充当“枪手”等；论文发表阶段常见的学术失范形式主要包括一稿多投或多发、署名不当等。以上这些行为在研究生公开发表的学术论文和学位论文中均不同程度地存在，有的表现程度较为严重，有的相对弱些。

---

① 顾海良教授认为学术失范包括“学术成果的粗制滥造、学术成果的低水平重复、隐匿学术源流、抄袭剽窃他人的学术成果、抄袭国外学术成果的核心观点、攀附知名学者来自我包装低劣学术成果、自我炒作和自我宣传、一稿多投”等 12 种。（参见顾海良：《关于学术规范与学术道德建设的思考》，《武汉大学学报》2005 年第 5 期）贾德奎认为通过关系或交大量版面费发表低水平作品也是学术道德失范行为。（参见贾德奎：《研究生学术失范与道德缺失现象探析》，《探索》2003 年第 5 期）

(一)论文写作过程中的失范行为

1. 抄袭剽窃他人成果

我国《著作权法》将抄袭、剽窃并列规定为同一性质的侵权行为。抄袭剽窃是目前研究生论文写作阶段最普遍、最严重的论文失范行为。国内学者普遍认为:抄袭是未经著作权人允许,将他人已发表或未发表作品的全部或部分据为已有,并行使著作权的行为。

研究生论文抄袭剽窃的形式多样,可归结为以下几种:(1)全篇照搬抄袭,即将他人作品原封不动窃为己有,类似于东北财经大学"最牛硕士论文抄袭事件"。(2)拼装式抄袭剽窃,即通过搜索引擎搜集国内外同类论文,对之进行剪辑、组装,东拼西凑出一篇新的论文。据"我国研究生学风和学术道德现状研究"课题组对全国 24 所高校 5450 名研究生的抽样调查显示,46.9%的研究生曾将他人的论文拼凑成自己的论文。(3)改写式抄袭剽窃,即对摘抄部分进行一番改造,通过同义词替换、删减增加字词、调整语序、改动标题、简单修改他人数据、图表等方式对原文改头换面。(4)思想观点剽窃。因检测系统的存在,现在直接抄袭并不多见,更多的是剽窃他人的思想观点,变换说法,加以转述。以上形式的共同特征是引用、参考了他人的语句观点、实验数据或核心思想,却不注明来源及页码,有的即使注明了出处但引用量占到全文的 2/3 以上,仍属于抄袭。

2005 年,江新华对部分研究生学术道德问题的调查结果显示:40.6%的研究生在论文写作中存在抄袭现象①;中国政法大学检查了 2006 年到 2008 年的 3836 篇研究生学位论文,查出有抄袭行为的 240 篇;中国青年报社会调查中心于 2012 年 7 月通过民意中国网和新浪网,对 2375 人进行的一项调查显示:85.9%的人坦言目前学位论文造假问题严重。网络时代,抄袭剽窃具有发生率高、涉及人多、手段先进、花样翻新、隐蔽性好等特点,科研成果同质化明显,缺乏创新。部分研究生无论是写课程论文还是写学位论文,都采取抄袭剽窃的方式应付了事。中国教育网于 2010 年 3 月进行的大规模调查结果显示:50.3%的调查者曾经用网络下载的方式完成作业或论文,被发现者只不过冰山一角。正如 W. 布劳德和 N. 韦德所言:"每一个大作弊者被揭露出来,就会有一百多个类似的大作弊者逍遥法外。而每发生一起大作弊,就会有一千来起小作弊

---

① 江新华:《学术何以失范——大学学术道德失范的制度分析》,社会科学文献出版社 2005 年版,第 45 页。

得逞。”①

随着信息技术的发展，各种文字处理、数据处理、图像处理等软件，为抄袭者提供了方便，产生了更先进、快捷，也更隐蔽的网络抄袭形式。目前学术界常常用重复率来判别论文是否存在抄袭，比如论文发表需要低于20%的重复率，学位论文通过必须低于25%的重复率。部分研究生为了应付论文查重，在抄袭上综合运用各种方式。比如，运用翻译软件进行中英文互译；或将外文翻译整理成中文发表；或利用检测盲区，抄袭尚未纳入数据库的著作类成果；或利用数据库收录时间差，抄袭最新刊载论文；利用检测抄袭软件为抄袭工具，对重复率高的抄袭段落进行重点修改；如此等等，不一而足。因为人文社科研究生需要长期的学术积累和训练才能形成新的思想和观点，相比理工科研究生，论文抄袭剽窃行为更多。

2. 伪造或篡改科研数据

伪造或篡改科研数据是指为达到某种预期目的，未经调研或实验随意捏造或对已有调查数据或实验记录进行删裁取舍，以及利用图像工具修改实验图像结果等行为。科研数据是做出科学判断和推理的基础，是得出科学结论的重要依据。无论是在自然科学还是在社会科学研究中，都经常要用实验或调研获取的真实数据为依据以验证推论或得出结论。客观、真实是学术研究的最基本要求，只有在大量数据的论证支持下才能得出可靠的结论。调查或实验数据造假掩盖了原始数据反映的客观问题，违背了实事求是的科学精神。

科研数据的取得一般需要长时间的调查研究、科学实验，其间可能会经历数次失败，必须付出大量的人力、物力。特别是研究生在做学位论文时，因研究时间短、研究条件有限及自身能力不足，为了顺利毕业，修改数据的情况更为普遍。

伪造或篡改调查、实验数据主要有以下几种情况：其一，篡改某些调查或实验数据，使其符合论文写作需要。在调查问卷中设置一些带有主观倾向性的问题，当调查结果或实验数据与主观预期不一致时，部分研究生不再深入调查、重复实验，而靠借助篡改数据来得出理想结果。其二，未进行实际调研或实验，杜撰不存在的数据。实验或调研是枯燥的、艰辛的，反复多次进行实验、调研才能获得准确、真实的数据。一些研究生缺乏吃苦耐劳、脚踏实地的科研精神，不愿费时费力搞调研、做实验，而是直接伪造数据。其三，任意组合、拼凑他人的数据、图表，只保留与期望一致的结果。部分研究生利用计算机图形处理软件技术，从期刊论文中截取图像加以修改变成自己的实验结果。以上这些数据造假

---

① [美]W. 布劳德、[美]N. 韦德：《背叛真理的人们——科学界的弄虚作假》，朱进宁、方玉珍译，科学出版社1988年版，第92页。

行为使研究结果失去了客观性、真实性和科学性。

因学科性质不同,理工科研究生论文多是在实验的基础上用数据来论证相关的结论,因此伪造或篡改实验数据在理工科研究生中表现得较为突出。根据"我国研究生学风和学术道德现状研究"课题组的调查显示,伪造或篡改实验、调研、统计数据等占34.2%。陈冲和郭深晖2009年在浙江省16所高校进行的研究生学术诚信问卷调查发现,伪造或修改调查、实验数据占57.6%。由此可见,伪造或篡改科研数据是研究生论文写作中的普遍现象。

3.标注虚假引文及参考文献

科学研究是一种在继承前人成果基础上的创造性活动,文献资料是科学研究的基础条件。按照科学研究的规范要求,撰写学术论文借鉴前人的观点和成果时,必须以引文、注释、参考文献等形式进行明确标注。参考文献是一篇论文的重要组成部分,正确标注引文及参考文献,既是严谨科研态度的表现,也是对他人研究成果的尊重。最为常见的研究生引文及参考文献标注不当的情况有以下三种。

(1)二手文献作为原始文献标注。2004年教育部出台的《高等学校哲学社会科学研究学术规范(试行)》中明确表明:"引文应以原始文献和第一手资料为原则。""凡转引文献资料,应如实说明。"部分研究生由于找不到原始文献或者是直接不找原始文献,为了省时、省力而大量引用二手文献,在没有阅读过原始文献的情况下,将转引别人的参考文献抄录过来,改为直接引用。个别研究生走捷径,专门引用综述类论文中的二手文献而作为原始文献标注。

(2)随意增列参考文献。其目的是为了装点门面,增强论文的学术含量,得到老师和编辑的认可。"引文应是作者阅读过,且对自己研究的观点、材料、论据、统计数字等有启发和帮助的文献,不能伪引(引而不用)。"[①]部分研究生在论文撰写过程中,由于阅读面窄,缺少文献积累或自身外语水平有限,面对学校或期刊对学位论文、发表论文的参考文献的数量或语种的要求,为增加参考文献的数量,罗列一些根本未看过或参考较少的中外文献。还有些研究生的课题,因前人的研究过少,相关文献不多或不易获得,只能罗列一些跟研究关联不大的文献。陈冲、郭深晖的调查显示,有67.1%的研究生承认杜撰过参考文献。

(3)引用部分没有标注原文献,或引注不规范。引用实验数据、图表和文字等却不注明出处或者有意隐瞒,违反了学术论著的引文标准。《高等学校哲学社会科学研究学术规范(试行)》指出:"凡引用他人观点、方案、资料、数据等,无论曾否发表,无论是纸质或电子版,均应详加注释。"有些研究生为避免抄袭嫌

① 教育部加强学术规范与学风建设课题研究组编:《高校学术活动规范管理与学术不端行为防范惩处实用手册》第1卷,华夏教育出版社2006年版,第323页。

疑，在引用他人成果（包括句子、段落、图表、数据、观点等）时改头换面，不加任何注释或故意隐瞒，有的只是在文末以参考文献的形式笼统地罗列出，予以模糊处理，还有一些研究生因没有正确掌握引文标注规范，导致引文失范。“我国研究生学风和学术道德现状研究”课题组的调查显示，43.8%的研究生引用他人成果而未加标注；中国教育网的调查显示，25%左右的调查者有将间接引用改为直接引用的经历；陈冲、郭深晖的学术诚信问卷调查发现，引用他人作品的资料而有意没注明来源的占 27.3%。

研究生引文不规范的类型较多，有引而不注、故意漏引、模糊引注、过度引用、虚假引用等情况，既包括有意行为，也包括无意过失，均违反了学术道德规范。

4.雇用或充当“枪手”

雇用或充当“枪手”，即请人代写论文或替人写论文的行为，一般是通过朋友、同学请托或利益交换、金钱购买的方式实施。在研究生群体中，代写代发论文虽不具有普遍性，但性质极其恶劣，既违反了国家的法律法规，也败坏了学术道德。2015 年中国科协等 7 部门联合印发《发表学术论文“五不准”》的通知，第一条即提出“不准由‘第三方’代写论文”，“坚决抵制‘第三方’提供论文代写服务”。在 2016 年教育部出台的《高等学校预防与处理学术不端行为办法》中，对学术失范行为的界定增加了“买卖论文、代写代发论文”条款。《学位论文作假行为处理办法》中规定的论文作假行为包括由他人代写、为他人代写或购买、出售论文。

目前，很多高校硬性规定研究生在相关刊物上发表一定数量的学术论文，同时还要保质完成毕业论文，方能获得学位。有的由于科研能力不足，无法独立完成论文；有的兼职过多，不愿费心撰写论文；有的因学术创新不够，难以在高水平期刊上发表论文；部分在职研究生由于要兼顾工作、家庭，没有时间和精力写作论文；等等。为了按时毕业、增加就业竞争力，个别研究生就请人代劳完成论文写作或发表的任务。与此同时，一些高产的研究生由于学术功底扎实和时间充裕，加盟一些专门的代写论文公司，替他人代写论文，以此获得不菲的报酬。“我国研究生学风和学术道德现状研究”课题组的调查显示，27.4%的研究生会替他人撰写论文或请他人代写论文。

学术不端检测技术的应用诱使部分研究生采取“枪手”代写方式，社会上逐渐形成了专业的产业链。如今，各种论文代写网站和中介机构充斥网络。无论是网上还是校园，到处可见明目张胆的论文代写广告，各种类型和层次的论文明码标价，从学士论文到硕士论文，甚至是博士论文，从成千到上万价格不等。这为需要找人代写论文的研究生提供了极大便利。有调查发现，76.73%的调查对象明确表示代写论文现象存在于研究生中。[①] 在普遍的需求推动下，论文代写这一灰色产业具有巨大的利润空间，每年产值高达十几亿元。枪手队伍中，不乏研究生特别是博士研究生。为了经济利益，个别研究生甚至收取提成，充当起低劣杂志与学生间的中介角色，实行论文买卖交易。

（二）论文发表过程中的失范行为

1.署名不当

作者将研究成果发表时的署名及署名的次序，表明了在研究过程中作者所作贡献的大小和主次，以及对成果所拥有的权利和所承担的相应责任。《高等学校科学技术学术规范指南》规定，只有那些对学术研究成果作出实质性贡献的人员，才能拥有在要发表的论文上署名的资格。关于署名的先后顺序也有一定的规定，其主要依据为对学术成果贡献的大小，贡献最大者为第一作者，以此类推。1991年，邹承鲁等院士撰写的《再论科学道德问题》一文中指出："只有对一篇科学研究论文从选题、设计、具体实验，一直到从中得到必要的结论的全过程都有所了解，并确实对其中某一个或几个具体环节做出贡献的，才能当之无愧地在论文上署名作为作者之一。以上两条是缺一不可的，只具备后者，可以由作者在文末致谢，但通常不宜作为作者之一，因为他无法对论文负责。"[②]《高等学校哲学社会科学研究学术规范（试行）》中明文指出："学术成果的署名应实事求是。"

现实中，很多研究生对论文署名没有做到实事求是，存在署名不当行为，比较常见的形式包括署名搭便车和署名不合理排序。

其一，署名搭便车。包括搭别人便车、让别人搭便车两种情形。在没有合作的前提下，研究生之间互帮互助，以互相挂名的方式，增加各自的论文数量。某些高产的研究生为了取得某些利益，主动让其他人搭便车署名。不少研究生在导师不知情的情况下自行署上导师姓名，以借助导师的影响力和声望，提高论文的知名度和发表概率；有的研究生为了感谢他人在完成作品过程中给予的帮助，主动将他人的姓名列入作者名单。

其二，署名不合理排序。即不按贡献大小进行署名排序，任意改变署名顺序。有的研究生打着合写的旗号，任意修改作者次序，造成原创者排名后移。在收到录用通知后，要求杂志社更改署名顺序。少数研究生抹杀导师或同学对论文的贡献，匿去他人姓名；一些导师为了评职称，增加自己的成果量，要求学生论文署其姓名。

---

① 参见张同保：《研究生学术道德失范问题研究》，广西师范大学硕士学位论文，2014年。

② 邹承鲁等：《再论科学道德问题》，《中国科学报》1991年10月25日。

署名不当行为破坏了学术的公平性，没有意识到署名既是荣誉，也是责任。根据“我国研究生学风和学术道德现状研究”课题组的抽样调查，在未参与研究的论文上署名占到29.1%；中国教育网的问卷调查数据显示，20%的调查者曾经在未参与撰写或研究的论文、成果中署名；更有73.27%的调查对象明确表示研究生论文发表过程中存在署名搭车现象。由此可见，署名不当现象比较普遍。

2.一稿多投或多发

一稿多投是指将内容相同的一篇论文同时或几乎同时投给多个刊物以求成功发表。《著作权法》第三十五条规定：“著作权人向报社、期刊社投稿的，自稿件发出之日起十五日内未收到报社通知决定刊登的，或者自稿件发出之日起三十日内未收到期刊社通知决定刊登的，可以将同一作品向其他报社、期刊社投稿。双方另有约定的除外。”这说明在法定时间内将同一稿件投给多个刊物属于一稿多投。2007年颁布的《科技工作者科学道德规范（试行）》第二十一条，明确将一稿多投列为学术失范的表现之一。

一稿多投的具体表现很多，比如，改写论文题目或调整内容结构伪装成新的论文重新投稿，或将原本一篇论文的内容划分为若干部分发表，对一系列数据进行不同组合形成多篇论文投稿，或把自己已发表过的论文原封不动、少量增减或变换语种投向别处，等等，造成了期刊资源浪费和论文低水平重复发表。

目前，大多数期刊审稿时间一般为3个月，均长于《著作权法》规定的“30日”，一稿多投可以降低因投稿未成功而对作者产生的大量时间成本。迫于学校奖优评先或申请学位的要求，以及论文审稿周期过长的事实，不少研究生为了提高论文录用的概率，缩短发表周期或增加论文的数量，确保在规定的时间内达到一定的论文发表篇数，常常采取“海投”的方式。一稿多投很难被发现，很可能造成一稿多发，但并不代表一定一稿多发。当出现多个杂志社决定刊用的情况时，一些研究生会从中选择版面费低而级别较高的杂志。事实上，不论一稿多投最终是否多发，都有违《著作权法》的投稿规范，不仅浪费了编辑的时间和精力，还极易引起期刊之间的版权纠纷。《高等学校哲学社会科学研究学术规范（试行）》第十三条明确指出：“学术成果不应重复发表。另有约定再次发表时，应标明出处。”

“我国研究生学风和学术道德现状研究”课题组的调查发现，31.9%的调查者有过一稿多投或多发的行为。陈冲、郭深晖经过调查发现，超过3/5的研究生论文存在一稿多投。这些数据说明一稿多投或多发现象在研究生中极为普遍。

研究生论文失范并不限于上述所罗列的几种较为常见的类型，还存在通过托关系、交大量版面费、假借某基金资助名义等发表低水平论文，甚至贿赂编辑，伪造论文接收函或录用通知，等等。囿于篇幅，这里不再展开论述。随着社会的发展，科技的进步，论文失范行为的表现形式会随之发生新的变化，其界定也需作出适当的调整。

三、研究生论文失范行为的危害

虽然研究生论文失范行为仅是个别现象，但如果不予以重视，任其发展，会带来一系列的危害，贻误个人成长、损害学术声誉、影响学术发展、恶化社会风气、阻碍社会进步等，这并非危言耸听。下面从研究生、研究生培养单位、学术界、社会这四个层面谈研究生论文失范行为的不良影响。

（一）对研究生个人层面的危害

1.弱化研究生的学术素养

科研活动是探索性和创造性的智力活动，按照学术规范以严谨的态度、求真的精神从事科研活动，是研究生学术素养的基本要求。打下扎实的专业理论知识基础，既是研究生学习阶段的一项重要任务，也是研究生做好学术研究的必要前提，而这需要付出长期艰辛的努力。受个人急功近利浮躁风气的影响，部分研究生进行科研活动的目的不是为了追求真理，而是为了追逐名利，他们通过抄袭剽窃、弄虚作假等不正当途径发表论文，不愿投入时间和精力积累专业知识，不利于良好学术素养的养成。

2.降低研究生的学术能力

“学术能力是研究生学术素养的综合体现，主要包括学术创新能力、研究能力、写作能力等。”①科学研究需要不断创新和发现，研究生只有脚踏实地，肯坐冷板凳，才能不断提高自身的学术水平。论文质量是衡量研究生学术水平高低的重要依据。部分研究生急于求成，在论文写作中粗制滥造，弄虚作假，产出了大量低质量无价值的学术成果，助长了学术研究中的虚假浮夸之风，严重损害了研究生潜心科研的积极性，最终导致研究生的学术水平不高、创新能力不强，妨碍学术能力的培养。

3.影响研究生的学术前途

作为学术新人的研究生，是未来中国科学的主力军，有些毕业后还将继续从事学术研究工作，自觉严守学术规范，做真理的追求者、社会良知的承担者是

---

① 姚宗艳：《目前研究生学术道德失范的表现及对策》，华中师范大学硕士学位论文，2016 年。

其义不容辞的责任。"真才实学"是研究生成为较高素养人才的内在要求。一些研究生漠视学术规范，投机取巧、弄虚作假，短期内可谋取一时之利，长期来看，如果在学术起步阶段没有树立起基本的学术道德意识和学术诚信品质，对自身发展有百害而无一利，将严重侵蚀研究生的道德品质，影响健全人格的养成，最终阻碍其学术道路的发展。

（二）对培养单位层面的危害

1. 损害学校声誉

声誉是大学的生命，有了好的声誉，一所大学才能源源不断地吸引财力、物力和人才以保持和发展它的声誉。高校或科研院所是学术殿堂、圣洁之地，然而研究生群体中论文失范行为频发，在一定范围内具有传染性，当其成为一种风气蔓延开来，将导致科学精神沦丧，干扰正常学术秩序，从而危及学术研究质量，败坏高校或科研院所的形象和声誉，降低社会对高校或科研院所的认可与信任，进而又影响到其招生情况、毕业生就业、人才培养、资金来源等诸多方面。

2. 败坏学术风气

研究生的成长和发展与其所处的学术氛围密不可分。学术风气作为科研活动的外部环境，其好坏直接影响着研究生的学术热情、科研水平和学术成果。科学的本质在于求真，学术成就和知识要靠长期积累。时下，部分研究生通过一稿多发、抄袭剽窃、伪造数据等方式制造大量毫无学术价值的成果，形成学术的虚假繁荣。这与求真务实的科学精神相背离，破坏了学术研究规则，扰乱了学术秩序，使得研究生们无法静下心来踏实搞科研。研究生论文失范行为如果制止不及时，影响范围会无限扩大，势必助长浮躁的学术风气，污染原本的学术氛围，使部分研究生丧失对学术的兴趣与热情，学习态度功利化，不再坚持对学术良知和学术精神的追求，后果将不堪设想。

3. 降低人才培养质量

研究生教育是培养高层次专业人才的主要形式，其质量关系着我国人才培养的整体水平和学术研究的传承与发展。在规模不断扩大的同时，我国研究生培养已进入注重质的提高的阶段，致力于为国家培养大批德才兼备的高素质人才。而研究生的培养需要与之相适应的学术环境，学术道德是其中最重要的环境因素。高校或科研院所作为人才培养和科技创新的重要基地，既是学术研究的主阵地，也是学术失范的重灾区。如果不良学风在研究生同辈群体中蔓延开来，会严重破坏良好的学术氛围，对研究生教育特别是学术道德培养造成困境：浪费有限教育资源，造成学术秩序混乱，干扰正常的研究生培养工作，妨碍高素质优秀人才的培养，降低研究生的培养质量。

（三）对学术界层面的危害

1.损害学术界声誉

学术的发展进步离不开健康浓厚的学术氛围、求真务实的科学精神。“一旦在学术的追求中伴随有个人利益、贪婪或者虚伪，那么就会严重威胁到人们对学术价值的信任。”[①]学术失范行为发生在任何一个群体，都会影响到其所在学术组织的认可度。研究生个人的论文失范行为，腐蚀着学术道德底线，不仅损害了研究生本人的声誉，同时也损害了研究生群体乃至整个学术界的形象和声誉，使社会对研究生群体和学术界的信赖产生了动摇，对学术研究的学术性和纯洁性产生了怀疑。

2.加剧学风恶化

部分研究生的论文失范行为，虽影响力较小，但数量庞大，分布领域广，直接影响着研究生的学术道德观念，使之丧失对学术的崇高信仰。研究生在相互学习交流中，不良学术风气会相互感染，甚至演变成相当程度的群体行为。有调查显示，43.87%的被调查者认为论文失范会引起周围同学的效仿。[②] 研究生论文失范的歪风邪气不仅败坏了高校或科研院所的学术风气，也会对学术界正常的学术风气造成冲击，加速急功近利不良学风的蔓延，动摇求真务实的学术价值，引诱更多人放弃学术研究的初衷，将学术失范作为一条捷径而纷纷效仿，破坏学术生态环境。

3.阻碍学术进步

良好的学术环境对学术发展具有推动作用，学术风气决定着学术环境的好坏，高校或科研院所的学术环境也是学术界整体学术环境的重要组成部分。学术研究的真谛在于求真，动力在于求新。研究生是未来高层次学术研究的中坚力量，其学术道德的优良与否关系到科研创新能力的高低。而研究生种种论文失范现象，违背了科学的求真原则，动摇了学术创新的根基，不仅在高校或科研院所的小范围内产生恶劣影响，摧毁了学术得以健康发展的道德基础，扼杀了学术赖以发展进步的创新机制，还挫伤了研究生投身科学事业的热情，动摇了他们恪守学术道德的信心。这股不良学风一旦蔓延和加剧，会殃及学术后备军的成长，势必影响到整个学术界的健康发展，不仅浪费学术资源，扰乱学术秩序和书刊市场，降低学术研究水平，而且可能造成恶性学术竞争，严重污染学术环境，使学术研究走上畸形发展之路，阻碍学术进步。

---

① [美]唐纳德·肯尼迪：《学术责任》，阎凤桥等译，新华出版社2002年版，第257页。

② 参见王肖：《研究生学术道德失范的表现及防治研究》，湘潭大学硕士学位论文，2011年。

（四）对社会层面的危害

1.加剧社会风气恶化

良好社会风气是一个社会文明程度的重要标志，高校或科研院所作为精神文明建设的示范区，承担着引领先进文化和良好社会风尚的职责，这决定了研究生作为高校或科研院所培养的高素质人才，其学术道德水平对良好社会风气的形成起着无可替代的作用。研究生特别是博士研究生是"准学术人"，理应成为真理的守护人、社会良知的担当者，坚守学术道德规范应是其义不容辞的责任。而当前研究生论文失范行为屡见不鲜，对不良社会风气起到了推波助澜的作用，导致社会良知、道德底线受到严重冲击，破坏了社会的公平原则，败坏了社会的道德风尚。

2.削弱民族创新能力

创新是学术的生命，是增强国家竞争力的重要手段、民族发展进步的不竭动力。从中国制造到中国创造转变的关键是人才创新能力和创新意识的全面提升，研究生是学术研究和科技创新的后备力量，其学术素养和创新能力直接决定了我国未来学术和科技发展的水平，关系着国家的创造力、民族的复兴。然而，日益蔓延的研究生论文失范行为，造就了大批无价值的、低水平的重复成果，违背了学术创新的宗旨，浪费了有限的学术资源，挫伤了科研人员投身学术事业的积极性，削弱了中国学术原创能力和民族创新能力，致使世界科技强国、民族自主创新的梦想难以实现。这并非危言耸听。目前，国家对教育和科研的投入逐年增长，我国论文总数居世界第一，平均引用率却尚未进入前 100 名，只能称为科研大国而不是强国。基础研究是原始创新的源泉，而学术失范阻碍了原始创新，败坏了科学公信力，进而影响社会对基础研究的支持力度，不利于科学持续发展。

3.阻碍社会进步

一方面，国家的发展依赖于科技的进步，科技实力是一个国家核心竞争力的关键要素。研究生的科研水平在一定程度上反映了一国的科技发展水平，从长远看，研究生论文失范行为动摇了科学研究的根基，严重影响了我国科技的创新和发展，降低了国家的综合竞争力，对社会发展的危害性将会是致命的，会从根本上危及我国科教兴国战略、人才强国战略和自主创新战略目标的实现。另一方面，社会的发展离不开大量人才的支撑，谁拥有人才优势，谁就能够在未来发展中抢占先机。研究生作为国家培养的高层次人才，其学术道德水平的高低直接影响着科学文化和教育事业的发展，社会的可持续发展和国家综合实力的提升。日益增多的研究生论文失范现象降低了学术界整体科研水平，破坏了人才公平竞争的游戏规则，阻碍学术人才的健康成长，造成学术人才的大量流失，难以满足创新型国家对大批高层次人才的需求，最终会危害到生产力的发展和社会的进步。

四、研究生论文失范行为的个人影响因素

研究生论文失范是受到多种因素影响的复杂社会现象，既有社会因素、制度因素、教育因素等外在的根源，也有内在的主体根源，是内外因综合作用的结果。在马克思主义看来，外因只是事物变化发展的条件，必须通过内因才起作用，内因始终是事物变化发展的根据。由于研究生论文失范不是单一因素所致，不能简单地将其归因为主体自身的因素或者外部环境的因素。然而，外在的原因固然重要，对行为最终起决定作用的是主体自身的因素。研究生论文失范行为归根结底首先是研究生的道德品质问题[①]，从研究生自身查找原因，全面把握个人影响因素显得十分必要。

如前所述，默顿的越轨理论有助于解释那些成功机会非常有限的社会群体的越轨行为。依照默顿的“结构性紧张理论”，研究生论文失范行为的内在原因主要可归咎于研究生自身的文化目标和制度化手段的张力结构。[②] 研究生作为特定的学术群体，其“文化目标”是获得学位，找到工作。为此，他们必须在规定学制年限内完成培养计划要求的课程学习、论文发表、论文答辩等任务，这些都与论文写作密切相关。制度化手段，即通过自身努力学习、刻苦钻研完成获取学历的基本要求。由于研究生群体处于科学社会的底层，靠制度化手段获得成功的机会相对较少，因此，并不是所有研究生都通过遵守制度化手段来实现自己的文化目标。当他们愿意追求社会的文化目标，却无法用合法的制度化手段实现目标，或者认同制度化手段，对社会文化目标不感兴趣，或放弃目标和手段时，目标与手段就会处于不平衡状态，从而产生各种偏差行为。

有关研究生学术失范的原因中，“导师对研究生的学位论文的质量欠把关(59.7%)”“研究生学术态度不严谨(59.3%)”“功利主义的学术价值观(53.4%)”“学术研究能力不足(49.9%)”四项，均接近或超过50%。其中，研究生的个人因素占据三项。可以看出，研究生个人因素最为重要。个人原因中，文科、理科研究生得分较高的因素均是“研究生学术道德素养不高”“功利主义

---

① “对于研究生个体来说，学术道德从根本上来说，是思想意识层面的问题。”(周洁：《研究生学术道德现状、原因及对策分析》，《江苏高教》2014年第6期)

② 参见万聪：《社会学理论视角下的研究生学术不端行为研究》，西北大学硕士学位论文，2011年。

的学术价值观”“学术态度不严谨”这三项。[①] 通过研究生学术失范原因的调查及文献的整理分析，这里将与论文失范行为显著相关的研究生自身因素归纳为五个方面：学术能力欠佳、学术价值观错位、诚信意识淡薄、学术规范认知不足、道德自律能力薄弱。正是因为研究生自身因素的影响作用，导致其无法通过合法的制度化手段实现学术目标，因而选择了种种论文失范行为。

（一）学术兴趣不浓，学术能力欠佳

学术能力是进行科研活动的基本要素，其高低直接决定着科研活动的效率和学术成果的质量。当前研究生总体的学术能力相对薄弱，是造成论文失范问题的最根本原因。有调查表明，接近89%的研究生认为学术能力不足影响研究生论文失范行为。[②]

概言之，研究生学术能力不足主要体现在学术积累不够和学术创新能力不足两个方面。

一是学术积累不够。学术积累是学术研究的第一步，也是最重要的一步。学术积累不够对学术能力的影响是基础性的，对论文失范行为的影响也相对更直接。学术积累是从事学术活动的前提和基础，包含专业基础知识、相关文献资料、学术规范常识的积累，以及学术思维、学术训练等多方面的积累。建造高楼大厦必须地基稳固，而知识储备好比学术研究大厦的底座，没有足够的学术积累，学术研究根本无从谈起。目前研究生的专业理论知识范围普遍较为狭窄，和学历层次应有知识的广度深度不成比例。因不了解专业相关领域的研究现状，欠缺学术思维能力、捕捉信息能力、检索鉴别能力等，为日后的论文撰写带来了隐患。

二是创新能力不足。创新是学术研究的根本要求，是推动学术进步的强大动力，创新能力是学术能力最重要的构成要素之一。随着研究生招生规模的不断扩大，部分研究生学术创新意识淡化，创新能力弱化，搞科研偏离了以创新为核心的价值取向。学术研究是一个不断追求真理、探索新知的渐进累积过程，

---

① 文科研究生学术失范原因前三项依次为：“研究生学术态度不严谨(64.9%)”“功利主义的学术价值观(63.0%)”“研究生学术研究能力不足(56.8%)”；理科研究生学术失范原因前三项依次为：“研究生学术态度不严谨(53.9%)”“功利主义的学术价值观(44.3%)”“研究生学术研究能力不足(43.3%)”。参见李超：《高校研究生学术失范研究》，西南大学硕士学位论文，2010年。研究兴趣、学术规范的感知、科研经历和职业预期4个因素是影响研究生学术行为的主要自身因素，影响程度依次减弱。参见方润生等：《研究生学术行为的自身影响因素模型研究》，《高校教育管理》2012年第4期。17.1%的研究生认为自身缺乏道德自律以及科研能力不足是导致研究生学术不端行为产生的主要原因，排在第一位。参见夏晴涛：《研究生学术不端行为问题研究》，中国地质大学(北京)硕士学位论文，2014年。

② 参见方润生等：《研究生学术行为的自身影响因素模型研究》，《高校教育管理》2012年第4期。

其目的就在于提出新的思想和观点，发现新的材料和证据，发明新的研究方法，实现新技术的推广和应用等。只有不断吸取前人的理论成果，站在前人的肩膀上才能实现突破。而网上获取各种资源的便捷使得不少研究生有严重的网络依赖症，他们不肯下功夫钻研问题，无形中也泯灭了创新能力。学术创新能力不足导致突破前人成果较少、低水平重复成果多、研究成果质量偏低。

研究生学术能力不足与研究兴趣密切相关。科学研究具有艰巨性、复杂性和长期性，学术研究能力的提升是一个渐进的积累过程，需要长时间的历练、大量知识的储备、思维能力的训练以及刻苦的钻研，不是一蹴而就的。这就要求研究者从研究兴趣出发，通过广泛调查和资料搜集，进行大量文献阅读，或通过科学实验，采用科学方法，对研究主题进行论证和探索。对学术研究有饱满的热情，就会花费更多的时间和精力参与学术活动，有利于学术能力的培养。2020 年全国在读研究生达 300 万人，扩招导致了研究生的学习能力和原有知识建构水平参差不齐，真正由于兴趣而从事科研的研究生减少，研究生群体的科研投入时间普遍偏低。研究生学术研究兴趣淡漠表现为对学术研究缺少崇敬、认为学术研究很辛苦枯燥或是对学术研究抱有“完成任务”和“无所谓”的态度。调查显示：22.2％的研究生对学术研究持“崇高的事业，令人尊敬”的态度，32.7％的研究生认为学术研究“很辛苦枯燥”，30.5％的研究生对学术研究持“完成任务”的态度，14.7％的研究生认为学术研究“无所谓”。[①]

研究生平均每天用于学习、科研的时间只有 5.5 小时。[②] 有 38.7％的研究生不足 4 小时，而 8 小时以上的仅占 13.5％。不同类型、专业的研究生的科研投入时间也有明显差异。学术型、博士的投入时间平均高于专业型、硕士。[③] 理学和工学专业研究生的学习时间最长，分别为 6.25 小时和 6.37 小时；经济学、法学、教育学、历史学、管理学等专业有 50％以上的研究生平均每天用于学习科研的时间不足 4 小时。[④] 关于研究生科研投入不够主要原因的调查显示：52.5％是对科研不感兴趣，占比最高；其次是找工作和打工挣钱，分别占 45.3％和 42.8％。[⑤] 部分研究生缺乏学术兴趣和研究热情，不能承受学术的寂寞之苦，对学术的积极性和主动参与性不强，科研投入时间和精力有限，导致他们没

---

① 参见方润生等：《研究生学术行为的自身影响因素模型研究》，《高校教育管理》2012 年第 4 期。

② 参见朱华等：《我国研究生学术道德失范的表现及影响因素分析》，《思想教育研究》2012 年第 11 期。

③ 参见武晓峰等：《我国研究生学风和学术道德现状的调查与分析》，《学位与研究生教育》2012 年第 3 期。

④ 参见朱华等：《我国研究生学术道德失范的表现及影响因素分析》，《思想教育研究》2012 年第 11 期。

⑤ 参见于丹：《我国研究生学术不端行为的防范与治理研究》，海南大学硕士学位论文，2012 年。

有经受严格的科研基本训练，未能掌握科学的研究方法，缺乏知识学习能力，所学的理论知识难以转化为研究和创新能力，因而不能独立完成科研任务。

一般来说，具有较高学术能力的研究生，能够凭借自己的专业知识积累独自顺利地开展科研工作，论文失范的概率较低；学术能力欠佳的研究生，因难以独立完成科研工作，只能通过非正当的手段达到目的。

（二）学习动机不纯，学术价值观错位

学术价值观是对学术研究的态度、愿望和追求，其是否正确对研究生的学术行为会产生很大影响。研究生正处于自身修养提高时期，价值取向容易发生偏颇，表现出急功近利的心理和浮躁不定的心态。在社会转型期和价值观念多元化的情况下，研究生的求学动机和学术价值观呈现出功利化、复杂化和多元化的倾向，不再仅仅是为了学术研究，而是为延缓就业，为一纸文凭，为谋求一份好工作等。不同的学习动机，表现出不同的学习行为，进而产生不同的行为结果。

研究生本应把追求真理、奉献社会作为学术研究的价值目标，而随着扩招，研究生的生源成分比较复杂，个体的思想道德素质及学术修养良莠不齐。有些研究生没能树立正确的价值观念，奉行功利主义、实用主义价值观。众所周知，做学问需要有淡泊名利的心态，刻苦钻研的精神和敬业踏实的态度，一旦学术研究被赋予更多的功利色彩，便背离了科学职业道德规范的基本要求。

第一，功利主义学术价值观。调查显示，53.4%的研究生认为功利主义学术价值观是引发研究生学术失范的重要因素。[①] 过分功利的科研动机是学术持续健康发展的障碍。当前急功近利的社会不良风气与人才竞争压力，唯论文、唯职称、唯学历、唯奖项的错误倾向使研究生的学术动机产生动摇，由原本纯粹的学术性探究和兴趣爱好逐渐向功利性转变。目前研究生群体中存在一定数量的精致的利己主义者，他们有较强的功利心，不是出于对学术的热爱与追求，而是将学术研究作为前期投资的行为，为了获得学术符号资本而选择读研。研究发现，74.3%的被调查者认为“部分研究生求学目的功利，缺乏专业兴趣和专业精神”[②]。研究生学术追求功利化，主要体现在为学位，为工作，为名誉，为金钱四个方面，其中为学位和为工作是最大诉求，学术研究只是部分研究生获取学位、找份好工作的筹码。有调查表明，研究生的科研动机主要集中在“毕业后能找到更满意的工作”和“对科学或学术研究感兴趣”上，所占比例分别为

① 参见李超：《高校研究生学术失范研究》，西南大学硕士学位论文，2010年。

② 朱华等：《我国研究生学术道德失范的表现及影响因素分析》，《思想教育研究》2012年第11期。

43.7%和39.5%，呈现出兴趣与功利并存的趋势。①

科学研究是一项十分艰辛而又富有竞争性的工作，要取得有重要价值的学术成果绝非易事。当功利意识主导学术行为时，部分研究生便不再甘心于坐冷板凳，也不再怀有投身学术研究的理想。为了获得文凭增强求职竞争力，他们在时间紧迫，论文数量、字数规定过多，学术能力有限的情况下，为达到多发快发论文的目的而不择手段也就不足为奇了。

第二，实用主义学术价值观。功利主义、拜金主义、享乐主义等消极社会习气，潜移默化地影响着研究生的思想认知和行为选择，导致部分研究生无法静下心来搞研究，在学术研究中缺乏刻苦钻研、探索创新精神，缺乏长远的学术规划，只关注当前的学术产出及其现实价值，实用主义倾向日趋严重。如今研究生大都以实用的心态对待学术研究，以能否取得实际利益为其从事学术研究的标准，处心积虑地用学术换取各种功利，抛弃了社会科学改造社会、净化人格的崇高使命。

学术成果对于研究生有着巨大的收益，一旦在学术科研上取得了好成绩，往往就意味着有了稳定工作、丰厚收入及社会地位。对部分研究生而言，学术活动最主要和最直接的目的不是为了求真求新，而是通过发表论文，快速积累学术资本，而这背离了科学研究的本来目的和初衷。论文发表与学位授予、奖先评优、人才选录挂钩的制度硬性规定，无形中增加了研究生的压力，很多研究生把个人利益和学术成果捆绑在一起，将发表论文作为头等大事，想方设法多发论文，而对课程论文、学位论文的撰写草率了事。研究生发表论文除了有“完成学校硬性规定”(76.0%)、“拿奖学金/报奖/入党需要”(64.9%)、“应聘工作需要”(53.3%)、“进一步深造需要”(51.0%)等工具性需要之外，还有“提高科研能力”(61.0%)、“证明自身实力”(58.5%)、“有成就感”(56.1%)、“满足学术兴趣”(50.4%)等价值性需要。② 可以看出，研究生发表论文不仅是为了完成硬性规定，对其他价值性目标的追求，能够带来较大的成就感和满足感，是论文发表的内驱动力。

当科学研究被掺杂了太多利益因素，就沦落成了追名逐利的手段和工具。为了追求利益最大化，不少研究生不愿潜心研究和做长期的、基础性的研究工作，而是选择走“短、平、快”路线，学术行为短期化。他们追求享乐，贪图学习轻松、生活逍遥，对学习放任自流，懈怠科研任务，只想混个学位了事。这种狭隘

---

① 参见武晓峰等:《我国研究生学风和学术道德现状的调查与分析》,《学位与研究生教育》2012年第3期。

② 参见叶继红:《高校研究生学术不端行为及与论文发表制度关联性思考》,《研究生教育研究》2018年第10期。

而短视的学习动机，势必影响追求真理的学术信念，致使研究生心浮气躁、急功近利，有的读研期间忙于搞兼职赚钱，或花费大量时间精力报考公务员、选调生等，对正常学习和研究造成了很大影响。在学业、毕业、就业、经济等重重压力之下，因学术周期的时限性，科研任务重，会给研究生造成很大心理压力。在自身努力未果的情形下，有的研究生就会产生学术挫败感，引发沮丧、焦虑等负面情绪，为了获得学位、评优获奖、就业升职等方面的收益，不惜铤而走险。调查发现，较高的科研压力挫伤了博士生的科研自我效能感，使其对科研失去信心，最终引发了论文失范行为。①

（三）诚信意识淡薄，学术态度不严谨

“人无信不立”，诚信是为人处世之根本。在学术研究中，研究人员的诚信至关重要。学术诚信是学术道德规范的核心内容，是学术进步的基础，是研究生进行学术活动时必须遵循的行为准则和道德底线。一篇学术论文的完成需要经历从选题到搜集资料、阅读文献，再到列出提纲、着手写作，最后修改直到完善的过程，理工科研究生科研成果的取得也要经历无数次的实验甚至失败，个中艰辛局外人无法想象。学术诚信原则要求研究生在写作论文时做到诚实严谨，不抄袭剽窃他人观点，引文注明出处等，在调查、实验过程中做到实事求是，保持数据的真实性与可靠性，绝不弄虚作假。令人遗憾的是，时下不少研究生学术诚信意识淡薄、学术态度不严谨，对学术缺乏敬畏感，对待学术研究心态浮躁，只图一时一己之利，主观上无视学术诚信的重要性，完全放弃了自身维护学术诚信的责任。

学术态度决定学术行为。有调查表明，近60%的研究生认为学术态度不严谨是引发研究生论文失范行为主观意愿的重要因素。② 部分研究生平常忙于打工赚钱、上网娱乐等，对论文写作常常应付了事，小到课程论文、调查报告、实验报告等，大到学位论文、毕业设计等，只求完成任务，而不是学习新知识。调查发现，22.51%的研究生表示认同“课程作业不是正式论文，不必严格遵守学术规范”③。研究生学术态度不严谨在论文写作中有着明显体现，例如：文中错、漏字较多，语句不通，表述不清，参考文献信息不全，阿拉伯数字和中文数字混用，尾注与文末参考文献有出入等现象普遍存在。抄袭剽窃、伪造实验数据、杜撰参考文献、引而不注等也都表明了研究生群体普遍缺乏诚信意识，缺乏基本的学术道德修养。

① 参见张永军等：《科研压力对博士生学术不端行为的影响研究》，《科研管理》2013年第4期。

② 参见王硕旺：《学术失范的治理：靠道德自律还是靠制度约束?》，《保定学院学报》2015年第1期。

③ 姚宗艳：《目前研究生学术道德失范的表现及对策》，华中师范大学硕士学位论文，2016年。

部分研究生对学术道德规范重要性的认识不足，对学术诚信尚缺乏完整、清晰的认识，诚信意识相对淡薄，导致对一些论文失范行为的态度比较模糊。一方面，明确表示反对或不赞成抄袭剽窃、一稿多投、伪造篡改原始数据等论文失范行为，但当自己面临这一现实问题时，却难以作出正确抉择。一些研究生虽已认识到论文失范行为的危害，但受利益驱使又明知故犯，如为了如期毕业而修改实验数据，代发代写论文等，属于故意违反学术规范的有意识学术失范行为。另一方面，对论文失范行为持宽容态度。约 1/3 左右的研究生对“引文未注明来源”“虚列参考文献”“替他人写论文”等行为表示理解。支持“一稿多投，但没有一稿多发”“一稿多发，但在成果登记时只取其一”的比例分别为 14.1%和 12.2%，持反对态度的比例均在 50%以下。[①] 研究证实，对失范行为接受程度较高者学术失范意图更为明显。[②] 当被问道：独自完成一篇论文投稿时，是否会署上自己导师的名字？研究生回答“会的”“征求导师意见”“不愿意”“不知道”，分别占 53.3%、35.6%、7.4%和 3.7%。[③]

学术不诚信与个人学术价值取向偏离息息相关。部分研究生心理浮躁、功利化思想严重，放松了对自己思想品质和道德素养的严格要求，不能按照学术道德规范的基本要求约束自己，将学术研究仅仅视为一项不得不完成的任务或是牟取个人利益的工具。同时，由于社会诚信意识的缺失，加上造假行为获益大，有效监督和惩戒制度空缺，失范者有恃无恐。这导致学术研究失去诚信的支撑，挫伤了研究生诚实守信的积极性，削弱了他们的诚信意识，为学术失范埋下隐患。

（四）道德意志力薄弱，学术道德自律性差

研究生道德意志力及学术道德自律意识直接制约和影响其学术行为。道德自律是出于主体自身而不受外力控制的道德自觉，主要指个体将道德规范自觉内化为行为准则，主动约束自己表现出合乎道德的行为。“道德意志就是人们按照道德原则和要求进行道德抉择和行动时调节行为克服困难的能力，是在履行道德义务过程中所表现出来的决心和毅力。”[④]

有些研究生虽具有正确的道德观念或较高的道德认知水平，清楚学术活动

---

① 参见武晓峰等：《我国研究生学风和学术道德现状的调查与分析》，《学位与研究生教育》2012 年第 3 期。

② 参见张英丽：《研究生学术失范个人和环境影响的实证研究》，《学位与研究生教育》2015 年第 6 期。

③ 参见方润生等：《研究生学术行为的自身影响因素模型研究》，《高校教育管理》2012 年第 4 期。

④ 顾越桦：《研究生学术道德失范的道德心理成因分析和对策研究》，《中国高教研究》2013 年第 6 期。

中道德行为与不道德行为的区别，但在实际行动中将道德观念付诸行动时，会面临很多矛盾冲突，必须克服内外障碍。这就需要有坚强的道德意志。在名与利的诱惑下，有的研究生因道德意志力薄弱，难以实现道德自律，不能用学术规范约束自己的学术行为，更不能主动表现出符合学术道德的行为。同时，因为学术规范对有些研究生而言仅仅只是外在之法，没有被真正内化为必遵之法，守法与否完全取决于外在强制性的约束机制，亦难以保证学术规范的有效执行。这就为论文失范行为埋下隐患。

研究生道德意志薄弱、道德自律能力差主要体现在以下两个方面。

第一，自身对外部环境的抵抗力弱。坚强的意志力在研究生抵制学术失范行为的过程中起着非常重要的作用。很多情况下，研究生遵循学术规范是被迫而非出于自愿，因此很难将学术规范内化为自身态度和内心信念，继而转化为自觉的行动，在面临外在诱惑时，就谈不上自觉遵循了。转型期的社会上充斥着急功近利的浮躁情绪和个人利益至上的心理，受实用主义、拜金主义、享乐主义等风气，以及科研压力等因素的影响，部分研究生道德意志不坚定，道德自律意识严重缺乏。他们易受环境影响，无力抵制不良风气，进行价值判断和道德选择时不能坚守道德底线，抱有投机和侥幸心理，在多种利益的取舍中失去正确判断的能力，难以激发对论文失范事件的知耻感，发生论文失范行为也就在所难免了。

在低风险、高收益的诱惑下，本就对科研不感兴趣的部分研究生急功近利，放松了对自己思想品质和道德修养的要求。按照成本收益理论，论文失范行为是在衡量学术失范的预期收益和风险成本后做出的决定，是在经历学术努力失败，权衡自身利益得失之后，研究生调整自身策略做出的必然选择。部分研究生在道德和利益面前，往往会选择后者。如为拿到学位，很多研究生会毫不犹豫地选择作伪，这无疑是对研究生自身缺乏道德自律的最好说明。另有个别研究生因利欲熏心，通过代他人撰写论文来获取经济利益等。目前研究生群体中缺乏浓厚的学术氛围，何谈学术自律。按照社会学习理论，许多不良行为是通过朋辈习得的。部分研究生在写作论文时抱有从众心理，如果周围论文失范现象较为普遍，他们更可能将其合理化，无意识中放宽学术道德标准，逐渐容忍论文失范行为。反之，则会强化他们的学术道德自律意识。

第二，无法应对学术研究中遇到的困难、挫折。研究表明，“自身的挫折应对能力是调节科研压力与学术不端行为态度之间关系的重要变量”①。如果研究生的挫折应对能力较弱，道德自律能力在科研重压之下就容易降低，对论文

① 郭德侠：《研究生学术道德失范与制度构建》，《高教发展与评估》2010 年第 1 期。

失范行为会放松警戒，导致各种论文失范行为的发生。在学术研究过程中，困难和挫折难以避免，有了坚强的道德意志，才能克服困难，战胜挫折，攀登学术高峰。学术道德意志薄弱、自律性差导致了部分研究生不能正确对待自己的学术研究过程，他们难以忍受学术研究的清苦，遇到困难和挫折就开始退缩。有的研究生整日在宿舍打游戏、上网聊天、看电影，需要写论文时就到网上复制粘贴，甚至花钱请他人代写，试图不经过自己努力，通过歪门邪道达到目的。不仅荒废了学业，在学术上没有成就，还对周围同学产生了恶劣影响。

（五）学术规范认知不足，科学精神淡漠

"学术规范（academic norm）是指由学者公认的或由权威部门制定的，在相应领域或范围内必须遵守的学术研究的行为准则，因此它是一系列带约束性的条款。"[①]学术规范是研究生学术活动的基本准则，其重要性不言而喻，然而却没有得到研究生的足够重视。据调查，关于"是否了解论文写作中的技术规范、学术诚信、学术道德的相关要求"，16.9％的学生回答"基本都了解"，19.6％的学生回答"了解较多"，54.4％的学生回答"了解很少"，8.6％的学生"对此不了解"。[②] 可见，研究生了解学术规范的情况不容乐观。研究生对学术道德规范认知不足，即对科学精神的实质认识不清，对学术道德基本规范不甚了解，对学术道德失范行为的认知存在偏差，是导致论文失范行为的直接原因。

相当数量的研究生对学术规范具体知识一知半解或完全不了解，缺乏最基本的学术论文写作常识和规范意识，不知何为学术规范，何为论文失范行为，对于科学研究中的著、译、署名、引据、注释等概念认识模糊，搞不清楚直引和转引、合理借鉴与抄袭剽窃的区别与运用，认为只要不是通篇复制就不属于抄袭，不懂得如何标注参考文献。部分研究生对学术规范重要性的认识不够，对于培养单位和相关部门关于学术道德规范的教育和要求置若罔闻，觉得无所谓、没必要。对"学术诚信教育是否必要"的回答，72.3％的研究生认为"很有必要"，17.9％的研究生认为"没太大必要"，认为"没必要"的研究生仅为4.0％，也有5.2％的研究生认为"无所谓"。[③] 当前研究生论文失范问题的实质是研究生缺乏实事求是、求真务实、勇于探索的科学精神[④]，源于对科学精神的认识不足，重视不够。科学精神是保证科研人员价值取向正确性和研究成果真实性的重要

---

① 冯坚、王英萍、韩正之编著：《科学研究的道德与规范》，上海交通大学出版社2007年版，第37页。

② 参见滕建华等：《研究生学术诚信现状的调查与分析》，《黑龙江高教研究》2014年第3期。

③ 参见滕建华等：《研究生学术诚信现状的调查与分析》，《黑龙江高教研究》2014年第3期。

④ 参见郭德侠：《研究生学术道德失范与制度构建》，《高教发展与评估》2010年第1期。

条件，是提高学术质量的重要基础。很多研究生重科学知识的学习，轻科学精神的培养，加之近年来随着社会转型及多元价值冲突，整个学术界的科学精神气质被进一步削弱。研究生实事求是、脚踏实地、淡泊名利、开拓创新的科学精神淡漠，无视学术规则，在科研过程中缺乏内在的科学精神的支撑，不可能自觉遵循学术道德规范，在名与利的驱使下，不可避免做出失范行为。伪造实验数据、抄袭剽窃、一稿多投、杜撰参考文献等论文失范行为，即是研究生求真精神缺失的具体体现；在不检验真伪的情况下，大量借鉴引用甚至抄袭他人成果，是研究生缺乏实证精神的表现；部分研究生缺乏创新精神，写作论文多是对他人成果的模仿，或是文献材料的堆积，没有原创性内容；学术动机功利化，为了个人利益违背学术良知，找他人或替他人代写论文，即是研究生背离淡泊名利精神的表现。

研究生对论文失范行为的正确认知是避免论文失范行为的前提和基础，而认知偏差会导致对论文失范行为的界定模糊从而做出该行为。当前研究生的论文失范行为，除了有些是明知故犯外，还有很大一部分是因无知而无意产生的。多数研究生对于比较严重的学术失范行为如抄袭剽窃等认知较为清晰，而对于署名搭便车、一稿多投、引而不注、转引变直引等不太严重的失范行为，没有清醒的认识，往往认为这些不属于学术失范行为。正因为部分研究生对规范与失范的边界认识较为模糊，因而有时违反学术规范而不自知，或即使知道但未意识到问题的严重性。对于无意识的论文失范行为应多持宽容理解的态度。

研究生对学术规范的认知不足，与其接受学术道德规范的系统教育较少、途径比较单一有关。在研究生认知与了解学术规范途径的调查中，所选途径的次序是：阅读他人的学术论文（59.1%），现任导师（47.2%），介绍学术规范的文章（36.2%），现阶段的任课教师（33.1%），学校网站（17.3%），研究生守则（16.5%）。不难看出，目前研究生主要是通过“个人阅读”和“教师”来了解学术规范。48.4%的被调查者表示，在课程学习及课程论文中没有得到任课老师在学术规范方面的指导。[①] 导师是研究生培养的第一责任人，应在道德品质、学识学风上，以身作则，率先垂范。由于导师有日常的教学、科研任务或管理工作，无暇多方顾及，平时往往忽视对学生基本学术规范的教育引导，加上有的研究生不主动请教导师，部分导师责任心也不足，对学生疏于指导，把关不严。陈燕等在《对高校研究生的学术规范认知状况研究》中对全国21所高校600名在校的各年级研究生进行了随机抽样问卷调查，发现高达76.6%的受访者在校期间没有学习过学术规范课程。这进一步证实了不少论文失范行为是由于研究生

---

① 参见郭德侠：《研究生学术道德失范与制度构建》，《高教发展与评估》2010年第1期。

没有接受系统正规的学习训练造成的，缺乏对学术规范的系统认识，导致了无意识论文失范行为的发生。

高校或科研院所是开展学术规范和学术道德教育的主战场，通过学术道德教育，可以增进研究生对学术规范的了解，提高他们的学术诚信意识，进而减少论文失范行为的发生。但遗憾的是，部分高校未开展经常性的学术道德教育。调查显示，31.7%的研究生表示学校"从不"或"很少"开展学术道德教育，40%的研究生反映学校"有时"开展此类教育，而选择学校"经常"开展学术道德教育的研究生比例仅为20%。[①] 长期以来培养单位不重视研究生学术道德规范教育，没有充分利用课堂教学的方式普及学术规范，只是通过校园网、讲座、板报、征文等形式进行宣传。不少学校和专业虽开设有学科研究方法和规范等入门课程，但多是作为选修课，有限时间内难以将论文写作中的引文规范、注释规范等介绍具体，可操作性不强。因为零散而不系统、短期突击性的研究生学术道德教育实效性不强，可供参考的权威性研究生学术道德规范教材不多，致使研究生缺乏了解学术规范的途径，科研基本训练不足。除了学术规范的了解渠道较为单一外，绝大多数研究生没有认识到学术道德规范的必要性，即使认识到了，却认为自己并没有违反学术道德规范，缺乏主动学习学术规范的积极性，导致了对学术规范的了解不多。

五、研究生提高学术道德素养的途径

解决研究生论文失范问题，全方位奖惩机制的"外治"力量固然重要，但道德层面的问题，归根结底还要依靠行为主体的自律。研究生只有通过"内修"提升自身学术道德素养，养成良好的学术习惯，自觉将学术道德规范内化于心、外化于行，才能从根源上杜绝论文失范行为。当务之急需要研究生从以下五个方面做出努力。

（一）加大科研时间和精力投入，提高学术能力

科研投入相对不足致使学术能力低下，是引发研究生论文失范行为的重要原因。学术研究本身是一项艰苦的脑力劳动，需要投入大量的时间和精力，才可能有高水平的成果产出。读研期间研究生的主要任务是学习，应该培养并具备独立科研能力。为此，需要掌握基本的学术研究方法、论文写作技巧，培养信息检索和处理能力、文献阅读和使用能力、学术创新能力。这就要求研究生重

---

① 参见武晓峰等:《我国研究生学风和学术道德现状的调查与分析》,《学位与研究生教育》2012年第3期。

视学习和学术研究过程，自觉加大科研时间和精力的投入。“业精于勤，荒于嬉”，科研投入多，研究生自身业务能力强，成果产出有了保证，论文失范问题就能迎刃而解。

首先，扎实掌握专业理论知识。专业知识在研究生学习成长中具有举足轻重的作用，其掌握程度直接影响着研究生学术行为的严谨性。通过认真上好专业课程，加强专业知识学习，打下扎实的专业理论知识基础，提高专业理论知识的掌握和运用能力，可以促使研究生对专业研究领域产生浓厚兴趣，全身心投入学术研究，对本专业领域的研究状况形成系统而全面的理解，无形中锻炼和培养自身学术能力，从而降低论文失范的可能性。

其次，选修一些与学术能力培养有关的课程。第一，有关论文写作的课程。从中学习如何制定写作大纲，介绍研究意义、研究现状、研究目的、研究方法、研究思路等，在撰写毕业论文之前就能掌握论文写作的基本技巧，能够独立谋篇布局。第二，学术研究方法类的课程。从中掌握一些基础的学术研究方法与创新方法，以便在论文写作过程中能够独立思考选题、分析整理材料、提炼个人观点、设计论文框架等。第三，有关信息检索的课程。从中学习使用各种信息检索工具，提高信息检索与处理能力，能够正确使用检索到的信息，并养成定期查阅相关文献的习惯，以逐渐培养自主创新意识。

再次，积极参加各类学术活动。参与学术活动、科研项目是研究生培养学术能力的重要保证，也可为研究生独立进行学术研究打下基础。“兴趣是最好的老师。”研究生要主动抓住并充分利用各种学术交流的机会，通过积极参加学术讲座、学术会议，了解本学科最新研究动态，培养研究兴趣、增强创新意识，激发求知、探索的热情，从而保证能够心无旁骛、脚踏实地地搞研究，在实践中锻炼提升学术能力。导师是研究生成长的引路人和指导者，研究生要尽可能参与导师的科研工作，通过导师的悉心指导学习导师严谨治学的态度，获取更多学术研究技能，有利于培养独立思考问题和合作研究的能力。

最后，养成广泛阅读的习惯。为适应现代科学向综合、交叉、横向发展的特点，复合型人才应具有专业知识精深、知识面宽广的知识结构。研究生只有具备合理的知识结构，知识渊博、业务精深，才能拥有高阶思维能力，更好地培养学术能力和创新能力。因此，在学好专业知识的同时，研究生要努力掌握更多更全面的知识，拓展自己的知识面，开阔视野，以提高自身的综合素质。而要拓宽知识面，就必须养成好的阅读习惯，培养文献阅读及使用能力。研究生只有大量涉猎专业相关文献，才能对所学专业有一个整体认识，并在广泛阅读的基础上提炼总结出个人的独特观点，实现所学专业知识的较好整合。在阅读中分析整理出对自己有用的信息，以便为后期的论文撰写打下基础，避免写论文时出现无材料可用、无思路可写的情况。

（二）纯化学习动机，树立正确的学术价值观

如前文所述，部分研究生求学目的严重功利化，主要是为了得到一纸文凭，再去换取工作、职称、收入、住房等其他实际利益。研究生群体年龄相比本科生偏大，同时面临着学业、就业、家庭、经济等多重压力，他们既想提高自身学历水平，具有更强竞争力，又想减轻家庭负担，谋得立足之地。在各种压力的裹挟下，研究生的学习动机逐渐功利化，普遍缺乏对科学的尊重和敬畏，放弃对科学求真精神的追求，学术价值观严重扭曲。

学术价值观引导学术行为，学术价值观扭曲，学术行为失范就在所难免，树立正确的学术价值观对于研究生来说至关重要。习近平总书记将青少年时期的价值观养成比喻成扣好“人生的扣子”①。当代青年研究生，既是初涉科研的学术新人，也是国家未来科研的主力军，面对社会转型期的多元价值观，一定不能迷失自我，从一开始就要超越功利和实用性的价值取向，树立正确的学术价值观，做到尊重知识、追求真理、献身学术、不怕失败，努力扣好科研的第一粒扣子，走好科研的第一步。正确学术价值观的培养需要研究生注意以下几个方面。

首先，明确科学精神的核心是求真精神。学术活动的目的就是追求真理，任何带有功利色彩的学术活动，都不是真正的学术活动。研究生要想在学术领域登堂入室、攀登高峰，不仅要有扎实的理论功底，还得有崇高的价值追求，必须摒除浮躁功利的思想，耐得住学术寂寞，自觉维护求真务实的学术精神，坚定学术信仰。

其次，认真学习领会相关文件精神。教育部下发的《关于加强学术道德建设的若干意见》，为研究生树立正确的学术价值观，提高学术道德素养提供了依据。该意见要求研究生做到：正确对待学术研究中的名和利，反对沽名钓誉、急功近利、自私自利、损人利己等不良风气；增强献身科技、服务社会的历史使命感和社会责任感等。研究生应将塑造、捍卫和发扬淡泊名利、追求真理、献身科学的学术精神作为自己义不容辞的职责。

最后，重视学习与实践。正确学术价值观的形成，离不开学习和实践。研究生要利用多种途径和形式了解做学问的精神、态度和方法，明白科学研究并非一蹴而就，而是需要付出艰辛劳动的道理。榜样的力量是无穷的，古代先贤勇于探索、献身科学的精神值得推崇和学习。王国维治学三境界既道出了学术

---

① 习近平：《青年要自觉践行社会主义核心价值观——在北京大学师生座谈会上的讲话》，人民出版社 2014 年版，第 9 页。

道路的艰辛，也道出了学成时刻的喜悦。研究生要把握这种治学的精神和乐趣，深刻领悟学术求真、至善、尽美的终极价值，从而摒弃浮躁心理，把潜心治学作为求学目的，逐渐培养求真务实、严谨诚信的道德品质，使之内化为自我意识，树立起正确的学术价值观。[①]

（三）树立诚信意识，端正学术态度

学术诚信是一种自我约束，要求学术主体在从事科研活动时实事求是。在任何条件下，学术诚信都是一种不可推卸的道德责任。教育部《关于加强学术道德建设的若干意见》中指出："在我国高等学校中应倡导并形成崇尚诚实劳动、鼓励科研创新、遵循学术道德、保护知识产权的良好氛围。"良好学术氛围仅依靠外部的监督很难形成，还有赖于科研人员的学术诚信。研究生必须树立自身的诚信意识，端正学术态度。形成良好的学术诚信道德品质要求研究生做到以下三点。

其一，深刻认识学术诚信重要性。学术诚信是学术道德行为的先导，是对学术活动的一项基本准则要求，学术研究应以诚实守信为第一原则。离开了真实、诚信，学术也就没有了生命。研究生要想在学术方面有所成就，必须培养学术诚信道德意识，并将其内化为学术诚信信念，以诚实守信的态度，严肃认真地对待学术研究和论文写作的每个环节，真正写出有个人独特创新观点的学术论文，才能得到学界的认可。通常当研究生主观上有了诚实守信的意识，学术行为结果也必将是诚实可信的。现实中，研究生往往忽略学术诚信道德方面的学习，要杜绝论文失范行为，必须从思想上高度重视学术诚信道德教育，加强和导师日常的交流互动，在其引导帮助下树立学术诚信意识。

其二，强化知识产权意识。法治时代，研究生必须树立知识产权观念，可以通过学校和导师了解知识产权知识，也可以通过图书馆、网络、报纸杂志等途径自主学习知识产权知识，以避免无意识的论文失范行为。在论文写作中要自觉保护他人和自己的知识产权，尊重他人的劳动和合法权益，做到不抄袭、剽窃他人成果，不在未参与的学术成果中署名，杜绝署名搭便车和署名不合理排序行为等。就引用而言，"引用应伴以明显的标识，以避免读者误会""凡引用均须标明真实出处，提供与引文相关的准确信息""引用未发表作品应征得作者同意并保障作者权益"等。[②]

其三，养成学术诚信行为习惯。培养学术诚信意识，需要研究生从自身基

---

① 参见方润生等：《研究生学术行为的自身影响因素模型研究》，《高校教育管理》2012 年第 4 期。

② 教育部社会科学委员会学风建设委员会编：《高校人文社会科学学术规范指南》，高等教育出版社 2009 年版，第 24～26 页。

本的学术行为习惯做起。从新生入学开始，研究生在学术研究方面就必须要求自己严谨，尽早树立正确的学术诚信观念，培养严谨的治学态度，坚持求真的科学精神；遵守学术道德规范，不弄虚作假；强化学术知识积累，提高科研创新能力；重视学术责任和社会责任，自觉维护学术尊严和学者的声誉，坚决抵制研究生学术失范不良风气的蔓延。[①] “小信成则大信立。”在写论文时明确指出哪些观点是借鉴别人的，时刻尊重他人的研究成果；忠于真实的样本数据，不随意篡改、伪造调查或实验数据；忠于自身实际学术水平，不找他人代写论文。久而久之，学术道德规范会慢慢深入内心，成为一种行为习惯，研究生在学术研究中会自觉遵守学术道德规范，论文失范现象自然就大大减少。

（四）加强学术自律，坚定学术道德意志

道德意志力薄弱，学术道德自律性差是研究生论文失范的重要原因之一。马克思说过："道德的基础是人类精神的自律。"[②]自律是在无人监督的情况下，依据"内心的道德法则"自觉地遵守道德规范，是道德实现的最高形式。"学术道德自律是治学的戒律"，是做学问的基本准则。学术规范的有力执行，离不开道德主体发自内心的自愿遵从，学术主体内化的道德自律当是清除学术失范最根本的希望。道德自律可以促使研究生在道德品质、道德意志和道德习惯等方面进行自觉地自我改造和培养，高尚的道德修养、崇高的道德理想、坚定的道德意志是实现自律的必备条件。

首先，培养"慎独"品格。"慎独"是中国古代先哲圣贤的一种极高境界的修养方法，它强调个人道德修养，注重个人品行操守。学术道德修养中的"慎独"，要求学人在独处时自觉地严格以学术道德规范原则约束自己的行为，不做任何有违学术道德规范要求的事。真正的道德行为，必然建立在自觉性的基础上。"慎独"是高度自觉性、自制力的表现，是一种内在的道德力量，在它的作用下，外在的道德法则会转化为行为主体的内在要求，由他律转化为自律。[③] 美国教育哲学家布鲁贝克认为："基于学者是高深学问的看护人这一事实，人们可以逻辑地推出他们也是他们自己的伦理道德准则的监护人。"[④]在学术研究过程中，研究生难免会受到主客观因素的影响和干扰，这就需要他们在独自思考问题、进行研究时，能够把持住自己，坚守学术道德底线，"在独处的时候，能常思为学

① 参见张鸿燕、姒鹭：《中美两国高校大学生诚信管理之比较》，《思想政治教育研究》2008 年第 4 期。

② 《马克思恩格斯全集》第 1 卷，人民出版社 1956 年版，第 15 页。

③ 参见张春红：《高校研究生学术道德不端行为问题的研究》，东北大学硕士学位论文，2010 年。

④ ［美］布鲁贝克：《高等教育哲学》，郑继伟等译，浙江教育出版社 1987 年版，第 120 页。

的宗旨，常思为人的道德，常怀自律之心，常思失范之害，自觉遵守学术道德规范而不去违反”[1]。如果研究生养成“慎独”的品格，就可以增强自律意识，形成有效的自律养成行为，能够凭着自己的学术良知抵御诱惑，做到洁身自好。

其次，树立学术理想。学术理想是学术主体为自己确立的学术目标，是其从事学术研究的信念和追求。树立远大的学术理想是养成良好学术道德素质的基础。拥有坚定学术理想的人，有了科研的航标和前行的动力，能增强学术道德意志，以锲而不舍的精神追求学术，脚踏实地做好科研工作，成为一名真正的学术人。[2] 而没有学术理想的人，则会把学术研究看成一项枯燥的工作，很难全身心投入学术研究，自觉以学术道德规范约束自己，履行学术责任。而树立坚定的学术理想，必须热爱自己的专业，通过积极主动地学习掌握本专业知识，涉猎相关专业书籍，逐渐培养对本专业研究的浓厚兴趣，进而把这种兴趣转化成为学术自信心，提高自身学术能力。另外，卓有成就的科学家大都有崇高的学术理想，他们往往是超凡能力与高尚人格完美结合的典范。通过阅读科学家的自传或报告文学等，以伟大科学家为榜样，激励自己沿着他们的足迹前行，逐渐培养学术诚信信仰。[3]

再次，提高学术道德修养。德、才、学、识兼备，应当是对学人的基本要求。学贵自律，而自律贵在自觉。研究生只有自觉接受和认同学术规范，形成严谨治学、实事求是的学术道德品质，不断提升自身的道德修养，把外在的准则转化为内在的要求，进而外化为学术自觉行为，才能真正做到自律。学者要成为社会的良心，也理应以德修身，在道德操守上身体力行、率先垂范，从自律做起，坚守学术规范，承担学术责任，视学术为生命，追求“用心血做学问，用生命写文章”的崇高境界。

良好的学术道德素养是作为一名合格的研究生应具备的第一必要品质。做学问就要脚踏实地、实事求是，而不能靠投机取巧。当前外部学术大环境不够理想，或许一时改变不了，但作为学术共同体一分子的当代研究生，有责任和义务从我做起，不为浮躁的社会风气所动，坚守学术气节，恪守学术道德，远离学术失范，逐渐改良自身小环境，最终净化整个学术大环境。为此，研究生就要深刻认识论文失范行为的危害，爱护自己的学术生命，能抵挡住一时的利益诱惑，自觉规范自身的学术行为，树立崇尚科学、探寻真知、不断创新、追求卓越的学术品格和道德精神，养成恪守学术规范的行为习惯，努力做到淡泊名利、力戒

---

① “研究生教育的学风与学术诚信保障体系建设研究”课题组编：《中国研究生教育的学风与学术诚信保障体系建设研究》，高等教育出版社2013年版，第44页。

② 参见姚宗艳：《目前研究生学术道德失范的表现及对策》，华中师范大学硕士学位论文，2016年。

③ 参见杜娟：《高校研究生学术诚信研究》，中北大学硕士学位论文，2012年。

浮躁，潜心钻研、厚积薄发，出精品、出上品，不随波逐流、人云亦云，等等。

最后，磨炼学术道德意志。研究生要想树立崇高的学术理想、养成良好的道德品质、培育较强的自律意识，必须强化自身的学术道德意志。学术研究是一个循序渐进的累积过程，在这一过程中研究生会面临各种诱惑或困难。只有对学术道德规范的正确性深信不疑，形成坚定的学术道德意志，面对重重困难、重大挫折时，才能抵御诱惑、克服困难，保持高尚的道德情操。道德自律需要经历一个从不自觉到自觉的复杂思想斗争过程，在这一过程中，研究生应该不断磨炼自己的道德意志。

一要参加校内外的各种学术活动，向知名专家、优秀学者、学术道德典范人物学习讨教，学习他们对学术研究的无私奉献精神；积极参与科研实践，明白学术研究的价值所在，学习和了解相关的学术道德要求，将之内化为自己的学术良知。

二要在日常的学习、工作和生活中强化自我教育与管理，培养诚信意识和自律意识。自进入研究生学习阶段开始就要接受严格正规的学术训练，研究生需要有坚韧不拔的意志，深入分析文献的耐性，迎难克艰的勇气，更需要有不达目的誓不罢休的毅力，在学术研究过程中正视名利，甘于寂寞，勇于探索，以坚定的意志克服学术道路上的各种困难和障碍，努力提高自身的判断力和对不良风气的抵抗力。同时，秉持"日三省吾身"的态度，时刻反省自己的行为，培育道德良心和责任意识，增强自控能力。

三要培养良好的学术习惯。通过积极查阅相关资料，主动与老师和同学交流探讨，解决学术研究中遇到的困惑和问题，逐步养成独立自主、实事求是的学术习惯。研究生要将重心放在自身学术能力的培养上，而不是投机取巧上，不能为了名利走捷径、求速成，而要切实靠自己的知识和努力做出有价值的学术成果，努力做到自重、自警、自励和自强，培养以守信为荣、失信为辱的学术荣辱观。

（五）强化对学术规范的认知，培育科学精神

如前所述，学术失范行为的产生与对学术规范的认识不足有很大关联。研究生对学术论文的写作、引用和发表规范的认知程度不容乐观，导致了论文失范行为的发生。研究生只有明白懂规矩守规则的重要性，对学术规范有了明确认知，才能进一步认同并遵守学术规范，从而避免学术失范行为。

首先，重视学术规范知识。学术规范知识可以为研究生开展学术研究提供指导，增强其自律能力，从而避免论文失范行为。当前研究生对学术规范的关注度远远不够，没有强烈的学习愿望，由于对于学术规范普遍缺乏了解，没有认

识到学术规范的重要性，也不清楚违反学术规范的严重危害，在学术活动中就难以将学术规范转化为自觉的道德行为准则。认识是行动的先导。明确学术研究的道德规范是研究生正确开展学术研究的前提和基础。“才者，德之资也；德者，才之帅也。”作为高层次人才，研究生必须德才兼备，尤其是要有德。研究生只有意识到掌握学术规范知识，具备良好学术道德修养是对一名合格学术人的基本要求，不遵守学术规范，学术进步就无从谈起，从而自觉提高学习学术规范的主动性、积极性，掌握学术研究的基本规范和学术论文写作的基本常识，并将之内化成为自觉意识以指导自己的学习和研究，才能为其未来的学术发展打下坚实基础。

其次，自觉加强学术规范的学习，提高认知能力。研究生要认真学习学术规范相关知识，对学术规范有一个清晰而全面的认识。《国家标准文后参考文献著录规则》《关于科技工作者行为准则的若干意见》《高等学校哲学社会科学研究学术规范(试行)》《高校人文社会科学学术规范指南》《著作权法》《知识产权法》《合同法》等国家法律法规；教育部颁布的《关于加强学术道德建设的若干意见》《关于严肃处理高等学校学术不端行为的通知》，国务院学位委员会出台的《关于在学位授予工作中加强学术道德和学术规范建设的意见》等文件；2014年国内29所知名高校共同签署的《中国研究生科研诚信公约》，以及各高校修订的有关学风建设、学术不端行为整治的文件和规定。以上这些学术规范的文件和规章是规范研究生学术行为的标杆，是研究生参照学习学术道德规范的主要依据。

学术规范包含技术、学理、道德三个层面的内容。技术层次包括符号使用、成果署名、引文注释等，学理层次包括理论、概念和研究方法的运用等，道德层次包括学术态度、学术责任等。其中，技术层次体现了学理和道德层次上所达到的水平，是基础性、核心性的规范要求。[①] 实证标准、逻辑论证、求真态度既是技术层面又是道德层面的规范要求。就研究生而言，重点应学习了解本专业领域的学术研究方法与程序规范、学术论著基本写作规范、学术引文和注释规范。研究方法与程序规范包括：熟悉各种常用的学术研究方法的具体使用规则；明确学术研究程序规范，包括选题、调查研究、材料的搜集与分析、文献查新、制定研究计划等的详细要求。学术论著撰写规范包括：对学术论文、研究报告、学术著作等不同形式论著内容的具体要求；对题目、署名、摘要、关键词、正文、参考文献、致谢等论著格式的明确要求；明确界定剽窃、抄袭等的具体规定。引文和注释规范应明确界定合理借鉴与引用的区别；对文献引文、著作引文的详细格

---

① 参见陈学飞：《谈学术规范及其必要性》，《中国高等教育》2003年第11期。

式要求；对学术论文、学位论文的不同具体参考文献排序要求等。

再次，多渠道学习了解学术规范知识。当前研究生了解学术规范的途径较为单一，在网络时代，想要了解或学习学术道德规范并非难事，必须从内心唤起学习的积极性，由被动灌输转变为主动学习。一是导师指导、课堂学习和学术讲座的途径。导师指导是研究生了解学术规范的重要途径，而导师有繁重的教学科研任务，对于研究生的学术指导不可能面面俱到。因此，研究生要认真对待学术研究程序的每一个环节，克服“等、靠、要”思想，主动联系、请教导师，在与导师平常的交流沟通中，得到对学术论文写作的系统训练。通过新生学术道德学习手册，从入学之初就对学术道德的重要性有初步的认识，了解学术研究的基本规范、学术不端行为的界定及处罚措施等；重视学习培养单位设置的学术道德教育课程，明确基本的学术道德规范要求；积极参与培养单位举办的学术报告会、科学家传记报告会、先进事迹报告会等各类学术道德讲座，从知名专家的亲身学术经历中受到启发和感召，自觉践行学术道德规范。

二是丰富学术道德规范的习得途径。除了学校开展的学术规范教育外，还可以通过广播、电视、网络、宣传栏、报纸、期刊等多样化渠道，自主获取更多的学术规范相关知识。充分利用学术沙龙、读书交流、学术辩论赛等时机，在与老师、同学的交往中共同探讨学术行为的规范准则，明了在学术创作中如何做到规范，从而自觉远离学术失范行为。

研究生是学术新人，在平时的论文写作中要注重学术规范训练，熟悉论文写作时的一些注意事项。如把握学术研究中的可为与不可为的标准，明确什么是学术规范行为，什么是学术失范行为，清楚论文署名规范、引文和注释的标注规范，知晓抄袭或剽窃的界定和后果、一稿多投或多发的危害等，以及如何避免学术失范。研究生可以从查找资料、调查数据、引用观点等入手，严格按照学术规范的要求开展学术研究，逐渐养成自觉遵守学术规范的良好习惯和严谨求实的学风。

最后，培育科学精神。科学精神是科学的本质和灵魂，是科研工作者在长期的科研活动中形成的特有的精神气质，主要包括求真精神、创新精神、怀疑精神、协作精神、献身精神等。“心有所信，方能行远。”[①]只有真正具备科学精神，才能增强道德情感，使学术规范从外在的教化转变成内在的信仰，从而更好地遵循学术规范。研究生是未来科学研究的生力军，应有追求真理、淡泊名利的高尚精神追求，在学术活动中要有意识地培养实事求是的求真精神，开拓进取的创新精神，追求科学的献身精神。求真精神是科学精神的核心，是一种终极

① 《习近平给复旦大学〈共产党宣言〉展示馆党员志愿服务队全体队员的回信》，2020 年 6 月 30 日，www. xinhuanet. com/politics/leaders/2020-06/30/c_1126176482. htm。

价值追求。弄虚作假、投机取巧是对科学精神的亵渎和践踏。研究生应该潜心钻研、严谨治学，做到不抄袭剽窃，不弄虚作假，这也是学术伦理道德的底线。创新是学术的生命，低水平重复研究背离了创新要求。研究生应坚持独立的学术品格和自由探索的精神，努力写出有自己独特创新观点的优秀论文。为科学献身的精神及强烈的社会责任感，是学术人追求的精神境界。研究生既要坚持求真、至善、尽美的求学之道，端正学术研究态度，正确对待个人名利得失；也要有强烈的家国情怀，处理好自我价值和社会价值的关系，以推动学术进步、民族复兴为己任，积极投身追求真理的崇高事业。

总之，防治研究生论文失范行为，不仅需要研究生强化自我教育与管理，还需要评价、奖励、监督、惩戒等外在制度作保障，自律和他律是不可或缺的两种重要手段。若离开健全而有效的制度约束，学术道德对个体行为的约束力就会大大削弱。尤其是在目前学术环境不佳的情况下，单靠研究生群体的道德自律很难彻底根绝论文失范问题，外在强制性的他律约束机制很重要也很有必要，能使研究生有所忌惮，避免“破窗效应”。

此外，研究生论文失范行为不单是研究生群体自身的问题，而是社会大环境、学校小环境和研究生个体内环境相互影响、相互作用的结果。因此，其有效解决是一项长期而艰巨的任务，绝非一朝一夕之功，有赖于社会、学界、导师和研究生等多方的共同努力。如何为研究生自律营造一个良好的学术氛围和制度环境，是值得进一步深思的问题。

第十二章　研究生成才四要素

宋朝大诗人陆游有一句名言:“汝果欲学诗,工夫在诗外。”学诗如此,研究生写论文也如此。研究生要想通过写论文提出新观点,发展新知识,不可眼睛只盯着论文本身,还必须有大胸怀,树立攀登科学高峰的远大理想。为此,这里拟围绕研究生“树立远大理想,过一个有意义的人生”,结合亲身经历,谈谈研究生成才的四要素。

一、理想:想到的不一定做到,想不到的一般做不到

(一)理想的特征

不同的人,不论历史人物还是平凡的人,都可以有自己的理想;同一个人,在不同的人生阶段也可以有不同的理想,如学生时代的理想、参加工作后的理想、人到中年时的理想、退休后的理想。树立理想不怕迟,有就好。此外,理想还有不同的层面:个人理想、群体理想、社会理想。较高层面的理想会对较低层面的理想施加一定的影响。

何为理想?理想就是人们对未来前途的憧憬或所制定的人生目标。一般说来,理想最突出的特征有二。

1. 超越性

理想通常是人们在实践中形成的,是在客观现实的基础上对未来的一种向往,是人的主观愿望和客观条件相结合的产物。其中,客观条件既包括个人方面的,也包括社会方面的。就是说,理想是超越性和现实性的结合,是现实性基础上的超越性。一方面,它是积极向上的,不满足现实而超越现实的一种努力;另一方面,它具有某种实现的可能性。这一点把理想和“空想”“妄想”严格区别开来。

2. 层次性

理想有正义和非正义之分。正义的理想是积极向上的、利于社会的;非正义的理想即野心,是指对名利、权势等过分的贪欲,因而往往损人利己、祸国殃民。正义的理想没有对错,但有高低之分。不能说当工程师的理想是正确的,而当一名工人的理想是错误的。两种理想都正确,但却有高低之分。因为一般说来,对于社会有机体,工程师比工人的地位更重要,作用更大些。当然,这种高低之分不是绝对的,更不意味着贵贱之分。从社会分工看,两类岗位都是社会所需要的;同时,每一种岗位为人们所提供的为社会作贡献的空间也都是无穷大的。一位普通工人完全可以把本职工作做得风生水起、轰轰烈烈;相反,一位工程师却很有可能表现平庸、乏善可陈。不过必须指出,高低之分的相对性,绝不能抹杀或掩盖高低之分本身。为此,也才经常发生这样的情况:如果一个人作出突出贡献,就很有可能获得提拔,被调到更重要的岗位。这也是造成社会各阶层之间流动性的根源之一。

(二)理想的作用

为什么要有理想?倘若家庭条件等方面尚可,一个人没有理想不是照样可以衣食无忧、生活得很好吗?是的,不过必须承认,有理想和没有理想是大不一样的。

1. 理想是人生的成功向导

常常有人对现状不满意,抱怨自己的收入低、职位低。他们想改变现状,却不知道从何做起。我们的建议是:从做梦开始。梦就是理想。想到的不一定做到,想不到的一般做不到。"不一定做到"意味着有可能做到。人们不难发现,大凡成功的人,无不具有远大的理想,而且理想最终实现了。孔子说:"吾十有五而志于学。"①十五开始立志,发奋读书,要创立自己的学说。明代大儒王阳明龙场悟道时,告诫他的学生:"志不立,天下无可成之事,虽百工技艺,未有不本于志者。……志不立,如无舵之舟,无衔之马……"②康有为20岁出头,"以经营天下为志"③。这些历史人物都是成功实现了自己理想的人。当然,在人类历史上没有实现理想或仅仅部分实现了自己理想的人很多很多。那么,怎样看待理想对人生成功的作用呢?一句话,理想是人生成功的向导,也是人生成功的阶梯。《晋书·虞溥传》说:"不患才不及,而患志不立。"中国古代还有一句俗谚说:"士贵立志,志不立则无成。"著名诗人苏轼在其名篇《晁错论》中说:"古之立

① 《论语·为政》。

② 张立文主编:《王阳明全集·悟真录七》,红旗出版社1996年版,第1066页。

③ (清)康有为:《康南海自编年谱》,中华书局1992年版,第9页。

大事者，不惟有超世之才，亦必有坚忍不拔之志。”这些名人名言强调的都是成就大事必须有大志。“有志”是事成的必备条件，正所谓“有志者事竟成”！

2. 理想是人生的力量源泉

理想不仅能为人生的进步指明方向，也能赋予人以力量。这是因为，在一定意义上，理想是对人生的一种规划和设计，它必定会起到催人奋进的作用。正如一首诗歌所说：“理想使你微笑地观察着生活；理想使你倔强地反抗着命运。理想使你忘记鬓发早白；理想使你头白仍然天真。”（流沙河《理想》）

关于理想是人生的力量源泉，我有切身的体会。我在山东郓城一中读到高中二年级，爆发了“文化大革命”。1967 年 10 月，中共中央、国务院、中央军委、“中央文革”小组联合发出《关于大、中、小学校复课闹革命的通知》，但实际上，复课没有真正实行。我这时一头钻进学校图书馆，开始大量阅读人物传记。古今中外历史人物不平凡的奋斗经历极大地鼓舞了我。我开始立志，下决心要过一个有意义的人生。17 岁的我在笔记本上，用大字端端正正地写下了这样的誓言：“一个人，生要生得有价值，死要死得有意义。”从此以后，我向自己提出了三项要求：一是用知识丰富自己的头脑；二是读社会这本书，进行社会调查；三是有一个棒棒的身体。在读书方面，凡属哲学类的，能搜集到的就尽量读。郓城一中图书馆、家乡中学的图书馆、巨野县文化馆等，都尽量利用。一听说邻村有回乡探亲的干部、知识分子、军人等，立即登门拜访，借书或座谈。志向明确后，我顿时感觉到，过去浪费了很多时间，必须争分夺秒，把时间夺回来。于是，时间一下子不够用了，走路都是三步并作两步。下乡期间，参加生产劳动，怀里总揣着书，一到休息时间，马上跑到一旁，聚精会神地读书。劳动时，脑子尽量放松，不想事，以便养精蓄锐，晚上回家夜战。晚上和阴雨天，是我撒泼读书的时间。记得有一天下雨，我在生产队的场屋里，一下午，竟逐字逐句地读完了《马恩选集》两卷本的一整卷！一目十行，精力高度集中啊！社会调查主要是利用各种机会，和各种各样的人聊天，询问各方面的情况，聚焦社会难点和热点问题。在锻炼身体方面，作为中学生的我，明确地意识到，将来要对社会作出较大贡献，必须有一个棒棒的体质。健康既是生命的强度，也是生命的长度。所以从那时起，我开始每天坚持健身。当时是洗冷水澡、晚上跑步等。这种健身的习惯，为我迄今仍然具有一个健康的身体提供了可靠的保障。

后来我逐步形成自己的职业目标：做一名理论工作者。在乡下，我十分敬仰山东大学的《文史哲》杂志。它引领学术潮流，多次引发全国性学术讨论。我曾用钢笔在我用的一张方桌上，写了满满一桌面“文史哲”三个字！考取大学后，专业由上级分配，不能自己选择，我被分到了半导体专业。但我坚持不改变理想，一开始向学校要求调专业，不成，就采取了这样的方针：课内学好专业；课外，全力以赴投入理论研究爱好。大学期间，开始在报刊上发表文章。同学们说我上大学同时读了两个专业。毕业分配时，我的工作去向可以是省公安系统，也可以留在高校。那时，知识分子成堆的地方不受欢迎，但我没有这种成见，主动选择了高校。我拿到派遣证，到山东大学物理系报名后，立即受命参加省委下派的农业学大寨工作团，在农村工作了一年。回来后调到学校机关，做了两年行政工作。在20世纪70年代末全国“向科学进军”滚滚大潮的感召下，我毅然跨进刚刚成立的“山东大学文史哲研究所”，开始从事以哲学与自然科学相结合为特色的科技哲学专业理论研究。最终，我到了心仪已久的“文史哲”这个地方，也圆了自己从事理论研究的梦！

通过个人的经历，我深深感到，理想可以赋予人进步的力量，而且取之不尽，用之不竭。

3. 理想是人生的精神支柱

理想作为人生目标，实际是一种价值目标，从根本上讲，它解决的是“人为什么活着”的问题。这意味着有理想的人生多姿多彩，相反，则是一个浑浑噩噩的人生。通常，一个人没有理想，甚至“一点念想也没有”，他就会觉得心灰意冷、天昏地暗，很有可能导致精神抑郁、思想堕落，甚至自杀。据报道，目前大学生中间出现一种称之为“空心病”的精神疾病。症状为：思想迷茫，情绪低落，兴趣减退，快感缺乏；有强烈的孤独感和无意义感；有自杀倾向，但并不想死，只是不知道为什么要活着。

大量事实表明，不论是青年还是老年，是高官、富商还是老百姓，选择自杀不归路，大都是理想丧失、价值观念崩溃的结果。“夫哀莫大于心死，而人死亦次之”[①]，庄子说得很明白。与此相反，许多陷于悲痛、濒临绝境而选择砥砺前行的人，无一不是依靠理想延续生命的。例如，旧社会一些农村妇女在丈夫去世后失去依靠，仍然选择独立支撑起这个家，就是因为她寄托于把孩子养大成人的理想；一些人变成残疾后，仍然身残志不残，就是为了圆自己做诗人、作家等理想的梦；一些陷于极度贫困的人，仍然选择奋斗，就是因为他们要活出尊严，要用自己的双手改变命运！

总之，在生与死的选择之间，充分彰显了理想是人生的精神支柱！

（三）如何树立理想

现在，在年轻一代中，缺乏理想的现象比较普遍。有的只有近期计划，如上大学、专升本、考研，毕业后有一个稳定、体面的职业，缺乏远大一点的理想；还

---

① 《庄子·田子方》。

有不少年轻人,三百六十行随便选,他都不知道选什么好。所以要重视怎样树立理想的问题。

1. 树立理想的两种方式

历史事实表明,树立理想的途径可以分为激发式和启发式两种类型。

在激发式类型中,较常见的情况是受到家庭与个人突然变故的刺激而慨然立志。不塞不流,不止不行,正因为有外力的压迫,才起而奋争,欲通过立志超越现实、改变现实。正如司马迁所说:“盖西伯拘而演《周易》;仲尼厄而作《春秋》;屈原放逐,乃赋《离骚》;左丘失明,厥有《国语》;孙子膑脚,《兵法》修列;不韦迁蜀,世传《吕览》;韩非囚秦,《说难》《孤愤》;《诗》三百篇,大氐贤圣发愤之所为作也。”[①]周文王、孔子、屈原、左丘明、孙膑、吕不韦、韩非子以及《诗经》的一批作者,无一不是逆境中涌现的人才!

在启发式类型中,树立理想的具体途径很多。常见的是:读书、家庭教育、学校教育、高人指点等。其中,大量阅读名人传记不失为一条便捷和特别行之有效的路径。名人事业辉煌,一生轰轰烈烈,但他们也是从普通人中间走出来的,有的甚至出身社会最底层。他们戏剧性的经历具有极强的感染力,他们巨大的成功具有极强的示范意义和榜样的力量。用名人传记启发、引导自己和他人树立理想,要比空口说教的方式有力、有效得多。

由于激发式树立可遇不可求,最重要、最常见,也是最应提倡的,还是“启发式树立”这种途径。前者是被动树立,后者是主动树立。应该倡导主动树立,提出这样的口号:树立远大理想,过一个有意义的人生。

2. 矫正价值观

既然理想实质上是一个价值目标的问题,那么,有一个正确的价值观,对于是否主动树立理想,以及树立什么样的理想,就是至关重要的了。一些人之所以不愿树立远大理想,根源往往在于价值观上存在模糊或错误认识。例如,不少人信奉“平平淡淡才是真”。这个观点的合理性在于,反对急功近利、哗众取宠和好高骛远。但是这个观点最大的危害是容易诱导人们解除思想武装,安于现状、碌碌无为。所以对这个观点不能无条件地接受,否则就会成为树立远大理想的绊脚石。在纷纭复杂的社会现象面前,一个人尤其年轻人的价值观很容易陷于迷茫,出现这样那样的错误认识。例如,“子女啃老天经地义”,用不着个人再去奋斗;社会不公平,树立理想也实现不了;本本分分做人、老老实实做事就可以了,谈什么理想不理想;等等。通过个人的深入思考或争取组织的帮助,纠正这些错误认识,就可以使自己在价值观上始终保持清醒的头脑,从而为树

① (东汉)班固:《汉书·司马迁传》,中华书局1962年版,第2735页。

立远大理想奠定一个坚实的基础。

二、奋斗:要想取得超人的成就,必须付出超人的努力

理想是超越现实、高于现实的。从理想到现实往往还有相当的一段路要走。因此,实现理想需要克服千难万险,需要巨大的付出,一句话,需要奋斗。北京大学才女刘媛媛说:“你要相信命运给你一个比别人低的起点,是想告诉你,让你用你的一生去奋斗出一个绝地反击的故事!”

(一)奋斗从根本上是乐

90后、00后的年轻一代,较之父辈有许多可贵的优点,但也有不少缺点。其中最突出的一点是:由于独生子女时代的到来和全社会物质条件的改善等原因,他们的奋斗精神较之父辈弱化了不少。有的人害怕体力劳动,即便参加体力劳动,也是拈轻怕重;有的人吃穿用讲究名牌,从不考虑省吃俭用;等等。基于这种情况,辨析奋斗是苦还是乐就是十分必要的。

奋斗就是为了实现理想,不辞辛劳,不惧艰险,一往无前。因此,奋斗需要吃苦、需要付出。这也是一些人畏惧奋斗、躲避奋斗的缘故。

但是从另一个角度看,奋斗也是乐,原因有三。一是从出发点看,为了远大理想,吃点苦值得,乐在其中。成语“孔颜乐处”说的就是这个道理。在孔子看来:“饭疏食,饮水,曲肱而枕之,乐亦在其中矣。不义而富且贵,于我如浮云。”[①]孔子认为,为理想而奋斗的人,虽粗食冷水,头枕胳膊,依然乐在其中。不义之富贵,视之轻如浮云。孔子这样,他的弟子也是如此。孔子曾称赞他的弟子颜回说:“贤哉,回也!一箪食,一瓢饮,在陋巷,人不堪其忧,回也不改其乐。贤哉,回也!”[②]粗茶淡饭,住在陋巷,此等贫苦,别人都不堪忍受,颜回却泰然处之,不改其乐。这因为颜回理想远大而道德高尚啊!二是从过程看,奋斗也是乐。因为奋斗实际上是锻炼意志、释放潜能、增长才干的过程,将会享受到成长和进步的快乐。相反,饱食终日,无所事事,到头来只能蹉跎岁月,一事无成,不会有真正的快乐。“天将降大任于是人也,必先苦其心志,劳其筋骨,饿其体肤,空乏其身,行拂乱其所为,所以动心忍性,曾益其所不能。”[③]孟子这段脍炙人口的名句说的就是这个道理。三是从结果看,只有奋斗,才能享受到理想实现后的快乐。这也就是俗话所说的:“从来好事天生俭,自古瓜儿苦后甜。”(元代白朴语)

---

① 《论语·述而》。

② 《论语·雍也》。

③ 《孟子·告子下》。

总之，奋斗需要吃苦，但从根本上说，奋斗是乐。

（二）要想取得超人的成就，必须付出超人的努力

有成就的人，从结果看，大都像是传奇，像是幸运儿。天上掉下馅饼，偏偏就砸在他们的头上！但从过程看，绝大多数有成就的人走过的道路都崎岖不平，吃尽了苦头，流尽了汗水。他们把自己的名字写入史册，用的不是笔，而是生命。孔子说："发愤忘食，乐以忘忧，不知老之将至云尔。"①一语道破了他奋斗一生的乐观情怀。国学大师季羡林在谈到他的人生经验时说："我的经验压缩成两个字是勤奋。再多说两句就是：争分夺秒，念念不忘。"你看那些在全国乃至国际运动会上获得金牌的运动员，不论是从事哪一种项目的，也不论是男还是女，在通向金牌的道路上，他们经历了多少艰难曲折和困苦，付出了多少辛劳和汗水啊，正如人们形容演艺界所说的"台上一分钟，台下十年功"。这句话适用于所有成功的人士，甚至适用于所有想做事、做成事的人。

早在我不足20岁，下乡务农的时候，我就有了上述体验。当时，有一位青年农民深深地触动了我。有一天，这位青年农民从本村一位长者那里听到一段长长的顺口溜。听后，他请求长者又重述了一遍，便告辞了。第二天，青年农民找到那位长者说："我把昨天您说的顺口溜背诵一遍，您看是否有不对的地方？"结果一字不差！长者大吃一惊，连说："你太聪明了，太聪明了！"青年农民事后告诉我，昨天他一夜没合眼，一个字一个字地凑，终于全部凑起来了。您看，聪明只是表面现象，背后竟是"一夜没合眼"的绞尽脑汁！

当然，我自己也是这样过来的。上大学时，由于奉行"课内学好功课，课余坚持哲学爱好"的方针，所以我的时间和精力高度紧张。每天宿舍、食堂、教室三点一面，绝少外出闲逛。晚上回到宿舍，不参与闲聊，躲进蚊帐打坐，以便快速入睡，第二天精力饱满地投入学习。每年暑假，都坚持在校学习，寒假即便回家过年，最多一周。有一年寒假，我待在学校啃战国时代政治家、思想家商鞅的代表作《商君书》及其大量相关研究文献，完成并发表了一篇《论商鞅的教育思想》的论文，以至于累得胃疼。过去铁路交通无高铁，外出开会，我喜欢坐卧铺，因为卧铺上能继续读书和写作。有的论文就是在火车上完成的。在火车上，我目不斜视，全神贯注。有的旅客说，一眼就能看出你是做学问的。每次出差最重要的是抽出时间逛书店买书，返程时，通常要背回一大包书。我为自己提出的口号是："用理想统帅一生中的一分一秒。"直到现在，我仍然坚持青年时代的工作节奏，每天早晨6点前起床，晚上11点准时就寝。以至于形成了生物钟，

① 《论语·述而》。

超过晚上11点，如果再工作就会出现神经紊乱的迹象。我常说，我这是笨鸟先飞。事实上，我深知，所有的鸟都差不多笨。大凡比较聪明乃至被人称之为“天才”的人，都是养成了注意力随时可以高度集中的习惯。从结果看，所有有成就的人都是天才；从过程看，所有有成就的人，无一不是“笨鸟”。当然艺术界和体育界有点特殊，他们的成就常常与先天客观条件密切相关。

我的信条是：要想取得超人的成就，必须付出超人的努力。

（二）坚持“练好内功”的奋斗方向

奋斗绝不意味着只是低头拉车，不知抬头看路，奋斗有一个方向的问题。例如，不论是做行政工作还是业务工作，都有一个升职的问题。不能认为业务人员有升职的理想应予鼓励，而行政干部有升职的理想就是“一心往上爬”、就是“官迷”。社会主义建设大业的每个工作岗位，都需要优秀人才，对于行政干部有升职的理想应予鼓励。关键在于怎样实现升职的理想，我们坚决反对那种为达到目的不惜采取不正当手段的做法。区别一个人是好人还是坏人，许多情况下是看手段而不是目的。

正当的手段是什么呢？这就涉及奋斗的方向了。一般地，理想的实现涉及内因和外因两方面的条件。内因主要是指本人的政治觉悟、工作业绩、业务水准和道德品质等方面的情况；一般情况下，外因比较复杂多样，会涉及大量偶然因素和不可控因素，常常令人无可奈何。

外因条件自然是要准备的。如何准备？关键是要理顺各方面的人际关系。其中包括家庭内部的关系、单位同事的关系、上下级关系、亲戚邻里关系和同行关系等等。所谓理顺，就是努力营造一个健康、友好的关系。由于人事关系的多面性和复杂性，一个人不可能有太多精力花在这上面，所以不妨以不变应万变，把维护正义、待人以诚作为处理各方面人际关系的基点。在待人接物方面，儒家贡献了极其丰富的思想资源，特别是儒家对“诚”高度重视，作了十分全面、透彻的阐发。例如，孟子说：“是故诚者，天之道也；思诚者，人之道也。”[①]把“诚”提高到了天道与人道的高度；荀子认为：“君子养心莫善于诚，致诚则无它事矣。”[②]把“诚”视为人的道德最高境界。所以很有必要读点儒家经典，批判地借鉴其有关思想。

一个人为实现理想，最重要的是围绕“练好内功”“准备好内因条件”而奋斗。要相信群众的眼睛是雪亮的，不论是谁，达到标准了，就很有可能实现理想，得到相应的职称、职务、荣誉等。假如单位上上下下都认为一个人应该得

① 《孟子·离娄上》。

② 《荀子·不苟》。

到，却没有及时得到，一定是事出有因，应该有“牢骚太盛防肠断，风物长宜放眼量”的雅量，坚持不懈地继续奋斗下去。千万不要气馁，从此一蹶不振；更不要走歪门邪道。一定要坚守道德底线，保持清白的名节，宁愿晚些时候得到，甚至得不到，也绝不采取蝇营狗苟的不正当手段去实现自己的目的。

三、毅力：做任何一件应该做的事，都能够从头做到尾

为了实现理想，奋斗固然重要，但仅仅奋斗是远远不够的，还有一个条件十分重要，这就是毅力。一般来说，坚韧不拔的毅力也是成才的必备条件。

（一）毅力的本质

众所周知，曾国藩是洋务运动的领袖、“晚清中兴第一名臣”。事功上，他是一个有争议的人；人品上，却赢得了广泛的尊重。青年毛泽东表示：“愚于近人，独服曾文正。”[①]《清史稿》称赞曾国藩无论事功，还是做人，“中兴以来，一人而已”[②]！人们公认，曾国藩是一位有毅力的人。他规定自己每天要做 13 项“课程”：主敬；静坐；早起；读书不二（一书未点完，断不看他书）；读史（“二十三史”每日读十页）；写日记（须端楷，凡日间过恶：身过、心过，口过，皆记出）；日知其所亡（每日记“茶余偶谈”一则）；月无忘所能（每月作诗文数首）；谨言；养气；保身；作字；夜不出门。[③] 曾国藩对自己有点过于严苛了，但他的 13 项“课程”，让人见识了什么叫毅力！

通常认为，毅力是人们为达到预定的目标而自觉克服困难，努力去实现的一种意志力，同时也是一种“心理忍耐力”，一个人完成学习、工作、事业的“持久力”。我的体会，毅力乃是：做任何一件应该做的事，都能够从头做到尾。通常，毅力具有以下特点。

1. 毅力扎根于理想

毅力为理想提供保障，反过来，理想为毅力提供动力。所以马云说：“今天很残酷，明天更残酷，后天会很美好，但绝大多数人都死在明天晚上，却见不到后天的太阳。所以我们干什么都要坚持。”显然，看到后天太阳的理想，是“坚持”即“毅力”的力量源泉。所以，毅力扎根于理想。

---

① 毛泽东：《致黎锦熙信（一九一七年八月二十三日）》，《毛泽东早期文稿》，湖南出版社 1990 年版，第 85 页。

② 赵尔巽等：《清史稿》，中华书局 1977 年版，第 11918 页。

③ 参见钟叔河汇编校点：《曾国藩往来家书全编》中卷，海南出版社 1997 年版，第 13～14 页。

2. 毅力是有效控制自己的表现和结果

毅力既是自我控制的表现，也是自我控制的结果。由于连续不断地做某一件事是非常艰难困苦和极其枯燥乏味的，所以毅力需要自我控制。由着性子来，跟着感觉走，是很难有毅力的。为了具备毅力，要学会有效地控制自己。为此我有一句座右铭："不能有效控制自己的人是没有希望的人。"

3. 毅力是一种让眼前利益服从长远利益的宽阔胸怀

做成一件事或实现某种理想的过程中，会遇到各种各样的情况。有的情况可能有利于眼前利益，却不利于做成事或实现某种理想。倘若二者不能兼得，就会令人面临是获取眼前利益，还是坚持做成事或实现某种理想的两难选择。例如，一位有志于攀登科学高峰、获取重大科学突破的理论物理专业的留学生，博士毕业后，很难在美国学术单位找到合适的工作岗位，而在企业找到一个收入丰厚的岗位却不太难。这个时候，他就面临一个眼前利益和长远利益的选择问题。通常情况下，毫不犹豫地放弃眼前利益、奔向理想，往往是有毅力的人的不二选择。所以，毅力是一种让眼前利益服从长远利益的宽阔胸怀。

（二）毅力成就理想

1. 机遇往往垂青有毅力的人

俄国哲学家车尔尼雪夫斯基有句名言："历史的道路不是涅瓦大街上的人行道，它完全是在田野中前进的，有时穿过尘埃，有时穿过泥泞，有时横渡沼泽，有时行经丛林。"[①]实现理想的道路，与这种历史的道路相类似，它最需要的是耐心。要持之以恒、坚持不懈。倘若一曝十寒，三分钟的热度，那是注定一事无成的。特别是在实现理想的过程中，某些关键步骤的实现往往是不可预计、充满偶然性的，就是说，是通过机遇的形式突然降临的。俗话说"机遇偏爱有准备的头脑"，"有准备的头脑"是指什么人？是指那些为实现理想坚持不懈进行奋斗的人，即有毅力的人。这样的人，实际上是一直处于一种时刻准备迎接机遇的状态，机遇一旦来临，他们就能够跃身而起，一把抓住。机遇是稍纵即逝的，缺乏毅力的人是很难机敏地抓住机遇的。

"文化大革命"时期，大学停办，一大批上山下乡的知识青年滞留在了农村、工厂等社会基层。许多人感到前程渺茫，于是，结婚生子，放任自流，荒废了学业。但也有一小部分人坚信，自己一定能走出去，踏上为社会作贡献的更广阔的舞台。于是，尽管身处逆境，物质生活贫乏、体力劳动繁重，但仍然朝气蓬勃，在从事生产劳动的同时，坚持晚婚，坚持争分夺秒地读书。果然，机会来了，

① ［俄］车尔尼雪夫斯基：《车尔尼雪夫斯基全集》第七卷，1950年俄文版，第923页。

1973 年，邓小平复出，后又出任国务院副总理，对推荐、选拔工农兵学员的大学招生制度进行调整，增加了政治、语文、数学和理化四科的书面考试环节，并且要求，考生必须未婚。结果，许多学业成绩欠佳或已结婚的政治条件“好”的人被关在了门外，反倒给那些坚持晚婚，并争分夺秒读书学习的人一种机遇，使得他们顺利地进入了大学。他们中间另一部分政治条件较“差”的人，又等了四年，即 1977 年全面恢复高考以后，才通过参加高考冒出来，上了大学，尽管此时不少人已届不惑之年。这件事，使这批人结结实实地尝到了“机遇偏爱有准备的头脑”的甜头。

(2)成功往往是在“再坚持一下的努力之中”

俗话说，好事多磨。困难和成功总是形影不离，在通向成功的漫长道路上，充满艰难曲折，而且越是临近成功，困难越大，越容易令人沮丧。正所谓“黎明前的黑暗”。毛主席有一段话很有名，他说：“往往有这种情形，有利的情况和主动的恢复，产生于‘再坚持一下’的努力之中。”[①]这段话说出了一个真理，成功往往就是在“再坚持一下的努力之中”。就是说不要轻言放弃，要坚持目标，奋斗到底，做到坚持坚持再坚持。而能够做到坚持坚持再坚持，就是有毅力。

(3)百折不挠、愈挫愈勇，才能成功

一些人之所以中途改变目标，放弃理想，往往是因为在实现理想的道路上，犯了错误或遭遇到挫折。其实，犯了错误或遭遇到挫折并不可怕。正如一位使自己的六个孩子成为五个博士一个硕士的家教达人所说：“对孩子来说，经历错误、失败和享受成功同样重要，也能获得很多不可替代的成长经验。”[②]以这种心态看待错误和挫折，就会百折不挠、愈挫愈勇。而只有百折不挠、愈挫愈勇，也才有希望获得成功。

(三)毅力可以培养

毅力不属于天赋，可以后天培养。毅力如何培养呢？

1. 提高对理想的认识

提高对理想的认识，化理想为一种信念，一种坚定的信念，使得为理想而奋斗成为一种自觉、一种本能。这种状况也就是孔子所说的“随心所欲不逾矩”的境界。信念与个人行为达到了高度统一，不是谁让我如何做，而是我一定要这样做，我自然而然地会这样做。

---

① 毛泽东：《论持久战》，《毛泽东选集》第 2 卷，人民出版社 1991 年版，第 412 页。

② 川妈：《6 个孩子，5 博 1 硕，他的教育理念被称为家庭教育的“孩子兵法”》，《今日头条》2019 年 5 月 28 日。

2. 学会抵制各种诱惑

大千社会，诱惑很多，如物欲、名利、安逸等。理想随时都有可能被遮蔽、被吞噬。要实现理想，首先必须坚守理想，不忘初心，有一种“三军可夺帅也，匹夫不可夺志也”①的气概！

为了抵制各种诱惑，需要正确处理眼前利益和长远利益的关系，需要力戒随波逐流，不在意别人说长道短。有毅力的人，深谙“真理往往掌握在少数人手中”的社会通则。社会共识通常是人类智慧的结晶，只有那些一向屡验不爽的认识，才有资格跻身社会共识，成为“社会认识范式”的有机组成部分。然而，社会认识范式迟早会遇到代表时代进步方向的新的认识的挑战。这些代表时代进步方向的新的认识一开始总是只能被少数人所掌握，会遭到社会大多数人的激烈反对。但是也正是依靠这些代表时代进步方向的新的认识的不断大量涌现，才能造成已有社会认识范式的危机和变革，进而导致社会的进步。所以有毅力的人不怕孤立，对于认准的事不会因为大多数人的反对而裹足不前、半途而废。对于任何新的认识，他们看重有多少人赞成，但更看重它是否代表时代的进步方向。这也就是马云所说的：“人人都相信一个产业的时候，其实你已经没有机会了。在没有人相信的时候，你的坚持才真正珍贵。”

3. 有意识地进行毅力训练

既然毅力是凡要做的事都能够从头做到尾，那么培养毅力，就可以通过做事坚持从头做到尾这样一个办法进行训练，如果事事都能够从头做到尾，时间久了，习惯成自然，毅力也就培养起来了。我本人通过亲身实践，感觉这个办法是比较有效的。

在乡下时，我曾采取多种办法有意识地培养自己的毅力。例如，邻村有一位老先生在县文化馆工作。我找他借书，他爽快地答应了，拿给我一套清人王尧衢注的《古唐诗合解》线装书，但要求我一星期内必须归还。我把书拿回家，立即日夜兼程抄写该书。抄了一天又一天，累得我头晕眼花，只想呕吐。几次我都想终止抄写，但为了锻炼毅力，也为了保存下这本书，我强忍着继续抄下去。最终，密密麻麻抄了两大册笔记本。当我抄完最后一个字时，一股强烈的欣喜之情，顿时涌上心头。那时农村文化生活贫乏，街上有说书唱戏的，甚至是吹喇叭结婚、办丧事的，人们常常跑出家门看热闹。我当然也有这种欲望，但为了锻炼毅力，锻炼有效控制自己的能力，我强忍着，坚持闭门读书，绝不迈出家门半步！就这样，我自己感觉，在毅力方面进步很快。其表现是，在许多事情上，我慢慢轻而易举地能够做到持之以恒了。例如，我有一套自我按摩操，每天

① 《论语·子罕》。

早晨起床和午休醒来后，都要各做一遍，每次接近一小时，已经坚持了将近20年，从不间断，即便出差，在火车上或宾馆里照做不误。我组织本专业的博士和硕士研究生创办了一份电子版的简报，主要刊登我和同学们阅读中发现的与专业有关的好文章，以及本专业的一些活动信息等。读者群主要为在读和已经毕业的本专业研究生。简报不定期出版，主编和副主编都由学生担任，一届届地往下传。自2009年4月17日创办以来，11年间从未间断。截至2021年4月20日，已出版到第638期。这份简报起到了很大作用，如有助于同学们开阔眼界，奠定坚实的专业基础，增强同学们之间的联系，等等。由于每期都要撰写编者按，参与办简报的同学收获更大。

四、方法：实现目标恰当、近便的路

为了理想，只知道奋斗，即便不知疲倦坚持不懈，也还是不行的，为什么？因为除了苦干，还有一个巧干的问题。凡事一定要讲究效率，而这就需要方法。所以，讲究方法也是成才的要素之一。

（一）方法就是实现目标恰当、近便的路

一般说来，方法就是为达到目标找到一条路，在许多情况下，这条路还应当是恰当、近便的路。方法具有以下两个特点：

1. 个性化

我们经常会遇到这样的情况，目标十分明确，但就是一时找不到恰当的方法，于是难题出现了，在这种情况下，一定不要气馁。要相信“世上无难事，只怕有心人”“聪明人有用不完的方法”。任何现实中的难题，都一定有其原因，存在一个足以解开该难题的“扣”。要开动脑筋、千方百计地找到这个“扣”。从根本上说，方法是目标规定的，又受有关客观条件和主观条件的制约，所以，在一定意义上，寻找方法就是根据目标的需要，来全面衡量各方面条件。这就是具体情况具体分析，或一把钥匙开一把锁。许多难题，就像解几何题一样，关键是在合适的地方画一条辅助线。一旦辅助线画出，问题也就迎刃而解了。这条辅助线，就是最恰当即个性化的方法。

2. 最优化

在现实生活中，凡是精明强干的人，都有一个共同的特点：在接到任务后，并不急于行动，而是首先思考：完成任务的方法究竟有哪些？实际上，他们所运用的思维方式称之为发散思维。所谓发散思维是指在解决问题的思考中解除任何束缚，搜索一切可能的解决方法。为此，可横向思考、纵向思考、逆向思考

或多向思考等。总之,考虑的可能性越多,也就越容易找到最巧妙的方法。在穷尽了各种可能的方法以后,他们开始对这些所有可能的方法进行分析和比较,最终从中选出最近便、最有效的方法来。这时,他们所运用的思维方式称之为收敛思维。所谓收敛思维是指在特定理论约束下的思维,这里可引申为:在解决问题的思考中,根据所要解决问题的要求和各种具体条件,尽可能利用已有的知识和经验,把发散思维所搜集到的各种各样的方法进行分析、综合和比较,从中选择出一种最优的方法。如果说发散思维是“求异”“贵多”和“务虚”,那么,收敛思维则是“求同”“专一”和“求实”。两种思维方法各有各的用处,从不同的侧面服务于问题的解决,有机互补,需要结合起来运用。

为了实现理想,时时处处都要讲究方法。下面,主要谈谈读书方法和科研方法。

(二)读书的方法

1. 熟读经典

一个人的时间和精力是有限的,不分轻重缓急地读书,少慢差费;写什么论文读什么书是否可行?也有问题。因为论文题目一般窄而细,而且经常变换。几年下来,就会发现自己知识结构碎片化、根底不牢,在学术道路上难以走远。怎么办?我的体会是:一定要以读经典著作为主,千万不要在那些抄来抄去的末流书上蹉跎时光。任何一个学科的知识系统都呈树状结构,有树根、树干、树枝和树叶等等。经典就是树根。它们是一个学科的核心、纲领和灵魂,规定着一个学科的基础、方向和方法。例如,儒学博大精深,但核心经典就是“六经”,后来扩展为“十三经”。清代《四库全书》将乾隆以前中国古代的重要著作予以收录或存目,尤以元代以前著作的收录最为完备。它把收入的书划分为四类:经、史、子、集。其中,包括历代对于“十三经”的注疏的“经”是核心。其他三个部分,在一定意义上,除了道家、墨家等少数流派的著作外,几乎全都是从不同的侧面阐释、宣传和发挥“十三经”的。可以说,掌握了“十三经”,就是掌握了儒学乃至整个国学的根本。

总之,经典一定要读,而且要熟读,即读通、读透。当然,不同的学科、不同的研究领域和方向,有着不同的经典,是需要特别留意的。在这一认识的基础上,我提出了一个口号:“半部论语治天下,十种经典傲学林。”意思是,一个专业工作者,只要精读了本专业一定数量的经典著作,就可以在同行面前挺直腰杆,就有了底气。

2. 出入法

中国学界自古就讲究读书“出入法”:“读书须知出入法。始当求所以入,终当求所以出。见得亲切，此是入书法；用得透脱，此是出书法。盖不能入得书，则不知古人用心处；不能出得书，则又死在言下。惟知出知入，乃尽读书之法。”[①]该方法原则上适用于所有学科，也不复杂。例如，就读理论方面的书而言，首先要关注作者的中心观点是什么，然后看它是怎样论证中心观点的。比如思路、框架，以及方法、材料的运用等。总之，通过阅读，一定要把作者的立意原原本本地搞清楚。搞清楚就是“进去”了；然后是再“出来”，即站在作者之外的立场上客观地分析其观点的长短，给予中肯评价；最后，还要“接着说”，就作者提出的问题反问：如果让我说，该怎样来回答？这需要在原著研究的基础上，更深入一步思考，必要的时候，还要读点其他相关的文献或找人讨论一下，扩大眼界、开阔思路，以期最终形成自己的观点。这样，经过“进去—出来—接着说”三个步骤，就算得上把书读透、消化，变成自己的东西了。

当然，要真正践行“出入法”并不容易。研究生中常见有两种偏差：一是“掠夺式”，拿过一本书，主要搜索自己需要的东西，对完整理解作者的原意没兴趣；二是“遐想式”，看到感兴趣的观点，思绪便像脱缰的野马进入“遐想”，无法继续读下去，只好另换一本。而读另一本，也是这样。以致读书总是半途而废，很少完整地读完任何一本书。这两种方式，前者不能“进去”，后者“出来”得太早。所以，读书的效果很差。怎么办？建议读经典或较重要的书时，要养成写“内容提要”的习惯。

一般地，“内容提要”分为以下几个部分：一是文献的基本内容，用一两句话概括说明文献的基本内容；二是文献的主要学术贡献，围绕我们所关心的主题，该文献在观点、方法和材料等方面有什么新颖之处，其根据是什么？三是文献所留下的进一步研究空间，实际上是讲文献的缺点，就我们所关心的主题而言，该文献在哪方面该说而没有说、什么观点是错误的或不全面的等等。须言简意赅，字字珠玑。通过写“内容提要”，就可以促使自己完美践行“出入法”了。

（三）科研的方法

作为高校教师，科学研究是本职工作。即便是教学型的教师，也不应完全放弃科研。脱离科研，教学难以做到常新、深刻和保持较高的境界。作为研究生或大学生，也离不开科研。科研既是知识的创造、运用和深化，也是在提出问题和解决问题等方面的综合素质训练。

科研方法千头万绪。这里，我只想就科研方向的选择谈点体会。

关于科研方向的选择，最重要的是一定要形成相对稳定、明确的研究方向，

---

① （宋）陈善：《扪虱新语》，上海书店出版社 1990 年版，卷四页 1b。

然后推进到形成专属自己的研究领域，即进入科研前沿的无人区。这一点是学界的共识。有人讲，治学要有自己的“根据地”“山头”或“营盘”，有人讲做学问要做“带记号的学问”，等等，说法不同，意思一样。都是说，在某个研究方向或领域内“占山为王”，您的贡献无可回避。一说到某个领域，必定会说到您；一说到您，人人都知道您是该领域里的专家，一个人的名字和一个研究领域紧密地联系在了一起！这个目标或许相当多的人达不到，但是作为努力的方向，了解一下，还是大有裨益的。

为什么科学研究一定要形成相对稳定、明确的研究方向？

(1)创造需要。科学研究的宗旨是创造，是发展新知识。它最需要的不是万金油，而是能够提出和解决专业、深奥问题的专家。就是说，它要求人们的知识要专、要深。当然，科学研究并不排斥知识上的“博”，而且欲真正达到“专”，必须以一定的“博”为基础。这是因为，许多学术问题一旦深入下去，就有可能触及四面八方相关的知识。必须明确地认识到：“博”服务于“专”；“博”是手段，“专”才是目的。所以，做研究不能东游西逛，“打一枪换一个地方”，而必须要有相对稳定、明确的研究方向。

(2)精力有限。一个人不可能在许多方向上同时都走得很远。不排除有的人创造力极强，精力旺盛、聪明过人，可以在几个方向上都能做得十分漂亮。但这样的人毕竟凤毛麟角。而且退一步讲，这样的人如果专注一个方向，锲而不舍，一定会在学术上作出更加卓越的贡献。譬如掘井，同掘数口皆不及泉，不若专掘一井，务求及泉。总之，不论是谁，摊子铺得大了，必定会影响其在学术上的高度。

(3)节约之路。做学问向专深的方向发展，是一条节约之路。知识的发展是有连续性和继承性的。如果方向比较集中，那么，解决前面的问题，实际上是为解决后面的问题作了准备，而解决后面的问题则为解决更后面的问题作了准备。显然，这样做比那种解决一个问题后，换一个方向另铺一摊子再解决下一个问题的做法，节约时间和精力。

怎样形成明确、重要而稳定的研究方向？这需要综合考虑社会需要、学术发展的内在逻辑、个人兴趣、已有的知识基础、师承关系、研究条件和学术环境等因素，最终形成明确、重要而稳定的研究方向。对于大多数人，这是需要有一个尝试和摸索的过程的。美国一位诺贝尔物理学奖获得者说：“一个伟大的科学家是正在进行正确的而且是重要的工作的人。”[①]就是说，是否在进行或是否有能力识别正确而重要的工作，是衡量一位科学家水平高低的标准之一。

---

① 转引自[美]哈里特·朱克曼：《科学界的精英——美国的诺贝尔奖金获得者》，周叶谦、冯世则译，商务印书馆 1979 年版，第 176～177 页。

在这个尝试和摸索的过程中，我觉得有一点特别重要：联系实际，但不跟风。学术研究联系实际是应当的，但必须把握好分寸。所谓“实际”具有两个突出特点：一是实用性，就是说它直接需要的是应用性研究，联系实际往往意味着学术研究浮上来了，主要不是纵深发展，而是横向发展；二是变易性，社会实践是不断发展甚至是瞬息万变的，如果联系实际把握不好分寸，一味跟风，就很难形成一个明确的研究方向，甚至很可能会葬送自己的学术前程。

另外，要形成相对稳定、明确的研究方向，需要从两方面入手：一是在选定的研究方向上，打几场硬仗，解决几个关键问题，做出标志性的贡献；二是在选定的研究方向上，眼观六路耳听八方，随时掌握新的研究动向，对全局始终有一个清晰、动态的把握。以期点面结合，形成二者的良性互动：以对面的把握指导和促进对点的研究；以对点的研究充实和改进对面的把握。最终力争写出一部有分量的通论性专著。这样就能在所选定的研究方向上，牢牢打上个人的印记，获得学界的认可和尊重。

附录一

执事敬:我的博导经[①]

马来平

毫无疑问,研究生教育的重中之重是建设一支过硬的导师队伍,而建设一支过硬的导师队伍,首先是要提升导师的育人能力。"导师的育人能力"包含的内容很广,诸如导师的科研能力、教学能力、政治素质、敬业精神等都是制约研究生培养质量的重要因素,因而也都属于导师育人能力的范畴。特别是敬业精神,对于研究生的培养至关重要。一位导师,尽管他业务水平很高,但如果对研究生"放羊"、不管不问,一年到头见不了学生几回,也很难带出高质量的学生;或者只把研究生当劳力,而疏于教学与管理,尽管研究生通过做项目能学到一些东西,但效果必定大打折扣。一位教师既然评上了博导,学术上应该达到了一定水准。在这种情况下,不同研究生导师育人能力的高低,很大程度上,往往就取决于研究生导师的敬业精神了。为此可以认为,敬业精神是导师育人能力的核心指标之一。

我们的老祖宗一向重视敬业精神,只不过他们习惯于使用"执事敬"或"敬事"这样的词。"执事敬"或"敬事"就是对"事"怀有敬畏之情,踏踏实实做事,就是敬业精神。例如,孔子在《论语》中多次讲到这一点:"樊迟问仁,子曰:'居处恭,执事敬,与人忠,虽之夷狄,不可弃也。'"[②]樊迟问什么是仁,孔子说:"庄重,敬业,待人忠诚,即便到了异邦,也是如此。""道千乘之国,敬事而信,节用而爱

---

① 2017年11月5日和2020年11月5日,作者先后两次应邀在"山东大学新增博导培训会"上作报告,本文系在两次讲稿的基础上修改而成。2020年12月3日应邀在山东财经大学马克思主义学院作报告,再作修改。定稿刊于《学位与研究生教育》2021年第5期。

② 《论语·子路》。

人,使民以时。”[①]治理有一千辆战车的大国,第一位的就是敬业;“事君,敬其事而后其食。”[②]为朝廷做事,先做到敬业,再说俸禄的事。显然,在孔子那里,敬业精神是“仁”的基本要求,是为君治理国家的基本要求,也是为臣服务朝廷的基本要求。敬业精神是何等重要！在儒家学说以论述“君子”人格为主旨的意义上,可以认为,敬业精神是中华民族“君子”人格的核心要素之一,是干事、干成事、干大事的核心要素之一。既然如此,敬业精神理所当然的是导师育人能力的核心要素之一。

下面,拟从导师“执事敬”即敬业精神的角度谈几点看法。

一、言传身教:端正学生的专业思想

所谓端正专业思想,就是让学生正确认识本专业,从而激发学生对本专业的感情、乐趣和荣誉感,并对博士阶段的学习有一个规划。即端正认识、培养感情、鼓舞干劲、制定计划。这是培养博士生的第一环,也是最基础的一环。只有端正专业思想,才有可能使学生甘愿为之付出,甚至奋斗终生。

就学生的专业思想而言。首先,专业思想是每个专业人员一辈子的事,时时刻刻都要保持端正的专业思想。其次,不同专业是不同的。热门专业和冷门专业不同;同一专业不同的研究方向不同,研究方向也有冷热的不同;不同学生之间也有所不同。从各高校本科生二年级申请调换专业的广泛性来看,几乎所有的专业都不同程度地存在专业思想问题。不论是在本科、硕士,还是博士中间,都是如此。这个问题对于科技哲学(自然辩证法)专业尤其严重。原因是该专业是文理大交叉、难度大、全国没设本科,而我院又是科研单位,除尼山学堂一个20余人的小班外,没有本科生。硕士生源质量差,影响到了博士生源质量。正是基于这种情况,我对端正学生的专业思想一直高度重视,主要采取了以下几项措施。

1. 言传:提前进行专业思想教育

每年4月份博士研究生录取名单确定后,我会与新生进行谈话,了解新生的学业、生活和家庭情况,让新生先谈个人对专业的认识和读博打算,然后向他们介绍本专业和导师所从事研究方向的历史、现状和前景,针对每位学生的具体情况,帮助新生明确目标、树立信心、制定计划;同时把我制定的《科学技术哲学专业博士和硕士基本书目》发给新生,要求他们尽快投入学习。已经毕业的,建议他们全力以赴读书;在校生,则要求他们在完成毕业论文的前提下,立即进入读博状态,开始读书。从确定录取到9月份入校,这段时间内,我会要求他们

---

① 《论语·学而》。

② 《论语·卫灵公》。

和我保持畅通联系，定期汇报读书进程和心得，并由我解答学生们的疑问。这样做虽然占用了我的一些时间，但无形中使学生延长了半年学制。正是这半年的非正式学习中，新生的学习兴趣得以激发，专业思想得到了初步端正。

2004年，刘海霞以教育学硕士身份考取了博士。入学前，我与她进行了一次推心置腹的谈话，针对她第一学历弱、非科哲专业、家务重等情况，希望她能清醒认识自己的差距，力争用四年的实践，奋斗出一个绝地反击的故事。否则，能否顺利毕业，不得而知。这次谈话对原计划在职轻松读博的刘海霞触动颇深，经过再三思量，她毅然辞去心仪的工作，专心读博。三年间，手不释卷，甚至吃饭时都在读书或思考问题。虽然家离学校很近，她仍坚持住校，将年幼的孩子交由老人照看，甚至周末也在校学习。经过三年奋斗，刘海霞的专业水平全面提升，毕业论文被评为2008年山东省优秀博士学位论文。入职后，立即赴中央编译局在职读了博士后，没几年就晋升为教授。

现于内蒙古师范大学任副教授的宋芝业，第一学历也是专科。他来自农村，家境贫寒，自幼养成自卑性格。我与他谈话时以及在以后的接触中，处处爱护他的自尊心，鼓励他自强不息，结果激发了他昂扬的斗志。读博期间，配合课程进度，或精读或泛读、节读，博览群书，写下大量读书笔记。其论文《明末清初中西数学会通与中国传统数学的嬗变》被评为山东省优秀博士学位论文。并在毕业前半年内接连发表了五篇CSSCI文章。

新生开学后，我会在我们专业所举行的迎新会上，以及在新生第一堂课等场合，对学生继续进行专业思想教育。

2. 身教：为学生做出献身专业的榜样

如果专业思想教育仅仅是口头说教，而导师本人对所从事的专业却朝秦暮楚、游移不定，我想这样的导师所进行的专业思想教育肯定是不会成功的。所以，除了言传，我还十分重视身教。

我加入科技哲学研究队伍是1979年。我大学学的是半导体器件专业，而自中学时代起就痴迷哲学。于是，我毅然选择了具有自然科学和哲学相结合特点的自然辩证法作为专业，加入了自然辩证法研究队伍。最初，我花了几个月时间，搜集资料，专门研究自然辩证法的研究对象、学科性质、内容体系、研究方法，以及它的历史、现状和发展趋势等，旨在认清方向，明确目标。实际上是进行了一番专业思想的自我教育。

自那时起，迄今40年来，我一直忙碌耕耘在科技哲学领域。先后发表了200余篇学术论文，出版了10余种专著。我向自己提出的口号是："用理想统帅一生中的一分一秒。"每天6点准时起床，晚11点准时睡觉。不逛街，不闲聊，全神贯注做学问。不论从事什么社会活动，都尽可能地与专业联系起来，否则谢绝参加。一届届的学生都看在眼里,记在心上,对他们端正专业思想,起到了带头作用。

言传身教产生了明显效果。入校后,学生们的改变很大:每一个人不仅学会了积极主动地利用时间读书,还能自觉地抓住点滴机会思考、请教问题,扩展学术视野。现为中国科学院自然科学史所副研究员的王彦雨博士颇有感慨,他说:“在跟马老师读博士期间,我就像上了发条一样,感觉自己充满动力,将时间抓得很紧,埋头读书、写论文、思考问题,甚至春节都不回家。因此,三年下来收获特别大,非常感谢恩师。”

受到影响的不单单是在读学生,还包括我身边的一些人。某国企一位硕士毕业的副总,经常与我交往,请教或讨论一些学术问题,久而久之,他萌发了辞职报考博士、追随我从事科技哲学研究的念头。2012 年,他毅然辞去年薪不菲的职位,考取了我的博士。这位博士在校十分刻苦,一毕业就被聊城大学内聘为副教授,随后正式破格晋升为副教授,接连获得两个国家课题和一个省级重点课题,也出版了专著,发展势头良好。

二、领读经典:促使学生打好专业基础

怎样奠定坚实的专业基础? 涉及面很广。我认为,关键的一点就是熟读本专业的经典。

经典是在漫长的岁月里,经过大浪淘沙,自然形成的最重要、最优秀的著作,代表着本专业阶段性的研究范式。阅读经典,意味着与大师对话、和高手下棋,特别有利于打好基础、提高水平。为此我提出一个口号与学生共勉:“半部论语治天下,十种经典傲学林。”不论是老师还是学生,只要熟读了本专业最主要的经典,就可以在同行面前直起腰杆,有了底气。

所以我注重读经典,也要求学生读经典。我们读经典主要有以下两种方式。

1. 围绕“思考题”读经典

科学社会学曾长期是我的主要研究方向。我开设的“科学社会学”这门课,就是和学生一起读该学科的经典。每本书我都经过反复阅读后归纳出最能反映该书创新点的思考题。上课前,发给学生。要求大家:每一部书至少精读两遍,并围绕思考题做好发言准备。上课时,鼓励每位学生踊跃发言。有时观点发生分歧,同学们争得面红耳赤。我做点评,并对每一思考题讲明我的观点,引导同学们继续深入思考。在课堂讨论过程中,我特别重视培养学生“不懈追问、直逼本质”的哲学思维方式。如果学生回答问题有偏差,我就会通过步步追问的方式,引导学生得出正确认识。在我的课堂上,每每有学生会被问得哑口无

言。同学们对于我的“追问”教学方式感到十分紧张，为了避免在课堂上被问倒，陷于尴尬，学生们时常会自发组织起来就所要讨论的问题提前“预演”。通过课前“预演”和课上“实战”，同学们的思维严密性、逻辑性得到长足进步。我明确告诉同学们：“我在课堂上带领学生花费数周时间阅读一本经典，目的决不仅是读懂这本书，更重要的是示范经典如何来读。”

2.“先讨论后辅导”读经典

出于研究科学与儒学关系的需要，2020年上半年疫情期间，我带领学生一起开展了“‘四书’中的认识论思想”读书活动。“四书五经”是儒家的核心经典，“四书”中的认识论思想是最能反映科学与儒学关系的文献。上半年，我们首先读了《论语》和《孟子》两部书。读书的方法是：首先以颇具权威性的朱熹《四书章句集注》为主，参照今人权威解读，我和学生分头用两周时间逐句逐字细读，力求原原本本地读懂全文，切戒望文生义以及强古为今、过度诠释；其次，摘录出与认识论有关的段落和句子，进行分类后予以解读和评论；最后，师生们在三周内举行三次、每次三小时的视频会议。会上，同学们先讲述自己的解读和评论，接着共同讨论，再由我用一上午的时间辅导式串讲全文，以及对此次读书会进行总结。同学们普遍反映，原来一直以为儒家学说无非是一种伦理学说，谈不上什么认识论。但是经过这次从认识论的角度深入学习之后，发现儒家认识论思想虽然比较粗疏，但已经比较强大，非常值得深入探究。这两次读书会不仅同学们收获很大，而且意外地在社会上引起了热烈反响。齐鲁晚报“齐鲁壹点”网站、大众网、中国自然辩证法研究会网页、《中国自然辩证法研究会工作通讯》杂志、《山东大学报》、《国学茶座》、山东大学企业微信网页等媒体都分别刊发了报道或长篇综述。

我这种坚持带领同学们一起读经典的做法对同学们很有触动。我的学生中，科研成绩突出的无一不是在苦读经典中打下了坚实根基。王刚是一位在职博士生，我根据其理工科背景为他选定了“明末清初天文学与儒学的关系”这一研究课题。《崇祯历书》是此一研究领域的经典著作。该书一百多卷，篇幅巨大、难啃，是一部名副其实的“天书”。当时西方传入的天文历法和数学，以及中国传统天文历法的嬗变在这本书里得到了集中体现，必须攻克它。我告诉王刚，《崇祯历书》是横亘在西学东渐研究道路上的一座碉堡，董存瑞的角色就交给你了。很快，王刚便对此领域产生了浓厚兴趣，激发了顽强的斗志。尽管王刚的家距离他上班的实验室很近，但为了节约时间，他坚持吃住在办公室，周末才回家，历时一年精读了《崇祯历书》《历学会通》及相关明清科学著作，并积累了大量读书笔记。他不但顺利完成近50万字的毕业论文，而且同时发表了四篇CSSCI论文。

我本人在科研上也颇为受益。基于“科学的社会性”这门课，完成了一部名为《科学的社会性和自主性——以默顿科学社会学为中心》的专著，获得国家社科基金后期资助，由北京大学出版社出版后，被学界评价为“有望改变我国多年来对有学科开创之功的默顿研究的薄弱状况”，先后获评省社科一等奖和全国高校社科优秀成果三等奖。

三、传、帮、带：打赢学生学位论文攻坚战

研究生的学位论文不是一篇普普通通的论文，实际上是通过这篇论文的撰写，让学生接受科研全过程的一整套严格训练。不过，完成学位论文绝非易事。因为一篇合格的人文社会科学学位论文，从选题、文献综述、观点创新、方法创新，一直到材料使用、叙述框架和学术规范等，都有严格的要求。因此对于研究生来说，完成一篇合格的乃至漂亮的学位论文，无疑是一场颇有点残酷的攻坚战。而研究生导师要想指导学生打赢这场攻坚战，是需要一点敬业精神的。

在这方面，我的做法可以概括为三个字：传、帮、带。

1. 传：毫无保留地向学生传授写作经验

多年来，博士研究生对写论文普遍感到焦虑。人文社会科学博士生要顺利毕业，不仅要按照质量要求完成学位论文，还要发表两篇 CSSCI 论文。后者实际上是完成学位论文的演习和步骤之一。一方面许多杂志公开拒绝博士研究生论文；另一方面，近年来博士研究生论文质量堪忧，特别是博士研究生论文抄袭等越轨现象频频发生。这些情况使得博士研究生论文的发表越来越难，以致滋生了普遍存在的“海投”现象：一篇论文错时投递数家、十多家乃至数十家杂志，有的博士生甚至不惜走歪门邪道。其实，任何一份严肃的学术杂志都看重论文质量、珍惜自己的声誉。如果论文质量过硬，他们是乐于发表甚至是求之不得的。一般情况下，发表出来将会损害其声誉的低劣论文，任凭你通过什么关系、采取什么手段，他们也绝不会轻易发表的。所以，解决研究生发表论文难的根本途径，乃是提高研究生论文的质量。

为了有效提高研究生论文的质量，2004 年左右，时任副院长的我，建议发挥文史哲研究院专业众多、学科交叉的优势，面向全院研究生开设一门名为“人文科学方法论”的通选课，由各专业的博导共同讲授，一人一讲，专门讲授自己的治学心得、写作经验或正在写作中的论文思路等。我深信，不同学科的性质和研究对象不同，但研究方法彼此相通，可以互相借鉴。这门课开设后，受到学生们的欢迎，后来就升格为全校通选课了。

讲授人文科学方法论课程，不同老师的做法不同。有的内容相对稳定，我的做法则是一年一个题目，要么是专门讲科研论文的写作方法，要么是通过讲

述正在起草中的科研论文提纲，与同学们交流自己的科研体会。就这样，讲课和科研形成了良性循环：讲课不仅是把自己的科研体会和论文写作经验毫无保留地传授给学生，使学生受益，而且也促进了自己的思考，以及通过课堂互动环节，搜集到了思维活跃的年轻学子们的评论和建议。这对把讲课内容修改成论文，大有裨益。我通常是先通过讲课，形成论文初稿；然后，利用应邀出外讲学的机会，在更大范围内再讲一次；最后，经过一年左右的反复修改，感到一切可能出现的漏洞都已消灭殆尽，才交杂志社发表。就这样，我居然在研究生论文写作方面发表了十多篇论文，而且基本上都发表在《自然辩证法研究》和《学位与研究生教育》两个重要杂志上。最近，在这些论文的基础上，我已经完成了一部36万字的《研究生论文写作技法》专著，2021年5月将由山东大学出版社出版。

2. 帮：多种形式帮助学生写论文

导师应当时刻把学生写论文这件大事挂在心上，随时随地给学生以及时的帮助和指导，在这方面我主要有以下做法。

(1)建立论文报告制度。除认真做好论文开题、预答辩和答辩等环节以外，我们专业还建立了论文报告制度，研究生可以向导师随时申请报告自己论文的新进展。报告会上，学生讲述自己完成的部分和遇到的难题；本专业的老师和同学们集体讨论，献计献策；导师点评和作总结发言。

(2)创办《阅读材料简报》。2009年4月我们创办了电子版的科技哲学专业《阅读材料简报》。该简报内容为科技哲学专业相关的最新资料、本专业的活动动态、当下社会热点的讨论等。这份简报的主编和副主编由历届研究生轮流担任，每周至少一期，截至2021年4月20日，坚持了11年，已是第638期。很好地起到了资料共享、开阔视野、思想交流等作用。每期内容确定后，由主编或荐稿人写一篇按语，旨在简介内容和吸引读者阅读。由于写按语需要细读简报内容和有一定的概括能力，所以，参与办简报的同学受益最大。其中担任主编时间最长的是王静同学。她当年主动放弃本校保送读研的机会，立志报考我的硕士。入校后，硕士和博士都是跟我读的，一直兼任《简报》主编。毕业后又兼任了两年，总共做了将近9年主编。王静通过这种方式锻炼了毅力，大幅度提升了学术水平，研二便发表了CSSCI文章，获得了第一届研究生国家奖学金，毕业论文获评省优秀博士论文。入职山东财经大学两年后，就破格晋升为硕士研究生导师。

(3)提供一对一的帮助。有的同学在论文压力不堪重负的情况下，往往会向老师求助。这时，老师应当毫不犹豫地出手相助，以免酿成事故。我的一位博士生因为发不出CSSCI论文，一筹莫展，急得寝食难安，面黄肌瘦。无奈，他请求我和他联名写一篇论文。尽管我一般不和学生联名写论文,但看到他的精神状态不佳,便欣然答应了。但我的条件是:不挂虚名,需做实质性贡献。这位学生提出以他的硕士论文为基础写一篇论文,我说,硕士论文你忙了三年,等成名后你自己改吧,咱们找一篇你比较满意的课程作业为基础即可。后来他写一稿,我下手改一稿,有时页面布满了密密麻麻的修改痕迹。连续修改了三四稿,最后我们两人都比较满意了。这时与原稿一对照,已经面目全非,原稿文字剩了没几行。当时恰好一家CSSCI刊物向我约稿,我便把这篇稿子寄给了那份杂志。我那位学生一个劲地埋怨说好稿低投了。这次合作无异于我手把手地教学生写论文。其结果,这位学生不仅解了燃眉之急、有了一篇CSSCI论文,而且在论文写作技巧上获益良多。

3. 带:让学生参与我的论文写作过程

一般地,知识分为两类:一类是可言说的知识;另一类是不可言说的知识,后者被英国哲学家波兰尼称之为"默会知识"。按照波兰尼的观点,这两类知识并非平分秋色,而是"我们的一切知识都具有极度的默会性"[①],而我们永远不能说出比较关键的部分。如导师的思辨力、鉴赏力、洞察力和科研风格等。这类知识是行动中的知识,只可意会不可言传。学生只有在导师的科研活动中跟踪不失,才能捕捉、体会得到。

现如今是大科学时代,任何科研和教学单位都需要克服各自为战的散乱局面而形成一股合力,聚焦学科发展所面临的重大问题,或者面向经济和社会发展的重大需求问题。因此,学术研究需要提倡团队合作、"大兵团作战"甚至是国际合作,需要提倡多学科交叉,等等。但是这并不意味着师傅带徒弟的指导方式可以丢掉。事实上,只要默会知识存在,就不应当也不可能丢掉。正确的做法自然是实现二者的恰当结合,把师傅带徒弟作为"大兵团作战"的一种有效补充方式。

正是基于这样的认识,我比较注重让学生参与我的论文写作过程。我写论文通常先将初稿在同学中间演讲,听取同学们的意见。文章基本满意后,发给同学们修改,要求他们提出建设性的修改意见并对文字予以订正和润色。我让学生修改文章,一点也不觉得有失身份,相反,闻过则喜。哪怕是改了一个字,我都打心里高兴和感激他们。这样做的结果,不仅是我常常收获不少中肯的修改意见,而且同学们目睹和参与了我的文章修改过程,实际上是参与了我的科研过程,因而收获更大。我的不少学生对我"文不惮改"的科研风格耳濡目染,也逐渐养成了重视修改、精益求精的习惯。我称这种做法为"一种特殊的教学

---

① [英]迈克尔·波兰尼:《个人知识——迈向后批判哲学》,许泽民译,贵州人民出版社2000年版,第142页。

方式”或“深度学术交流”。

另外，我还鼓励学生善于“榨取导师的时间”。研究生与校内外专家交流的机会不多，除与同学交流外，最重要的就是与导师交流了。我经常号召学生积极开展与导师的交流。导师水平越高，就越忙，学生要积极主动、见缝插针地与导师交流，让导师在有限的时间内尽量为自己服务。这种做法我戏称为“榨取导师的时间”。凡老师都喜欢勤学好问的学生，而且教学相长，与学生交流，老师也会受益，所以这种做法是可行的。我勉励大家：与老师交流不要有畏难情绪，那种平时故意回避老师，总想等到做出点成绩再与老师交流的做法不可取，只有随时交流，才能少走弯路。因此，我的学生都养成了在课后、与导师一同开会的路上、会场间歇或帮导师捎送资料时请教问题的习惯。当然，我也主动约谈学生，许多学生往往把我约他们散步看作莫大的荣幸。我经常打电话询问学生读书或写论文的进度，以至于几乎凡有我的学生的宿舍，同学们普遍反映我的电话最多。这样做，实际上是自动延长了我“带”学生的时间，我却乐此不疲。

科技哲学硕士生源一向比较差，专升本的比例超过半数，而且学生所学专业比较杂。诸如文秘、旅游、会计、幼儿教育、皮革等等，五花八门。进而影响了博士生源的质量。但是经过硕士三年或博士四年的学习，许多学生实现了华丽转身，成为品学兼优的学生。在我所带的 17 名博士、50 名硕士中间，有 3 位获评省优秀博士论文，有 21 位即近半数硕士考取了博士，而且大半是名校博士。毕业后，目前获评副高以上职称的有 20 人、行政干部副处以上的有 6 人。这些成绩的取得，原因很多，或许与导师的作用也有那么一点点关系。

总之，在我看来，研究生教育是整个国民教育体系的顶端，是培养政治家、思想家、科学家等各行各业高层次人才的摇篮。它关乎国家科技进步和综合国力的后劲，代表着国家和民族的希望和未来。因此，研究生导师所肩负的历史使命极其艰巨，也异常神圣和光荣。我们一定要对研究生导师这一社会角色怀抱一种敬畏心态，弘扬传统文化“执事敬”的优良传统，把研究生培养作为自己生命的一部分，全身心投入，做一名合格的研究生导师。其中尤为重要的是，在端正学生的专业思想、促使学生打好专业基础、帮助学生打赢学位论文攻坚战等几个关键环节上，要把工作做得踏踏实实。

培养科技哲学研究生的几点体会[①]

马来平

我和其他老师相比，在高质量地培养研究生方面还有许多差距。这里仅扼要谈以下几点体会。

一、重视培养学生的敬业精神

由于科学技术哲学专业在全国各地都没有本科，再加上我所在单位是科研单位，没有本科生，导致在科技哲学专业的生源中本科专业较杂。所以我收的学生里面，基础差的不少，如有专升本的、跨专业调剂的等。但我认为，基础差不可怕，可怕的是缺乏敬业精神。读研期间，学生只要认认真真上课，踏踏实实读一批专业核心著作，认真落实导师随时随地提出的指导意见，就能较快弥补基础差的缺陷。我常说，我的优点是认真，缺点也是认真，有时认真得有点让人受不了。例如，研究生录取一般在每年的 4 月份，一旦确定录取，我通常要求新生立即进入角色。给他一份书单，要求他在开学之前，精读若干，定期向我汇报，并且需交读书笔记。有不少学生干脆在山东大学周围租房住下来，天天到学校公教楼上自习，以提高效率。这样，无形中自动延长学制将近半年。其结果，一分付出，一分收获，凡是培养起敬业精神的学生，一般都能在从入校到毕业这个阶段内实现一个质的飞跃。

二、帮助学生打好专业基础

我认为，作为一名合格的研究生，要精读一批经典著作。几年下来，至少应有十几本本专业的经典著作垫底。我把科学技术哲学研究者必备的知识结构

① 本文系作者于 2012 年被评为山东省优秀研究生指导教师后，应山东省政府学位委员会约请所写教学体会。

进行了分解，然后，每一部分精选若干种经典著作或基本著作组成《科学技术哲学专业博士和硕士基本书目》，每位学生一份。这些书目分为三类：课堂上讲的、业余精读的、业余泛读的。凡属于精读范围的，需写读书笔记。读书笔记的写法是：逐章总结作者的论点、论据和思路；全书的观点和思路；评价与收获。有时我会和学生谈话，检查学生读书的情况。有一位新生入校前，由于他的女朋友向我告状，说他经常在洪楼广场看别人下棋，不好好读书，我便要求他每天睡觉前用手机短信向我汇报读书进展。我们短信来往持续了好几个月，仅短信就积累了数百条。我的办法是就书中的问题进行提问和追问，时常在我的一连串追问下，学生会主动承认哪些地方没读透、哪些地方根本没有读。由于我有追问的习惯，批评学生不留情面，所以学生们上我的课比较紧张，他们时常会在我上课的前一两天，自发集合起来预演，就我上一堂课布置的思考题和可能会问的问题提前讨论一下。

三、鼓励学生发表论文

关于在读研究生是否应该发表论文，学界是有争论的。有些人主张不应该，因为研究生学力不够，强制发表文章只能导致越轨现象的发生。这些年，山东大学已经取消了硕士生发表论文的硬性规定。我主张对硕士生发表论文可以不强求，但应该鼓励、提倡。发表论文是培养科研能力和撰写学位论文的演习，有这个演习和没有这个演习是不一样的。因为小文章的写作，可以训练学生怎样选题，怎样搜集资料，怎样构思，等等。我时常会应学生的要求，帮助学生修改文章。不少学生一开始写文章可能不知所云，缺乏问题意识，我就下手帮助他们修改，从文字到内容大动手术，最后提出进一步加工的具体要求，有时还提供必要的资料线索。学生修改完，再次交上来以后，再给他提修改意见。这样反复几次后，文章就会逐步达到发表水平。通过这个过程，无形之中就会培养起学生的初步科研能力，在一定意义上，这比上一门课都重要。

四、培养学生的创新能力

在一定意义上，研究生培养的核心目标是提高创新能力。创新能力的高低是衡量研究生质量高低的关键性指标。所以，我经常教育学生一定要认识到：(1)为文切忌观点平庸，一定要尽可能在观念上有一定冲击力。(2)新颖不是指对于某个人(包括作者在内)或某群人而言的，而是针对在此之前所有相关文献而言的。(3)学术论文的读者对象是同行专家，而不是普通老百姓。(4)观点创新是实质上的、内容上的，而不是形式上的。旧观点换了个新说法仍然是旧观点。(5)创新的观点需要选择恰到好处的语言表达形式。新观点搭配上犀利的、激情四射的语言形式，才会更能说服人、征服人。为了培养学生的创新能力，在论文写作中，我通常要求学生紧抓以下环节：(1)搜集资料。搜集相关的一手和二手资料，要尽可能一网打尽，并适当关注最新进展。只有全局在握，才有可能实现创新。(2)研究资料。先浏览全部资料，根据研究目的，把资料区分为背景资料、相关资料和核心资料等，对一手和核心二手资料应逐篇阅读，做好笔记，以期理清学界有关观点的发展脉络，以及各种代表性观点的异同和长短，并随时作出自己批判性的分析和评价。(3)形成主题。根据对学界研究成果的分类和归纳、对当前社会现实的真切关照，并结合研究对象的实际，抽象、概括出论文有待研究的核心问题。主题一旦确定，再依此主题重新审视和组织所搜集到的全部有关资料，形成论文框架，并按这一框架完成论文就可以了。

五、引导学生在修改文章上下功夫

修改是论文写作中十分重要的环节。我本人的学术论文往往要修改数十遍，冷却一两年。基本做到了发表前字斟句酌、不留遗憾。我对学生经常说的一句话就是："好文章是修改出来的。"要求他们同样重视修改环节。我不仅要求学生之间互相修改，而且我也时常帮助他们修改。由于重视修改，许多学生的课堂作业都修改得达到了发表水平。我的一位博士生的课堂作业经我们两人反复修改后，较之原文面目全非。此文本是应一家省级 CSSCI 杂志之约而作的，后来，我这位学生老是觉得这篇文章是好稿低投了。

六、鼓励学生善于榨取导师的时间

学术交流是学术研究的生命线，但对于研究生来说，与专家交流的机会不多，除与同学交流外，最重要的就是与导师交流了。我经常鼓励学生积极开展与导师的交流。导师水平越高越忙，作为学生，要积极主动、见缝插针，与导师交流，让导师把有限的时间尽量匀给自己。这种做法我戏称为"榨取导师的时间"。凡老师都喜欢勤学好问的学生，所以这种做法是可行的。与老师交流切忌两点：一是不要有畏难情绪，不要认为自己的学术水平跟导师差得太远，或者因为害怕导师批评自己基础差、进展慢而失去请教的主动性。二是在与导师交流的过程中，不可抱有"一鸣惊人"的想法。有的学生平时和老师交流不主动，总想着有朝一日，有了重要发现再去找导师，以期让他对自己刮目相看，其结果是自己走了弯路，却浑然不觉。要清醒地认识到，找导师汇报的目的，就是让导师了解我们的研究进度，请他随时指点迷津。有的学生把我约他们散步看作是莫大的荣幸。有的同学在课后、在和我同去开会的路上、会场间歇或在帮我捎送资料时都要想办法把自己的疑问提出来。当然，我也主动关心、亲近他们，经常主动约谈、打电话询问学生读书或写论文的进度，解答他们的疑问等，以至于几乎凡有我的学生的宿舍，普遍反映接我的电话最多。

七、严格要求学生树立优良学风

平时我经常对学生进行学风教育，引导学生充分认识学风对于做人和做学问的重大意义。一旦发现学生有越轨行为，立即严肃处置，绝不姑息。一名女生的小论文有抄袭现象，我一气把她训得号啕大哭、连连认错；先后有两位学生的毕业论文有抄袭的段落，我立即作出延期答辩的决定，要求当事人重写有关段落。尽管当时非常难为情，但事过之后，他们还是十分理解和感激的。

上述做法收到了一定效果。我培养的博士有三名获省优博，多名获校、院优博；所培养的硕士，不少考取了名校博士，仅 1998 年至 2003 年的六年间，就有 11 人考取清华、人大、复旦等名校博士，占学生总数(16 名)的 70%以上。

《求学·考研》杂志(2008 年第 6 期)曾以《马来平："苛刻"的严师，和蔼的"慈父"》为题，介绍过我带研究生的事迹。《中国研究生》杂志(2012 年第 1 期)以《莫向光阴惰寸功》为题，介绍了省优博获得者、我的博士生宋芝业的读博经验。我本人曾发表过数篇教学研究论文，如《关于科技哲学研究论文写作的若干思考》(《自然辩证法研究》2009 年第 10 期)、《舒炜光先生教我怎样搞科研》(《自然辩证法研究》2003 年第 11 期)、《与科技哲学研究生谈学位论文写作中的逻辑问题》(《自然辩证法通讯》待发)、《科研方法三题》(《中国研究生》2008 年第 7 期)等。

附录二

三句格言育英才

——记山东大学马来平教授

吕晓钰　王静　刘星[①]

中国科学技术哲学(以下简称"科技哲学")专业由于缺少本科设置，知识结构横跨文理，因此该专业曲高和寡、生源短缺。就是在这样一个冷门专业领域里，山东大学马来平教授辛勤耕耘30余载，不仅在科研方面取得佳绩，在人才培养方面也摸索出了一套适合该专业研究生教育的有效方法。

马老师是山东大学儒学高等研究院教授、博士生导师，兼任山东省政府参事、山东自然辩证法研究会常务副理事长、中国自然辩证法研究会理事，并入选中国科协决策咨询专家库及全国软科学研究会专家库。马老师从事科学技术哲学研究工作30余年：20世纪70年代末，加入自然辩证法研究队伍；20世纪80年代初，师从国内第一位自然辩证法专业博士生导师舒炜光先生。马老师培养的已毕业博士研究生中，3人的论文获评山东省优秀博士学位论文，多人论文获评校级或院级优秀博士学位论文；硕士研究生中，多人考取全国知名院校博士生——仅1998年至2003年的六年间，11名学生考取清华大学、中国人民大学、复旦大学等名校的博士生，占学生总数(16名)的近70%；其余毕业生顺利就职于政府机关、央企或省级媒体等部门。鉴于其培养学生方面的优异成绩，马老师曾多次荣获"山东大学优秀研究生指导教师"奖、3次"山东省优秀博士论

① 吕晓钰，2008级山东大学儒学高等研究院科哲专业硕士，2011级山东大学儒学高等研究院科哲专业博士，现为山东省委政法委干部。王静，2011级山东大学儒学高等研究院科哲专业硕士，2014级山东大学儒学高等研究院科哲专业博士，现为山东财政大学马克思主义学院讲师。刘星，2012级山东大学儒学高等研究院科哲专业博士，现为内蒙古师范大学马克思主义学院副教授。

文指导教师"奖。2012 年,山东省人民政府学位委员会、教育厅、财政厅联合授予马老师"山东省优秀研究生指导教师"荣誉称号。

马来平老师是如何在冷门专业的人才培养工作中创造出如此骄人的成绩?他的学生又是怎样破茧成蝶,实现飞跃的呢?"学生们笑称我给他们传授了三条锦囊妙计。其实,所谓妙计不过是我在教学过程中应用的三句格言",马老师如是说。

一、"用理想统帅一生中的一分一秒"

山东大学儒学高等研究院科技哲学专业的研究生们都熟知这样一句话:"用理想统帅一生中的一分一秒。"这是马老师的座右铭,也是他经常用来鼓励学生树立人生目标、发愤读书的一句口头禅——强调理想的重要性,注重引导学生心无旁骛,一心向学,树立成为国家栋梁之材的远大理想,并以此形成提高科研能力、成为一名合格研究生的近期目标。在 30 多年的教学、科研生涯中,马老师用实际行动向学生们诠释了这句话的深刻内涵。

每年 4 月研究生录取名单确定后,马老师总会与新生进行谈话,鼓励新生树立理想——理想是一个人前进的方向和动力,落实到学业上就是让研究生充分了解本专业的历史、现状和前景,确立明确的学习目标。马老师把科技哲学专业研究生必备的知识结构进行分解,精选经典著作和必读书籍汇总成《科学技术哲学专业博士生和硕士生基本书目》发给新生,要求学生尽快投入学习,全面了解科技哲学研究范围,掌握必备的基础知识。从确定录取到正式入学的这段时间内,马老师会根据各个新生的读书进展,与之交流讨论、解答问题。无形中,学生们的学制就"延长"了半年。正是在这半年的非正式学习中,新生的学习兴趣得以激发,专业基础得到加强,进而端正了专业态度,初步确立了学习目标。

硕士生蒋青海回忆道,当年 4 月他被录取后,马老师便建议他提前到校读书。由于本科阶段他学的专业是社会学,自己也希望在开学前能预先熟悉科技哲学专业的专业知识,于是蒋青海欣然接受了马老师的提议。可刚上自习没几天,他就有点厌倦了,常常溜到校门口的洪楼广场看别人下象棋。马老师从侧面了解到这一情况后,要求蒋青海每晚 11 点给他发短信扼要汇报一天的读书进度和主要收获,并且每隔一段时间要当面汇报。在马老师的严格要求下,这种汇报方式一直持续到 9 月学校开学。在此期间,蒋青海扎扎实实地阅读了一批专业书籍,完成了大量读书笔记,为之后的学习打下了良好基础。[①]

---

① 参见蒋青海:《马来平:"苛刻"的严师,和蔼的"慈父"》,《求学·考研》2008 年第 6 期。

新生正式入学后，马老师针对每位学生的知识背景为其确立不同的研究目标，要求学生细化目标、分阶段完成。得益于马老师的循循善诱、谆谆教导，很多学生将个人的专业兴趣升华成了终身的学术追求。王刚是在职博士研究生，入校之初他兴趣广泛，但缺乏明确的研究目标。马老师根据其知识背景为他选定了“明末清初天文学与儒学关系”这一研究方向，并给予跟踪指导。很快，王刚便对此领域产生了浓厚兴趣。王刚说：“入学后不久，恩师便为我指明了治学的方向，点亮了我的理想之灯，让我产生了做科研的动力。”理想催生的动力是惊人的，尽管王刚的家就在校园内，但为了节约时间，他坚持吃住在办公室，周末才回家，历时一年通读了《崇祯历书》《历学会通》等相关明清科学著作，积累了大量读书笔记。目前，王刚的毕业论文进展十分顺利。

在马老师的影响下走上科研之路的不仅仅是他的学生，还包括他身边的其他人。某国企一位副总是科技哲学硕士毕业生，他认识了马老师之后，经常向马老师请教一些学术和人生问题，逐渐萌生并坚定了辞职投身学术的想法。2012 年，他毅然辞去年薪不菲的职位，考取了马老师的博士生。听说此事后，毕业后任职于上海某高校的吴越秀博士特地发来短信：“您可以使您周围的人都变成博士，我一直都这么认为的。”

马老师希望学生们心无旁骛，把成为一名优秀研究生的目标贯穿到学习生活的各个方面，争分夺秒地为之奋斗。即便是在与导师交流这样的细节上，他也鼓励学生抓住一切机会与导师交流。“学术交流是学术研究的生命线，但对于研究生来说，与专家交流的机会不多，除与同学交流外，最重要的就是与导师交流了。作为学生，除上课外，课余时间要积极主动、见缝插针地与导师交流，让导师的有限时间尽量为自己服务。”这种做法被马老师戏称为“榨取导师的有限时间，成就学生的无限人生”。他勉励大家：与老师交流不要有畏难情绪。那种平时故意回避老师，总想等到做出点成绩再与老师交流的做法不可取，只有随时交流，才能少走弯路。因此，马老师的学生都养成了在课后、与导师一同开会的路上、会场间歇或帮导师捎送资料时请教问题的习惯。

一旦明确了学习目标，就有了前进的方向和动力。学生们的改变十分明显：每一个人不仅学会了积极主动地利用时间读书，还能自觉地抓住点滴机会思考、请教问题，扩展学术视野。现为中国科学院科学史专业博士后的王彦雨博士深有同感：“马老师会为学生‘量身定制’一个明确可行的目标，鼓励他们自觉地为此奋斗。在跟马老师读博士期间，我就像上了发条一样，感觉自己充满动力，将时间抓得很紧，埋头读书、写论文、思考问题，甚至春节都不回家。因此，三年下来收获特别大，非常感谢恩师。”

二、“半部论语治天下，十种经典傲学林”

马老师认为，研究生打好专业基础的关键环节是熟读本专业的经典著作。因为经典是大浪淘沙精选出的最重要、最优秀的著作，代表本专业阶段性的研究传统或范式。阅读经典恰似与大师对话、与高手下棋，有利于学术进步，简言之：“半部论语治天下，十种经典傲学林。”

对于经典，何谓“熟读”？马老师告诉大家，“熟读”就是反复读、读懂读透，从三方面认真书写读书笔记：准确概括原著思路，恰当评价作者得失，独立提出个人见解。

上课前，马老师会发给学生们一份经典著作相关问题清单，让大家提前预习；上课时，要求每位学生踊跃发言。这在无形中促使学生在课前下功夫阅读经典。在课堂讨论过程中，马老师特别重视培养学生不断追问、直逼本质的哲学思维方式。如果学生回答问题有偏差，马老师就会通过步步追问，引导学生得出正确认识。在马老师的课堂上，每每有学生会被问得哑口无言。为了避免在课堂上被马老师问倒，学生们在课前会自发组织起来就所要讨论的问题进行预演。通过课前预演、课上实战的形式，同学们的思维严密性、逻辑性得到长足进步。马老师说：“在课堂上带领学生花费数月时间阅读一本经典，目的决不仅是让学生读懂这本书，更重要的是示范如何来读经典。我的学生中，科研成绩突出者无一不是在苦读经典中打下了坚实根基。”

山东建筑大学教授、中央编译局博士后刘海霞对马老师的“熟读经典”这一要求感受特别深。2004 年刘海霞以教育学硕士身份考取了马老师的博士生。入学前，马老师与她进行了一次推心置腹的谈话，希望她能清醒地认识到自己较为薄弱的专业基础；并指出，熟读专业经典，打牢基础，才能顺利毕业。这次谈话对原计划在职攻读博士学位的刘海霞触动颇深，经过再三思量，她毅然辞去了工作。读博期间，刘海霞手不释卷，甚至吃饭时都在阅读经典或思考问题。虽然家离学校很近，她仍选择住校，将年幼的孩子交由老人照看，周末也坚持在校学习。经过三年奋斗，刘海霞的专业水平全面提升，毕业论文被评为 2008 年山东省优秀博士学位论文。

现于内蒙古师范大学任教的宋芝业副教授自硕士生到博士生阶段一直在马老师的指导下学习，其论文《明末清初中西数学会通与中国传统数学的嬗变》[①]被评为 2011 年山东省优秀博士学位论文。仅在博士生期间，宋芝业就自行购置专业相关书籍 3000 余册，按照马老师传授的方法或精读或泛读或节读，

① 该论文已由上海古籍出版社于 2016 年出版。

写下大量读书笔记。宋芝业得以完成高质量学位论文,并在毕业前半年内接连发表五篇 CSSCI 文章,颇得益于这些笔记。[①]

课余时间,马老师言传身教,带学生跑遍济南的大小书店和书市,传授大家如何淘旧书、购新书、复印稀缺书,搜集经典著作。中国科学院自然科学史所副研究员刘晓博士[②],曾是马老师的硕士研究生。入学之初,马老师发现刘晓所读的书数量虽丰,但鱼龙混杂,于是专程带他逛书店、书摊,特意指出声誉较高的作者、丛书和出版社。对于买回来的经典著作,马老师要求刘晓读懂、读透。阅读大量经典著作后,刘晓的专业素养得到极大提升,在校期间便与老师合作出版了一本著作,被多所高校列为科学社会学教材或主要参考书。毕业时,刘晓以优异成绩同时考取了清华大学和中国科学院自然科学史所的博士研究生,踏上科研之路。

在"半部论语治天下,十种经典傲学林"这句格言的激励下,马老师的学生无一不注重在阅读专业经典著作方面狠下功夫。即使对已毕业的学生,这句格言仍发挥着深远影响。北京理工大学副教授、硕士生导师刘新刚[③]是马老师带过的硕士研究生。攻读硕士学位期间,他深受马老师"熟读经典"思想的影响,非常重视阅读经典。考取清华大学马克思主义原理专业博士研究生后,他仍然保持着这一良好习惯,随身携带《资本论》,抓紧一切时间和机会阅读。2008 年毕业时,刘新刚得到中国社会科学院、北京理工大学等科研机构和高校的青睐,顺利找到称心工作。对《资本论》《国富论》等经典著作的研究,现已成为刘新刚的学术研究方向。

三、"不能严格要求自己的人,是没有希望的人"

马老师经常挂在口头上的另一句格言是:"不能严格要求自己的人,是没有希望的人。"在他看来,"严格要求自己"是为了实现理想,以持之以恒、坚忍不拔的毅力,克服重重困难、抵制各种诱惑,严谨治学、奋斗不息。

马老师素以治学严谨著称。他常对学生们进行学风教育,引导他们充分认识优良学风对做人、做学问的重大意义;一旦发现学生有抄袭剽窃等行为,便立即严肃处置、绝不姑息。其治学态度使学生们在科研道路上刚刚起步便摈弃了侥幸心理,树立起踏踏实实做人、扎扎实实做学问的端正态度。在学生发表论文这个问题上,马老师的做法充分体现了严谨的治学态度。关于在读研究生是

---

① 参见吕晓钰:《莫向光阴惰寸功》,《中国研究生》2012 年第 1 期。

② 刘晓现为中国科学院大学人文学院教授、博士生导师,院长助理,《科学文化评论》编辑部主任。

③ 刘新刚现为北京理工大学马克思主义学院教授、博士生导师、院长。中宣部"宣传思想文化青年英才",北京市高等学校青年教学名师。

否应该发表论文，学界是有争论的。马老师主张对硕士生发表论文不可以强求，但应该鼓励、提倡。他认为，小文章的写作，可以训练学生构思、选题、搜集资料的功夫，也是撰写学位论文的演习。马老师花费了大量时间和精力教授学生如何严谨写作，并在给历届学生做讲座的讲演稿基础上，撰写发表了《关于科技哲学研究论文写作的若干思考》《舒炜光先生教我怎样搞科研》《人文社会科学研究生学位论文写作中的逻辑问题》《科研方法三题》《科研论文的选题艺术和创新》等文章。[①] 例如，马老师强调写论文要有问题意识，选择有新意、比较关键、有前景的问题作为论文主题，搜集资料要做到一网打尽等观点，均让同学们受益匪浅。

马老师教育学生一定要高度重视文章的修改，并将此作为严谨治学的要求之一。他常说："好文章是修改出来的。"他告诫学生，文章写成后，不要急于发表，应从大到论文主题是否凝练、框架结构是否合理、材料是否翔实，小至语句的流畅度和词汇的准确性等方面，反复推敲修改，不仅自己改，还要征求老师、同学等多方面意见。马老师常常挤时间，不厌其烦、字斟句酌地帮助学生修改论文。一篇文章常在师生间反复修改十多次后才得以定稿。经过修改，不少学生的课程论文都达到了发表水平。

坚忍不拔的毅力是一个人成才的必备条件。对于毅力，马老师有自己的理解：有毅力，就是做事有始有终，迎难而上，绝不轻言放弃。为锻炼毅力，马老师青年时期常去喧闹的集市读书，逐字抄写冗长的书籍。马老师将这种通过坚持做某件事锻炼毅力的方法运用到了培养学生的过程中，收效显著。近年来，马老师倡导创办了电子版的科技哲学专业《阅读材料简报》。该简报内容为科技哲学专业相关的最新资料，还囊括了对当下社会热点的思考。学生们读后纷纷表示，专业简报开阔了自己的视野，提供了珍贵的专业研究资料，增强了同门间的联系。这份简报的编辑由历届研究生担任，编辑在马老师的指导下，先阅读简报，写出摘要，再发给学生。该简报已做了近 300 期[②]，每周至少一期，从不间断。担任主编长达 9 年的王静通过这种方式锻炼了自己的毅力，大幅度提升了学术水平，读研二时便发表了 CSSCI 文章，获得了第一届研究生国家奖学金。

宋芝业跟随马老师读博时，年近四十，家境贫寒。为了维持一家人的生计，他的爱人不得不同时打两份工。马老师经常鼓励宋芝业：现在的困难只是暂时

---

① 参见马来平：《关于科技哲学研究论文写作的若干思考》，《自然辩证法研究》2009 年第 10 期；马来平：《舒炜光先生教我怎样搞科研》，《自然辩证法研究》2003 年第 11 期；马来平：《人文社会科学研究生学位论文写作中的逻辑问题》，《学位与研究生教育》2013 年第 10 期；马来平：《科研方法三题》，《中国研究生》2009 年第 7 期。

② 该简报截至 2021 年 4 月 20 日已出版到第 638 期。

的，要坚持学术梦想，不轻言放弃。在马老师的鼓励支持下，宋芝业以顽强毅力克服了年龄大、体质差、生活拮据等不利因素，真正做到了孜孜不倦、锲而不舍。毕业前夕他仍埋头忙于修改论文，以致晕倒在了书桌旁。最终，宋芝业不负众望，出色地完成了博士学位论文。不少高校向宋芝业抛出了绣球，专攻数学史方向的他，选择到我国数学史研究的重镇——内蒙古师范大学科学技术史研究院任教。

此外，马老师还特别注重调动学生自律的主动性。他常说："师生默契是研究生在学业上取得成绩的必要条件。就像是拍巴掌，如果老师伸出手来，学生却把手插在裤兜里或藏在背后，无论如何，巴掌是拍不响的。"马老师常给学生们讲硕士研究生郑言的例子。郑言是英语专业出身，但她入学时英语成绩并不突出，专业基础也较为薄弱。马老师告诉郑言，要认识到自己的不足，但不必气馁，只要踏踏实实地去做，一定能完成质的飞跃。郑言用实际行动"应击"了马老师"伸出的手掌"，甘坐冷板凳，大量阅读专业书籍，以"一网打尽的精神"搜集研究资料，两次到河北进行田野调查并进京复印资料，最终完成了一篇优秀的毕业论文，并顺利考取了教育部人文社会科学重点研究基地——山西大学科学技术哲学研究中心的博士研究生。①

30 余年教书育人的实践中，马老师把自己体会、领悟、借鉴的三句人生格言升华为一套行之有效的育人思想：引导学生树立成为国家栋梁之材的远大理想以及合格研究生的近期目标，发扬以苦读经典为核心的实干精神，培养持之以恒、坚忍不拔的毅力。三者相得益彰，在莘莘学子破茧成蝶的成长过程中发挥了巨大作用。

（本文原载于《学位与研究生教育》2013 年第 8 期）

---

① 参见郑言：《"问题"学生与热心导师》，《求学·考研》2013 年第 1、2 期。郑言现为安徽工程大学马克思主义学院讲师。

“问题”学生与热心导师

郑 言[①]

研究生生活伊始，我就成了“问题”学生。别误会，此问题非彼问题。我的问题在于，虽然在学习中积攒了各种各样的需要解决的问题，却怯于向导师请教。

我的导师是素有治学严谨之称的博士生导师马来平教授，他对自己的项目精益求精，在学术上有很好的口碑。他不仅对自己严格，对学生也一样。我这个刚入门的“菜鸟”，即便有问题，也根本不敢和他交流，生怕在他面前闹笑话。所以刚入学时，我上课几乎不发言。即使被问到了，也是战战兢兢，不知所云。偏偏导师很喜欢和学生交流，会随时打电话抽查我们的读书情况。以至于只要电话铃一响，我的心就提到嗓子眼。这样浑浑噩噩、胆战心惊的生活持续了大约一个月。有一天，导师语重心长地对我说：“我看你好像还没进入学习状态啊，从来不参与讨论，也不提问，这样下去会很危险，严重了可能毕不了业。”

我很害怕，于是尝试着去改变自己，但内心对于在课堂上开口提问还是充满畏惧，生怕自己提的问题太肤浅，被老师和同学嘲笑，每次提问前都会在心里思前想后好多遍，到底是问还是不问？这个问题会不会很白痴？最终开口的时候还是底气不足、张口结舌。有一天，导师突然找到我，对我说：“你知道自己为什么在提问题上放不开吗？那是因为你总是想提一鸣惊人的问题，让我刮目相看。但是我不需要你有什么一鸣惊人的想法，只要你在读书中找到问题就好了。而且，问题是没有大小之分的。”他敏锐的洞察力让我深受震撼，他把我看得是如此透彻！此后，只要在课堂上遇到了问题，我就强迫自己去问。在一次次强迫提问之后，不知不觉间，提问已经变得自然而然了，上课的时候思维也变

---

① 郑言，2009级山东大学儒学高等研究院科哲专业硕士，2012年应届考入山西大学科学技术哲学研究中心科哲专业博士。现为安徽工程大学马克思主义学院讲师。

得活跃起来，不再想“该不该问”，而是在一个个问题被解决后又有了新的想法。

记得有一次大家分析马太效应，同学们分析了马太效应在科学界、企业等领域的应用，而我则从更贴近我们生活的教育领域加以分析。我认为，教育界的马太效应危害很大，因为那样只会使老师把更多的关心投注到好学生身上，使好学生更好；同时，也只能造成差学生更差。这不仅会造成学生之间的不和睦，而且会危害到学生的心理健康。我的分析其实没有比别人高明多少，但是却意外地得到导师的称赞和鼓励，我的心里甜滋滋的。渐渐地我尝试着主动找话题和导师聊天，从聊家常、聊学校生活到后来的学术问题，我渐渐地“上了道”，交谈中的拘谨也消失了，取而代之的是滔滔不绝。于是，我不再庸人自扰。我将以前在读书过程中被我“嫌弃”的小问题通通进行分类，做了详细的笔记随身携带。我变成了名副其实的“问题”学生，不只在课堂上，还在其他地方见缝插针地向老师提问请教。有一次，某航空部门邀请导师去做讲座，在驱车前往的路上，我打开随身携带的笔记本，把近期的难题一一向他讨教。结果导师笑称我是“问题一汽车”。

进入研二，开始设计毕业论文了，毕业论文是整个研究生生活的重头戏。对我们来说，第一个问题就是写什么。我的导师是那种启发型的导师，他不会直接告诉学生做什么或者怎么做，他要锻炼的是我们独立思考的能力。

研二的某一天，导师接受学院报刊记者的采访，我也在场。记者问及他的研究领域及研究成果时，马老师回答：“我研究的是中国近现代科学思想史，主要是西学东渐过程中，中西方各领域的交流以及其思想研究。”听他说到这里时，我的大脑中极快地闪现出一个想法：我为什么不能做中西医学会通方面的研究呢？我对医学有着浓厚的兴趣，而且这也在我们导师研究的领域之内。这个想法一确定下来，我就迫不及待地找到导师商量。没想到我刚把想法说完，就听到他爽朗的笑声：“这下可好，咱俩想一块去了。我也正有这个打算呢，还没找你，你倒自己找上门来了。”我当时兴奋得差点跳起来。马老师接着又打趣道：“你进步不小啊，都想到老师前面去了！再这样下去，就教不了你啦！”这是他在学习上第一次对我毫不掩饰地肯定，让我对论文的写作信心十足。我们师生间的这次不谋而合让我更加坚定地相信主动与导师交流的重要性，这种互动既调动了我独立思考的积极性，又让我体会到学习的快乐。

尽管研究方向定下来了，更难的却还在后面，那就是搜集史料。史料搜集得成功与否，直接关系到论文有无价值。马老师将自己总结出的搜集资料的经验传授给我们：一、搜集论文人物的一手资料，也就是他自己的著作、手记、书信等；二、查找论文人物的师承关系，通过研究其师傅或学生的经历来搜寻其事迹的蛛丝马迹；三、厘清论文人物的交友圈，通过友人间的书信来发掘资料。四、查阅研究论文人物的二手资料，即在此之前所有对论文人物的研究资料，从中发现新的研究视角。这是最基本的四条。其他的还有比如遍访其故居及参阅其家谱等，以便厘清论文人物的家庭背景。可是要做到这些，就必须发挥不怕苦，不怕累，必要时“脸皮厚”的精神，因为有的资料是比较珍贵的，比如家谱之类的，都是不轻易向外人展示的。

为了能得到尽可能多的一手资料，我分别于 2011 年的 8 月份和 2012 年的 3 月份两次探访我的硕士论文所研究的清末民初名医张锡纯故居所在地河北省盐山县，希望可以发掘到新的资料。由于村子地处偏远，第一次去时遇上了大雨，车子无法通行，我只能徒步蹚着没膝的泥水寻访其留下的历史足迹。幸运的是他的后人就住在这个村里，给了我采访他们的机会。虽然他们对自己先辈的事迹已经讲不清楚了，但是却很热情地向我引荐了县里的一位研究过张氏的老前辈，我最终拿到了一些鲜为人知的新史料。次年的 3 月，我再次造访。在张氏后人的带领下，翻山爬坡近两个小时，才见到张氏墓碑。经年的风吹日晒致使不少碑文都脱落了，我用相机拍下碑文，准备带回去同导师作详细研究。后来回到学校，我又请教了历史系的老教授才把这些碑文的内容补全。由于之前的资料搜集、整理工作做得不错，所以不到两个月，我的论文就完成了大半，论文的整体构思经过我和导师的讨论早已成型，但是问题又来了。因为在写作过程中我发现自己的人物思想史的论文与一般的史学论文几乎没什么不同，就是说我的论文并没有学科特色。我是科学技术哲学专业的，怎样才能使我的论文有科哲味呢？这把我难倒了。于是，我向导师请教。他笑着说：“没想到你这么快就发现了这个问题，这说明你的进步很快，这是通常答辩老师会提出的问题。要想与一般的史学论文有所区别，就需要我们的论文结合科学技术哲学的知识进行理论上的提升。说白了就是使用我们的专业知识作为你论文的工具，使它统领起整篇文章。”

于是，我把精力集中在梳理、分析之前学过的专业知识上。一读到与我课题相关的论文，我就赶紧记下笔记，及时与导师讨论是否可用。这样读的东西多了，我逐渐意识到自己的眼界有多么狭窄。虽说我读到的东西并不都适合我的论文，但是它们却为我开辟了新的研究视角，使我从那些史料之中抽出，站在更高的位置来审视文章。导师在看到不错的论文时也会及时地推荐给我。有一天，导师发来的一封加急邮件，主题只有两个字：精读！我迫不及待地下载下来。这一读不要紧，差点把我乐疯了。因为这才是我的论文所需要的东西！整整一个下午，我只做了这一件事，就是如饥似渴地一遍一遍地读那篇宝贝似的文章，不停地做记录，记录下我对文章的每一个想法。当天晚上我拨通了导师的电话，告诉他这个好消息。没想到刚一接通，那边就传来导师的声音：“我一猜就是你。别人看到那篇文章可以不和我交流，但是你一定会打电话过来。”听到这句话，我差点哭了出来。遇到一个真正了解我的导师真幸运！我当时自信地说：“我找到论文的理论支撑了，我还可以把整篇文章用这根线串起来！”马老师又爽朗地笑了，听起来是那么悦耳。

经过我的再次构思，一篇具有科哲味的论文就诞生了。最终，我没有辜负导师的期望，论文顺利通过答辩，并被评为“优秀”。我知道，这是我们师生间快乐交响曲的最美丽的音符，也是我这个“问题”学生和热心导师师生情谊的见证。

（原载《求学·考研》2013年第1～2期合刊）

莫向光阴惰寸功

吕晓钰

近日，2011年山东省优秀博士学位论文名单公布，由山东大学文史哲研究院马来平教授指导、2007级科技哲学专业博士研究生宋芝业撰写的博士学位论文《明末清初中西数学会通与中国传统数学的嬗变》榜上有名。

其实，这个喜讯来得并不突然。熟知宋芝业的人，都知道他读博期间付出了多少辛勤的汗水。这次获奖可谓是对他最恰当的肯定与慰勉。他的博士学位论文之所以能够脱颖而出，与论文所具有的突出特点是分不开的：选题新颖、有分量，问题意识强，视野开阔，资料翔实，观点和方法有所创新。更为可贵的是，论文的不少章节已具备了改写后独立发表的基础。事实也证明了这一点，在毕业后一年内，宋芝业已有8篇修改自博士论文的文章发表。

时间回溯到2010年初春，各高校应届毕业生都纷纷加入求职的大军中，已近不惑之年的应届博士毕业生宋芝业却仍然按照导师的要求，对自己的论文补苴罅漏、数易其稿。直到修改工作接近尾声，在妻子的再三催促下，宋芝业才发出了几份个人简历。宋芝业后来回忆说，自己一直倾慕高校教师工作，但当时是论文修改的关键时期，容不得分心。自己的想法也很简单，一定要保证毕业论文的质量，至于工作，顺其自然；同时早已做好了充分的思想准备，假如论文不满意，索性主动申请延期一年。

功夫不负有心人。赴各地面试时，宋芝业以其扎实的专业基础和深厚的学养赢得了面试专家们不约而同的赞赏。在大连大学，面试刚一结束，学校领导当场承诺给予他副教授待遇。不久，四川大学、中国矿业大学、内蒙古师范大学等高校也相继向宋芝业发出了热情的邀请。经慎重考虑，宋芝业毅然选择了内蒙古师范大学科学技术史研究院。该单位虽地处边疆，但创始人为著名科技史专家李迪先生，是全国乃至全球中国科技史尤其是中国数学史研究的重镇，较其他高校而言，这里有着更适合自己发展的学术空间。

作为一名大龄学生，宋芝业有哪些宝贵的学习经验呢？那篇具有重要求职加分项的博士学位论文又是怎样“炼”成的？带着这些疑问，笔者约见了自内蒙古师大返乡时路过济南的宋芝业。谈到自己论文获奖，宋芝业淡然表示，自己只是做到了读博最基本的要求。他说：“作为一名研究生，在校期间最重要的是做好两件事：一是奠定扎实的专业基础，二是写一篇漂亮的毕业论文。这两件事做好了，找工作便有可能转难为易、左右逢源。我个人总结了一下，有几点体会，最为刻骨铭心。”

一、高标准落实导师要求

“师者，所以传道授业、解惑也。”（韩愈《师说》）宋芝业说：“作为我的学术领路人，导师马来平教授起到了无可替代的作用。马老师在道德和学问两方面都堪称楷模，在科技哲学界有口皆碑，在他身上能够明显感受到山东大学‘学无止境，气有浩然’的优良校训。马老师做学问素以严谨著称，对学生也是如此。”

宋芝业说自己从硕士阶段起便跟随马老师读书，六年间受恩师影响颇多。“马老师要求每一个学生在确定录取后，便开始读书、做读书笔记，并定期汇报学习进展。学生入学后，马老师则会经常打电话询问学习状况或解疑答难。他对每一个学生都有一套具体而有针对性的培养方案，根据学生的个性、学术基础和学术偏好因材施教，甚至何时督促学生读书、写文章，何时与学生交流，他都很有计划性地进行了安排。”

拿买书和读书来说，入学伊始，马老师会传授给新生一些自己买书的经验。诸如，中山公园的书较为便宜，泉城路新华书店和三联书店品种全、新书上架快，路边和小巷里的书店、书摊可能会给你意想不到的惊喜，至于每年 6 月份毕业生跳蚤市场更是不可多得的淘书机会，等等。按照指点，宋芝业走遍了这些地方，购买了大量书籍，以至于市内不少书店、书摊老板都有他的联系方式，相关学术书籍一旦到货便会及时通知他。书买来后是要读的，马老师经常督导学生读书，还会问一些相关问题：读书时是否做了笔记？作者的基本观点和思路是什么？你对此怎么看，有无进一步的想法？在很大程度上，宋芝业的学术底子就得益于对此类问题的较真。他说：“我的体会是，要不折不扣地按导师的要求做，只要能落实导师要求的 70%，就能成为一个优秀的毕业生，写一篇精彩的毕业论文。当然，学习期间有什么不同的想法都可以提出来，与导师商量。这涉及我的另一个体会，如何交流的问题。”

二、多交流、重协作

《礼记・学记》云：“独学而无友，则孤陋而寡闻。”宋芝业认为交流对于一个人的学问成长是有很大帮助的。

首先是与导师的交流。至于交流的具体方式，可以不拘小节，在导师教学和科研工作比较紧张的情况下，要学会见缝插针，主动交流。比如，同去开会的路上、会场间歇或在帮导师捎送资料时都要想办法与导师接触，将自己的疑问提出来。对于导师主动约谈学生这样的机会，更要认真地准备谈话的内容，把读书的心得与疑问尽量全面地向老师汇报，回去后整理出谈话记录，反思自己读书和研究的成功及不足之处，以便及时调整前进的方向。

宋芝业特别强调，与导师交流时，要注意两个问题。一是不要有畏难情绪，不要认为自己的学术水平跟导师差得太远，或者因为害怕导师批评自己基础差、进展慢而失去请教的主动性。二是在与导师交流的过程中，切忌抱有“一鸣惊人”的想法。有的学生平时和老师交流不主动，总想着有朝一日，有了重要发现再去找导师，以期让他对自己刮目相看，其结果是自己走了弯路，却浑然不觉。要清醒地认识到，找导师汇报的目的，就是让导师了解我们的研究进度，请他随时指点迷津。

勤学好问是学生的天职，除了善于与导师交流，平时也要鼓起勇气多向专家请教，多与同行交流。例如，研讨会或讲座上，专家云集，是一个不可多得的机会，要大胆提问，找间隙请教专家对某一问题的看法。只要条件允许，不妨登门征求专家的意见。

研究生不同于本科生，不仅有同学之情，还有同门之谊。在同一个导师门下的研究生，所研究的领域接近，相互之间的协作十分重要。宋芝业说，自己有一次与一位同门打长途电话讨论论文，竟长达八个小时之久！还有一回，因为写论文需要的资料只有中国国家图书馆才有，他通过同门辗转联系到国图的工作人员，在其协助下，得以复印了相关材料。

三、将创新进行到底

对于一名研究生而言，毕业论文是对其学术水准的一次总检阅。不同学科对论文的具体要求不同，却有一个共同点，那就是必须在扎实的研究基础上“将创新进行到底”。那么具体如何做呢？

“首先在毕业论文的选题上要舍得下功夫。一篇论文的选题，既要考虑到题目的前沿性、重要性，又要考虑到自身的知识结构和研究能力。”宋芝业说自己是学数学出身，就知识结构而言比较适合选择交叉课题，因此一开始就先确定了以明末清初数学为切入点。即便如此，论文题目前后也更换了十几次，先后用过《论明末清初中西数学交流》《第一次西方数学东渐》等多个名称。后来在反复阅读材料的过程中，才确定将“会通”作为一个研究重点。马老师后又指出，要通过研究看一下会通后中国数学和文化是否发生了一些变化，这是前人没有说清楚的问题。宋芝业由此联想到秦九韶与阮元的内算、外算之论，在这一时期发生了二者的易位。对这种变化过程的表述，宋芝业曾经想到过使用“演变”“变化”和“变迁”等词，但总感觉意思不够准确，几经更改，最终才在马老师的指导下选用了“嬗变”一词。

其次是在论文材料的搜集上，宋芝业说，马老师平日里便要求自己的学生发扬我国老一代学人“上穷碧落下黄泉，动手动脚找东西”的治学精神，对所选题目的相关研究资料，要尽可能地做到一网打尽、“竭泽而渔”，只有这样才有可能站在前人肩上，实现创新目标。他告诫学生要尽量利用《全国报刊文献索引》等纸质材料编写与毕业论文相关的文献目录，不能仅仅局限于在网上随机地搜查资料。一是网上资料不够全面，二是不能统览全篇，对资料的价值不易判断。他还通过老师的帮助认识了学校图书馆、文史哲研究院、历史文化学院和周易中心等图书室的老师们，他们不仅会介绍所需资料本身的情况，还为他推荐相关的资料，甚至帮助他联系外地的图书馆查找资料。宋芝业说自己向一些知名专家请教的同时，也会询问一些相关资料的问题，常有意想不到的收获。有一次，他去拜访路遥先生，老先生拿出自己收藏的《王征——关西一劲》，说“这个材料你肯定没有，因为没有正式出版。这是王征老家人写的书，资料的全面性和可靠性很强”，并慷慨地让宋芝业拿去复印。

关于论文的写作，宋芝业认为，第一步要进行大面积的阅读，将这一领域的已有研究成果先浏览一遍。考察前人研究到了什么程度，还有哪些问题没有涉及，有哪些观点不一致。那些存在空白、薄弱、有差错和有争论的地方，正是我们创新的出发点。在此基础上，再有重点、有针对性地选出核心资料，反复精读，展开思考，以便形成论文需要研究的总问题。总问题形成后，再将它分解成若干小问题。至此，论文框架就基本出来了。

另外，写作的过程中，有一点特别重要，就是论文的修改。修改的中心任务是不断“找碴”，跟自己过不去，把发表后有可能成为别人批评目标的地方，预先找出来，消灭掉。所以修改也是创新的重要环节之一。“用马老师常说的一句话说：好文章是修改出来的。”不仅要自己改，还要请老师、同门、同行改，要不厌其烦地“精雕细刻”。到写作的后期，宋芝业吃饭、睡觉、走路都在推敲论文，连晚上说梦话都在讲论文，真正达到了废寝忘食的程度，以致有一次竟然晕倒在书桌旁！

宋芝业说自己那段时间虽然苦些，但苦中有乐，从未想过放弃。因为自进入山东大学跟随马老师攻读硕士起，便已下定决心，“板凳要坐十年冷，文章不写一句空”，把科研作为自己的终身事业来做。六年间，宋芝业的求学之路历经坎坷，尤其读博期间，因为家境清贫，而学校的助学金刚开始每月才几百元，他与打两份零工的妻子及读初中的儿子，只能租住在简陋的筒子楼内。但他以极大的毅力克服了生活窘迫、身体虚弱等困难，矢志不渝，勤奋刻苦，争分夺秒，如痴如醉地读书。仅读博的三年，他自行购置专业相关书籍就达3000余册，并全部进行了精读或泛读，写下了大量读书笔记；发表论文10多篇，其中CSSCI论文5篇。

终日在知识的海洋里畅游，应该是学人最理想的生活状态吧？临近谈话结束，我向宋芝业提出了这样的问题。他不假思索地说："我特别喜欢这样的生活，我个人的学术征程才刚刚起步，今后还有很长的路要走，这次获得省优秀博士论文奖实在算不得什么，重要的是下一步怎么做，怎样走好今后的学术人生。"看着他那因发际日渐稀疏却更显睿智的额头，我想到了杜荀鹤那首七律诗，"何事居穷道不穷，乱时还与静时同"，尤其最后的一句"莫向光阴惰寸功"，不正是宋芝业这几年学术生活的真实写照吗？当初为了自己的理想，毅然辞去工作，走向了清苦漫长的学术之路。他用了六年的时间完成了科研水平的飞跃，在探求科学真理的过程中满怀热忱并乐在其中。岁月在他身上留下了深深的烙印，他却倍加珍惜这来之不易的读书机会，将所有的精力都投入到学习和思考中，与每一寸光阴博弈，用勤奋换来了今天的收获。他越过了一个又一个的障碍，在布满荆棘的征途上奋勇攀登，也正是这种永不言弃、奋发蹈厉的精神激励他取得了今天的成绩。

（原载《中国研究生》2012年第1期）

忆马来平教授教我做科研二三事

吕晓钰

2008年,我到山东大学文史哲研究院攻读研究生,硕士、博士阶段一直师从马来平教授。求学期间,老师在诸多方面对我的影响非常大。博士阶段,我曾结合个人经历,围绕老师的育人方法、心得体会,主笔撰写了《三句格言育英才——记山东大学马来平教授》一文,发表在《学位与研究生教育》上。如今,工作已有几年,再回过头看,老师严谨的工作态度、求真的科研精神、"一网打尽"的研究方法、穷追不舍的思考方式、抓主要矛盾的工作思路、健康规律的生活理念等,都在我身上打下了深深的烙印。在这里,回忆老师"手把手"教我做科研的一些片段,或可作为老师科研工作的一个"注脚"。

我被录取为硕士研究生后,老师便找我谈话,要求我抓紧时间大量阅读专业类书籍,尽快补足跨专业读研的短板。不久,又安排我参与了由他主持的一项课题。印象中,老师曾亲自到我正在自习的图书馆,当面讲解了关于该课题的概况,并提出了具体的研究计划。第一步是快速查阅有关资料。由于课题较为小众,我费了不少功夫从网上搜集,打印了四五十页的材料,信心满满地带着去见老师。老师看了以后,严肃地告诉我,网上找到的二手资料鱼龙混杂,一些观点几经倒手,可信度不高,要想尽一切办法穷尽一手资料,做到"上穷碧落下黄泉,动手动脚找东西",最终"一网打尽"。随即,老师便安排我去学院的图书馆借了数十本大部头的《全国报刊索引》,要求逐册查阅,整理出课题相关书目资料。《索引》借来以后,我便一页一页地翻阅,并将有关的题目记录下来,顺利完成了查阅任务。虽然整个过程非常枯燥,我却得以迅速掌握了课题相关领域的书目概况,为接下来的研究开了一个好头。更重要的是,通过训练,我初步掌握了查找搜集材料的基本方法,切实体悟到"坐得住冷板凳"的科研真谛,也隐隐约约触摸到了学术殿堂的门槛。

在查找资料的过程中，我围绕相关主题写了一篇文章并交给了老师。很快，老师便打电话约我当面讨论文章的修改工作。记得，当时我看到修改稿后，感到非常意外和震惊。整篇文章从框架到句子的顺序、标点，老师都改得特别认真细致。随后，稿件又“往返”修改了几次，才得以顺利完成。后来，该文在第二届中国科技哲学及交叉学科研究生论坛上获奖，并发表在了中国社科院主办的《科学与无神论》上，成为我正式发表的第一篇学术文章。现在想来，仍然令人鼓舞。后来，我才知道，老师本人的文章完成后，也不急于发表，而是多方请别人提出意见建议，几经修改完善，直到自己满意后方才定稿投出。对于这件事，老师曾专门给我谈过，他的观点非常明确：自己都不满意的文章，读者能满意、认可吗？我也越来越深刻地体会到，很多好的学术文章是修改出来的，做科研一定要有“文不惮改”的勇气。

2008年，老师的科研重心已经转向了“西学东渐”中的科学与儒学关系研究，主要侧重于科技思想史方向。但我对科学哲学的兴趣更大，在老师的指导下，将硕士毕业论文的研究方向确定为生物学哲学，重点研究生物分类方法的有关哲学问题。由于我对生物分类学知识不够熟悉，心中十分没底。老师鼓励我多向山东大学、山东师范大学生物学专业的老师认真求教，并专门组织召开了一次跨专业交流会。经过一段时间的学习，我逐渐补上了所需的分类学专业知识，为做好毕业论文打下了坚实的基础。这件事，让我意识到，做好科研要超越一域之见、一时之见，具备开放的眼光和包容的心胸，要敢于认识不足，勇于向同行、内行请教。在这一点上，老师体现得非常突出，他在乘坐出租车时，经常把与司机师傅交流的过程也作为开阔视野、了解社会的重要机会。

比较难忘的是博士毕业论文的写作。当时，如果接着硕士研究课题来写，会比较容易。不过，随着我对科学与儒学关系研究兴趣渐浓。博士阶段一入学，便迅速转向了这一领域。具体来说，我的兴趣主要集中在中西文化比较以及文化的创造性转化和创新性发展方面，希望能从科技哲学的角度得出一些新的、于传统文化的现代化有益的研究成果。在与老师充分沟通交流后，我选择了现代新儒学这一领域。

刚着手研究的时候，老师便建议我跟现代新儒家第三代代表人物建立联系，最好能够当面求教，获得直接指导。很巧的是，2012年初，原儒学高等研究院、儒学研究中心、文史哲研究院和《文史哲》编辑部整合成立新的儒学高等研究院。新儒学院成立不久，便作为主要单位参与筹备召开了第二届尼山世界文明论坛。在老师的鼓励下，我报名参加了论坛的志愿服务工作。会上，恰好为现代新儒家第三代代表人物成中英先生所在的专家组服务。得益于这次机缘，成先生欣然同意我围绕他本人的思想开展研究，并提供了大力的支持。整个论文的写作过程比较艰苦。对我而言，研究成中英先生的思想难度较大，难点在于，他对中西方哲学涉猎都很深，所提出的本体诠释学理论有许多创造性的发挥，且其思想体系也一直在发展中。为深入理解成先生的思想，我着实下了一番功夫，用了很长的时间来做这件事情。在这个过程中，老师始终以一种严管、厚爱的态度指导我、鼓励我，要求我制定详细的写作计划、定期打电话汇报研究进展，并经常专门约我到学校操场或附近公园散步，共同分析遇到的问题、研讨解决的方法。特别是在我的论文写作进展最困难的时候，老师还曾亲自到家中探望、指导。

后来，我把毕业论文的终稿发给成中英先生，请他审阅。先生予以了充分肯定，他指出："此文写得清楚明白，把问题说得明明白白，论述回应得清清楚楚，显示了一个逻辑谨严的架势，令读者信服。"在老师的指导下，毕业论文最终能够得到成先生本人的认可，那一刻，百感交集，终生难忘。

老师也非常注重学生综合能力的培养。比如，建立专业内部简报采编机制，安排学生专人负责。大家通过整理、编辑学术信息，得以增强了科研的大局观，提高了敏锐度和写作能力。这项工作，从 2009 年 4 月起坚持了 10 余年，共编发简报 600 多期，成为小有名气的"圈内品牌"。又如，利用召开本专业学术会议的机会，安排大家参与筹备会议、撰写新闻稿件、编辑校对会议文集等；包括老师在担任省政协委员、省政府参事期间，拟提报的一些资政提案，也经常安排大家参与讨论，提出意见建议。如今看来，这些工作都令我深受锻炼，获益匪浅。老师还曾多次带我到中山公园旧书市场、古旧书店教我选书、购书，这一经历让我大大开阔了学术视野，提高了鉴别能力，成为我紧张的科研生涯中快乐难忘的时光。现在，我虽然已经离开学术研究领域，但家中书架上的上千册图书，仍然是我非常宝贵、倍加珍惜的精神财富。

师恩难忘，纸短情长！多年来，老师在学术研究、资政为民等诸多方面的教诲对我的影响，已如春风化雨般内化于心，不知不觉间给了我许多前进的指导、动力和勇气，并将继续鞭策我努力、认真地工作。

新知培养转深沉[①]

王彦雨[②]

Q:请您先作个自我介绍。

A:我是山东大学文史哲研究院2006级博士,跟随马来平老师做科技哲学方向,博士论文是关于科学知识社会学中话语分析学派的研究。主要探讨科学文本中话语的一个修辞性质。2009年毕业之后去了清华大学STS中心做博后,主要从事科技政策方面的研究,导师是李正风,研究方向为中国科技政策的历史演变。博后毕业后进入到中国科学院自然科学史研究所工作,现在的研究方向为人工智能发展史,包括早期机器人的发展史、人工智能的历史发展、所引发的社会风险等。

Q:请您具体介绍一下现在所做的工作。

A:在中国科学院自然科学史研究所,一开始的工作是做科技咨询,为中科院的科技决策做咨询性工作。比如美国的氢能发展及其启示,美国氢能发展政策的立项、管理体系构成、产学研结合等。此后研究方向转为人工智能发展史。之所以对人工智能发展史感兴趣,是因为之前研究过人形机器人早期发展史,对人形机器人在西方的起源、发展、结构以及制造者的职业等方面,以及工业革命时代、电气化时代人形机器人的发展进行过研究,正是在做此项研究时对人工智能有了兴趣。由于现在对于人工智能的研究多是伦理、政策等方向,而史

---

① 整理:初佳伟;统稿:韩超;编辑:韩超;责任编辑:王敏。

② 王彦雨,2009年博士毕业于山东大学文史哲研究院,现为中国科学院自然科学史研究所副研究员。主要研究方向为科学话语分析、人工智能发展史、人工智能风险,以第一作者身份在《科学学研究》《自然辩证法研究》《自然辩证法通讯》《科学技术哲学研究》《科学学与科学技术管理》等核心杂志上发表学术论文近30篇,论文被《人大报刊复印资料·科学技术哲学》全文转载多次。

学研究稍显弱一些，因此决定对人工智能发展的历史进行更进一步的分析。我们的研究方向主要包括以下几个方面：(1)学界关于强人工智能议题的态度史，主要是探讨人们对强人工智能的态度变化；(2)基于社会资助角度的人工智能发展史研究，比如从人工智能发展初期到现在，政府、企业对人工智能技术的资助历程、态度及政策变化、人工智能研究组织的发展、学科建构过程等。当然，在这个研究过程当中，我们必然也要涉及人工智能技术路径的发展过程，如人工智能发展的三个主要研究范式(行为主义、符号主义、连接主义)的演变过程。

Q：那您本科是学理科的还是学文科的？

A：本科是社会学专业的，属于文科。但是做自然科学的历史研究，需要有理科基础，否则难以深入其技术细节。因此，我觉得科学史研究、科学技术哲学研究要尽可能地去学习一些自然科学知识。马老师也经常说，做科技哲学、科技史、科学社会学一定要把你的哲学的知识、社会学的知识与自然科学的知识相结合，这样的方式才能够对科学技术及其社会影响有更深入的了解。现在很多学科方面都呈现自然科学与人文社科相结合的情况，包括编程、统计、图表制作、调研等也逐渐进入到科学技术哲学、科学史及科学学之中。我认为这也是将来的一个大的方向吧，如把人工智能和社会现象结合在一块，通过人工智能的大数据分析，可对社会现象及社会发展规律进行深入的分析与总结。人工智能可以从复杂的信息中找出一些结构性的现象与规律来，并且在处理大数据方面的优势是非常明显的。

Q：老师您在山大求学的时候，有没有什么经历或者什么感受印象比较深刻？

A：首先，非常荣幸能成为马老师的学生。马老师在学术上非常严格，一丝不苟，指导学生非常认真，对于我的学术成长之路起到决定性的作用。我觉得做学术，首先要有一个严格的导师。我在学生时期蛮害怕马老师的，有的时候甚至接到电话有种紧张感，因为马老师会对你的学习情况、读书情况、对书籍的看法等问题进行仔细、认真的询问，马老师的这种严谨治学及对学生的严格约束，对自己既是压力，但同时又是给了动力，让你不要去偷懒。因为在博士学习期间时间是很自由的，但同时又要求你有自制力，这个时候导师的作用非常重要。另一个方面，马老师对学生的日常生活非常关心，虽然平时在学习过程中马老师对我们非常严格，但生活上非常的关心。马老师的硕士博士很多，每年八月十五或教师节我们都要去马老师家做客，在一块儿谈一谈学习，也谈一谈生活，感觉非常的温馨。我感触比较深的一件事就是马老师对我的初次写论文的指导过程，因为当时对写文章还不是那么熟悉，不太清楚如何写论文，包括论文选题、分段、结构设计、文字要求等，马老师便悉心指导，一遍遍帮助我修改。我记得那篇文章是关于科学奖励模型的，写了初稿以后，马老师一开始从论文的整个的框架、格式进行修改，包括怎么去找文献、找什么样的文献、论点怎么论证等，我记得那篇文章最后改了七八遍，基本上每一遍的修改马老师都细致到标点符号。通过这一次的指导之后，以后的论文写作变得比较顺利。我觉得作为马老师的学生是很幸运的，一方面他有很严格的要求，另一方面又有无微不至的照顾和指导，马老师指导学生方面从不敷衍。师母也是非常关心我们，每次我们去马老师家，师母总会给我们带些好吃的，师母也会专门打电话来给我们这些学生，让我们去家里吃饭，感觉非常温暖，两位长辈就像亲人一样，既像老师又像父母。

Q：那您对咱们院其他老师有没有什么很深刻的印象。

A：博士期间其实是各个老师各自带的，共同上课的时间比较短，所以对其他的老师并不是那么了解。我印象最深的是巴书记，他对我们这些学生都非常关心，遇到问题我们也喜欢去向巴书记请教。

Q：那您在山大的生活当中，尤其是在博士生活当中，除了学业上的一些故事，在日常的时候有没有一些记忆深刻的故事？

A：在博士期间，我是和文史哲研究院其他专业的学生混住在一起，他们的研究方向有中国哲学、语言学、社会学等，相互之间非常熟悉，经常交流，经常串门去他们宿舍和他们交流。比如有一位同学是做数学的（数学方向的科技史研究），我在交流中便学到了许多数学方面的知识。通过交叉学科的方式来让你接触更多的视角，通过多视角的分析，可以更全面地分析科学技术哲学方面的问题，避免视角的单一性。另外，我还经常和他们一块去踢球，通过足球，来放松自己的心情，同时也可以在踢球之余相互讨论学术问题，也可以加强锻炼。另一个印象比较深的是和当时的在读博士宋芝业之间的交流，由于写论文压力比较大，所以心情不好的时候就找他一起聊一聊，没事去外面转一圈，相互讨论自己研究问题的难点在哪里、问题出在哪里，通过私下交流可以把思路理顺。而且我觉得在读博期间，和朋友交流非常重要，因为博士论文的写作非常辛苦，持续的时间比较长。可能你们今年疫情期间在写论文的时候，因为平常也看不到同学，就感觉还挺无助的，如果能够和其他学生有交流，则会避免出现一些心理问题，这个时候一定要多交流，哪怕只是去操场上转一圈或者是打打球，这样的方式会起到舒缓作用。有的同学有打篮球等体育运动的习惯，这其实对于学业的完成都是很有帮助、很有益处的。

Q:您可以给我们的母校还有学弟学妹们送一个祝福吗?

A:很荣幸成为山东大学的一分子和马老师的学生。也希望咱们的师弟师妹在各位老师的学术指导下多读书,丰富自己的知识,也为自己的将来提供更多的可能性。祝母校谱写更绚丽的华章!

(原载山东大学“儒果儿”网站,优秀校友访谈第四期。内容均来自受访者)

“苛刻”的严师，和蔼的“慈父”

——跟随马来平教授走近科技哲学

蒋青海[①]

一、导师自述

我加入自然辩证法（即科技哲学专业）队伍是在1979年。我大学学的是半导体器件专业，但我自中学时代起就痴迷哲学，这种爱好一直有增无减，历久弥笃。所以，在全国上下向科学进军的“激动人心的年代”里，我毅然离开我所喜爱的共青团工作，选择了具备自然科学和哲学相结合特点的自然辩证法作为专业，跨进了山东大学文史哲研究所自然辩证法研究室的门槛。最初，我花了几个月时间，搜集资料专门研究自然辩证法的研究对象、学科性质、内容体系，以及它的历史、现状和发展趋势等，旨在认清方向，明确目标。接着，1980年上半年我赴华南师院，参加了教育部委托主办的全国自然辩证法师资培训班，从广州返校后，又脱产在哲学系跟班听了几门哲学类的主干课程。1983年初，我去吉林大学哲学系随舒炜光先生进修自然辩证法硕士课程。

舒炜光先生是全国第一位自然辩证法专业博士生导师，在吉大求学的一年间，我听了舒先生的“现代西方科学哲学”“自然辩证法专题”等课程，并根据录音补习了“哲学原理专题研究”“恩格斯《自然辩证法》研究”等课程，还听了高清海、邹化政和车文博等先生讲授的几门哲学基础课。当年暑期，舒先生推荐我加入了他所领导的全国十几所综合大学自然辩证法专业科学共同体，开始参与《科学认识论》五卷本的撰稿工作。跟随在舒先生身边的日子里，我培养了较敏

---

① 蒋青海，2007级山东大学儒学高等研究院科哲专业硕士。

锐的问题意识，显著提高了科研能力，为我后来的研究工作奠定了坚实的基础。

基于对科学与社会互动关系的共同关心，科技哲学一向注重从科学社会学中汲取有用的养分。20 世纪 70～80 年代，科学社会学在我国一度包容于自然辩证法的大口袋里。但科学社会学引进中国已经多年，该学科的许多基本理论问题却仍然若明若暗。基于此，90 年代后，我开始涉足科学社会学的研究领域。科学社会学本质上也是对科学的一种理解，而且很有特点，是一种力求接近科学实际、具有扎实经验基础的理解。投身于科学社会学的研究给我在科技哲学这个大舞台上的探索提供了更开阔的视野，也提供了更丰富的研究素材，同时以独特的视角深化了我的许多理论观点，使我获益匪浅。

二、导师画像

(1)治学严谨。马老师在山大素来以治学严谨而闻名。他常说："世界上怕就怕'认真'二字，我的优点和缺点都集中在这两个字上。"在平时的教学中，对于每一个关键性的概念，他都要求学生不但要明确其内涵和外延，而且要对概念的来龙去脉了解清楚，如果读经典译著遇到不明白的地方，还应该找到原版文献对照阅读，以解决疑问。在论文写作中，对于每一篇课程论文，马老师都要求学生以毕业论文的态度去对待，力求做到"写一篇成一篇，决不出次品和废品"。马老师不仅仅是提出要求，而且还认真指导学生做到这一点。身兼数职的马老师每天都有大量的重要事务要处理，但是只要稍有闲暇，他就会找到同学谈学习，谈论文。学生的一篇论文往往会在师生之间来回往返数次。有的同学开始不理解，认为马老师太较真，但是当平时作为作业的论文最后发表在学术刊物上时，同学们就都明白了马老师的良苦用心。

现在任教于山大文史哲研究院的常春兰老师，当年也是马老师的研究生。她上研究生写就的第一篇论文，最开始没有抓住重点和主题，文章主要是靠材料堆积而成。在马老师的耐心指导下，她数易其稿，文章终于发表。常老师硕士毕业论文就是以这篇论文为基础写的，并被评为优秀硕士论文。后来，常老师以第一名的优异成绩考取了复旦大学科技哲学博士，博士论文仍然沿着硕士论文的方向选题，最后获得了优秀博士论文的荣誉。

马老师不但对学生严格要求，而且对自己的学术论文的要求也近乎苛刻。五六年前，莱芜驻军与山大校长办公室联系，希望邀请一位教授到部队从科学角度讲讲中国近现代史，校办找到了马老师。由于任务突然、时间紧，马老师连续几天都为准备演讲稿熬到深夜，最后写成《近代科学在中国传播的回顾与鸟瞰》，演讲反响热烈。演讲后马老师回到家仔细研读论文，发现还有很多不完善的地方，于是翻阅大量资料，进行修改，竟然一改就是三四年。去年年初《济南大学学报》约到了马老师的这篇文章，在文章已经排版行将付印时，马老师又因发现有不完善之处而主动将稿子索回。

去年下半年，马老师应邀在山东经济学院作了一场题为“西学东渐中的科学与儒学”的学术报告，用的是几经修改的稿子。在报告中，马老师让学生帮他现场录音，然后带回去自己反复修改，并多方征求意见，近日，讲演稿最终以27000字定稿，应约寄给一家CSSCI期刊，即将作为特约文章刊出。马老师现在手头压着数篇文章，一直在反复修改，不满意绝不出手。马老师治学态度之严谨可见一斑。

(2)因材施教。每年加入研究生队伍的学生的身份是比较复杂的，有些是应届毕业生，有些已经在社会上工作多年。对于读书，有些同学喜欢广泛涉猎，却泛而不精；有些同学专注本专业，但眼界狭窄。马老师将学生的不同情况都牢记心中，秉持因材施教的原则一一对待。

对于应届毕业的学生，马老师要求他们多看书，特别是本专业的经典著作，以打牢基础。对于工作过的学生，马老师则会结合其不同的工作经历选择一些适合他们的研究课题让他们去做，在做课题过程中学习，这样既容易掌握知识，也比较容易出成果。

科技哲学的学习和研究，基础是多方面的，其中最重要的有三个：哲学、自然科学和外语。在哲学方面，不仅要系统学习西方现代科学哲学各流派的许多著作，而且不能忽视阅读西方古典哲学和中国古代哲学的著作。对此，马老师的观点是，搞科技哲学的人，在通晓西方哲学发展史的基础上，一定要读懂一两位哲学大家，由此来体会哲学真谛、学习哲学思维。对于自然科学，不但要通晓科学发展史，而且至少要熟悉一门自然学科。基于科哲与西方科学的密切关系，外语学习尤其是外文阅读能力的培养，更是不能放松。

在马老师的眼里，科学研究就是发现问题和解决问题，目的在推进知识的发展。显然，不能提出和回答问题的论文是没有价值的。现在有很多研究生的问题意识比较淡薄，初写论文，只知堆砌材料，不知提出和回答问题，就像一个初学裁缝的人，剪了一些布料堆在那里，却不知道要做什么样式的服装。因此，马老师指导学生读书和写作论文都十分强调问题意识，要求学生能够自己挖掘材料，提出问题，进而找到解决问题的方法。

科技哲学是文理交融的学科，没有广泛的知识基础不行，但涉猎太宽泛而没有核心也不行。因此，在专业阅读方面，要精读和泛读相结合。马老师指导学生的过人之处就是不但明确指出每个学生在读书方面的优缺点，而且还为他们量身定做读书书目。2001年，山东轻工业学院皮革专业毕业的刘晓同学考上了马老师的研究生，入校前，曾把满满一辆三轮车的课外书寄存到马老师家的地下储藏室里，马老师称赞其读书之广，但通过接触，也发现他的思维不够缜密、系统，因此，入校后，马老师对刘晓特别进行了严格的思维训练。在跟随马老师三年以后，刘晓应届考博，同时获得了清华大学科哲专业第一名和中国科学院自然科学史研究所科哲专业第一名。他最终选择了中科院自然科学史所，去年博士毕业留所工作，2008 年 6 月份已赴法国留学。

(3)春风化雨。在学生眼里，马老师既是严师，也是慈父。马老师虽然很忙，但是花在学生身上的精力却异常惊人。他经常于百忙之中抽空打电话给学生“闲谈”，学生的读书、身体、感情状况无一能逃得过马老师关注的眼光。在宿舍里，每当有导师的电话打来，其他专业的同学都会说“肯定是你们和蔼可亲的马老师打来的”。身为马老师的学生，心里真是既自豪又温暖。

对每一位新招的学生，马老师从他们还没正式入学时就开始了细致入微的辅导，对此笔者深有体会，也获益匪浅。去年 3 月我考研刚被录取，马老师就找我谈话三次，并根据我以前所学专业和自身情况为我制定了详细的学习计划和读书书目。在 9 月正式开学之前他连续三个月每天都发短信询问我的学习和生活情况，并让我以短信的形式每天汇报学习进展。这三个月里，我在马老师的指导下认真研读了 8 本专业书，并做了详细的读书笔记，慢慢打开了通向专业研究的大门。就在做这个采访的当天，马老师还拿出手机，把一年前我发的关于学习汇报的短信给我看，让我一时哽咽。马老师对待学生，就像春风化雨，让学生在不知不觉中感悟到很多读书与做人的真谛。

科技哲学是一个新兴学科，许多人对它比较陌生。我特地对马老师做了简短采访，以期让更多的人跟随马来平教授走近科技哲学。

三、对话导师

蒋青海：科技哲学与中哲、西哲的关系是怎样的？科技哲学主要的研究内容有哪些？

马来平：简单地说，科技哲学是以哲学的理论、方法对科学技术进行整体上的研究。在学科性质上，科技哲学属于哲学，是哲学 8 个二级学科中的一个。中国哲学和西方哲学是科技哲学的基础课。对中国哲学和西方哲学的学习，旨在提高理论素养和抽象思维能力。

科技哲学主要的研究内容有五个方面：一是各门自然科学成果中的哲学问题，以及这些哲学问题整体上所反映的自然观；二是技术尤其是高新技术中的哲学问题，如克隆人和信息技术引发的哲学问题等；三是科学技术研究过程中的哲学问题，即科学技术研究的方法论问题；四是科研管理中的哲学问题，如科学发展的规律、模式等；五是科技与社会互动中的哲学问题，即科技发展与经济、政治、文化相互作用中的哲学问题。

蒋青海：目前在全国范围内，科技哲学专业没有本科点，那么考科技哲学专业的研究生具备什么样的知识背景更合适？

马来平：科技哲学曾经在复旦大学、吉林大学等少数几所大学有过本科点，不过历史都很短暂。科技哲学是一个文理人交叉的学科，既涉及哲学，又涉及科学，尤其是自然科学。因此，本科期间学习哲学与理工科的学生更有利于科技哲学的研究，其中哲学方面学习西方哲学和马克思主义哲学的学生，理工科中学习物理、化学、生物、数学、天文学和地学等基础学科的学生，相对其他专业的学生更具有学科背景优势。由于科技哲学具有广阔的研究范围，其他专业的学生也可以通过哲学补课或科学史补课而达到在科技哲学某一方面获得理想发展的目的。我校已招收的学生中就有一些来自思政、经济、金融、外语、旅游、历史、文秘等文科专业，以及计算机、机械制造、水利、电子、医学、建材等理工科专业。

蒋青海：科技哲学的就业前景如何？毕业生主要的就业去向有哪些？

马来平：前几年科技哲学的硕士毕业生供不应求，因为只要有理工农医类硕士点的大学都开设科技哲学专业课程。现在省级重点高校的科哲教师岗位基本都满了，但是各省都新建了一批高校，随着这些高校硕士点的建立，毕业生的就业前景还是乐观的。科技哲学硕士毕业生的就业方向，第一是高校，第二是新闻出版机构中的科学编辑，第三是电视台、电台、互联网等媒体方面的科普编辑，第四是各级科委、科协的科研院所等科技管理与科技政策研究单位，第五是各级社会科学院科技哲学研究人员，第六是各级政府部门的政策研究室，等等。此外，全国有20多个科技哲学博士点，考博机会比较多，前些年，学生考研热情高涨，我的学生中有75%都考上了博士。

蒋青海：马老师，您现在主要的研究方向是什么？担任哪些研究课题？

马来平：前两年主要从事科学社会学方面的研究，发表了一批论文，如：《与SSK对话：中国科技哲学的前沿课题》（《哲学动态》2002年第12期）；《另眼看默顿科学社会学》（《自然辩证法研究》2005年第10期）；《默顿命题的理论贡献——兼论科学与宗教的统一性》（《自然辩证法研究》2004年第11期）；《贝尔纳科学社会学思想再认识》（《科学学研究》2006年第5期）；《关于默顿科学规范的几个理论问题》（《科学文化评论》2006年第3期）；等等。先后共出版著作五部，发表论文百余篇。论文大都有一定反响，其中《中国社会科学文摘》转载3篇，中国人大《科学技术哲学》《哲学原理》等分册转载34篇，《新华文摘》全文转载和论点摘编 13 篇，国际刊物《中国科学史通讯》摘要 6 篇。《高等学校文科学报文摘》摘要 9 篇，《光明日报》《文汇报》《中国哲学年鉴》《哲学动态》等摘要 10 篇。

现在主要的研究兴趣是科学社会学和中国近现代科技思想史。刚刚参与完成全国科学素质办公室委托科技部主管的起草《中国公民科学素质基准》项目，目前，正在为一家出版社主持撰写《明末清初儒士教徒与科学》一书。

（原载《求学・考研》2008 年第 6 期。略有改动）

研究生写作常见疑难问题的征集汇总

何刚刚[①]　马 金[②]　整理

各位同学：大家好！

为了有针对性地解决大家在学位论文和小论文写作中所遇到的问题，本人将研究生论文写作中遇到的问题分为十大类，在每一类下面又分为各种细致、具体的问题。恳请诸位踊跃反馈自己论文写作中遇到的问题。谢谢大家！

一、论文选题；

二、材料的收集；

三、材料的处理；

四、中心论题的凝练；

五、框架的构建；

六、观点的创新；

七、论文修改；

八、写作规范有关问题；

九、投稿与发表；

十、论文写作其他问题。

（以上是在征集问题时，致同学们的信）

---

① 何刚刚，2016 级山东大学儒学高等研究院科哲专业硕士，现为 2019 级山东大学儒学高等研究院中哲专业在读博士。

② 马金，2015 级山东大学儒学高等研究院科哲专业硕士，现为 2019 级中国科学院大学人文学院科学技术史专业在读博士。

一、选题方面

1. 什么题目才有研究价值？好题目的判定标准是什么？

2. 选题有没有应该遵循的原则与限度？

3. 怎样选取适合自己做的题目？

4. 如何处理导师研究方向与自己研究兴趣之间的冲突？

5. 如何判定学界热点？选题应不应该追求热点话题？如何找到新的视角重新研究一个比较热点的问题？

6. 如何找到目前现有的研究成果之间不一致的地方，并以此为契机做自己驾驭得了的问题？

7. 选题如何把握学科界限？如何利用学科交叉打开新的选题面？

8. 如何做到“小题目大文章”？

9. 起题目有什么技巧？题目字数最大量不超过多少？

二、材料的收集

1. 收集材料有哪些途径与方法？除中国知网外，是否可以推荐并列举其他搜索引擎？

2. 面对浩如烟海的材料，如何鉴定和筛选？

3. 如何看待 e-考据方法，该方法有何利弊？

4. 如何判断材料尤其互联网上材料的真伪？

5. 如何正确把握一手材料和二手材料？

6. 搜集论文时，哪些检索条件是必须要考虑的？

7. 如何收集、把握外文文献？

三、材料的处理

1. 如何对材料进行分类，服务于论文？

2. 通常材料宛若滚雪球一样会越来越多，如何避免被材料所控制？

3. 材料有很多类别，如古籍、出土文献，还有笔记、谱牒、碑刻、口述材料、互联网上的材料等等。如何处理这些材料的关系，当这些材料发生冲突时，应该怎么办？

4. 在写作论文时，一旦发现了对自己观点不利甚至与自己观点相冲突的材料时，应该怎么办？此种情况下，如何确定自己的想法是正确的？如何巧妙地在不涉及人身攻击的情况下驳斥对方的观点？

5. 许多学术论文的材料很多，导致观点被淹没，成为一大堆乏味的流水账，如何避免这种情况？

6. 不同的人写作风格不同，有人说有了想法就要动笔写，写的过程中逐步处理遇到的各种问题；有人说应当先把搜集材料作为第一要务，待完备后再开始写。这两种模式有无利弊，如何折中？

7. 阅读原材料时，如何处理精读和泛读的关系？

8. 如何处理“带着问题看材料”和“从材料中找问题”二者的关系问题？

9. 如何做文献索引？应按照年份还是主题做？

10. 是否可以分享做读书笔记的方法？

四、中心论题的凝练

1. 一篇论文可能会出现几个论点，每个论点下面又有小论点的情况，从而使得中心论点极易被淹没。如何避免中心论点被淹没？

2. 写论文主题容易涣散，许多篇幅最终看起来与文章主题无关，出现这种情况怎么办？

3. 一篇文章能否出现多个中心论题？

4. 从宏观爬梳到微观提炼的过程中，有哪些注意事项？

5. 所凝练的问题太大，有无技巧化大为小、化繁为简？

6. 凝练新问题时，如何从一个新角度看待旧问题？

7. 写中文摘要时必须包含哪些方面？英文摘要需不需要逐字逐句的对译？

8. 挑选关键词的基本原则是什么？

五、框架的建构

1. 论文的框架有固定的模板吗？

2. 有老一辈的学者提出，论文框架可以分为“是什么”“为什么”“怎么办”，这种说法今天是否依然适用？一篇文章能处理这么多问题吗？

3. 在写作论文时第一部分有无必要交代论文的写作背景？

4. 学术论文一般应当分为几个部分？文章质量的好坏与框架在多大程度上成正比？文章架构是不是要做到“四平八稳”？

5. 论文的框架应该遵循递进式的逻辑结构还是平行结构，哪一种更具有说服力？

6. 有的论文看似体量庞大，实则框架涣散，论证立不住脚。如何判断一个框架的严密程度？

7. 论文的框架是否受制于不同时代学者差异与评审制度等的影响？

8. 怎样写好文献综述？

9. 论文提纲如何做到主题鲜明、结构合理、逻辑严谨？好论文的提纲至少要包含哪些要素？

10. 如何出彩地写好文章的导论部分，使其引人入胜？

六、观点的创新

1. 一般而言，学术需要累积，初学者很难做到观点创新，怎么办？

2. 现在学术圈时兴创建新理论、新概念、新范式，这和观点创新是什么关系？

3. 论文的创新应该遵循什么样的规则？如何确定自己的论文是不是真的有创新点？创新的判断依据是什么？

4. 观点创新是不是就要与主流不一样，别人说东我就要说西，以暴得大名？

5. 论文创新的突破口在哪里？

6. 如何判断“新观点”和“创新观点”？二者有无区别？

7. 许多人物、史料，已经被前人从各个方面都研究过了，要做到创新是不是只能通过新文献入手，抑或是有其他途径？

8. 在阅读了诸多文献之后，为何还是不能做到观点创新？

9. 有些号称具有创新性的论文晦涩难懂、概念烦琐，让读者云山雾罩。创新是不是就意味着要晦涩难懂？

10. 研究前人用力较少的领域算不算创新？

11. 目前存在很多文章对概念的解释使用新华字典或者现代汉语字典或者国外权威的字典作为依据，是否可行？赋予一个概念新的义理，需要注意的原则是什么？

12. 有时候创新观点容易被别人视作过度阐释，如何把握创新观点和过度阐释的分寸？

七、论文修改

1. 论文写完之后，较为满意，看来看去，不知道如何修改，怎么办？

2. 论文修改的指导原则是什么？论文修改的重点注意事项是什么？

3. 向别人征求论文修改意见时，有些人的意见不是建设性的，而是打击性的话语，怎么办？如何正确征求意见？

4. 同一篇论文，不同的老师看，有的认为写得很差，有的认为写得很好，为何会出现这种情况？出现了这种情况该相信哪一个？

5. 论文一般应该修改几遍？

6. 论文修改过程中发现自己所使用的一些经典的观点已被他人不厌其烦

地引用过，出现此种情况，如何办？

7. 如何避免将论文写成教材或者科普读物？

8. 如何处理长期劳累和面临论文推倒重建的关系？

八、写作规范有关问题

1. 不同学校、不同期刊的论文格式存在诸多差异。论文格式有哪些变量，哪些不变量？

2. 论文如何做到语言流畅、简洁，结构清晰？

3. 如何正确运用归纳论证和演绎论证？

4. 如何正确使用概念？

5. 引用发表时间多久的文献算是旧文献？使用时间太久的文献时，有什么注意事项？

6. 直接引用过多，能不能对原始资料进行改写？如何把握改写的度？

7. 如何养成内生性的写作道德规范？

九、投稿与发表

1. 论文投稿如何快速发表？论文投稿有无技巧？

2. 能否一稿多投，能否采用海投的方式进行投稿？

3. 如何了解刊物风格，并判断自己的论文是否适合在此刊物发表？

4. 许多期刊为了提高引用率，大多数情况下采取约稿形式，导致投稿论文石沉大海。如何知道哪些期刊的约稿比重较大？

5. 审稿周期一般都比较长，无形增加毕业压力，若将稿件寄托在一家期刊上，如何提高成功率？

6. 多认识编辑，多参加会议，多结交人际关系，是不是能提高稿子的录用率？

7. 在多次投稿后，均没有收到回应，该怎么办？论文如何能有效通过初审？

8. 海投之后，有多家期刊录用，出现这种情况怎么办？

9. 投稿后，编辑要求修改，但是编辑的修改意见和自己的思路产生冲突，该怎么办？

10. 有什么途径可以让研究生与编辑部建立不同形式的联系？

11. 退稿后收到的退稿书可信度有多少？

12. 投稿后是否需要电话联系编辑？

13. 网上投稿一直显示初审状态，后期如何推进？

14. 如何对待付费发表这个问题？

15. 如何甄别网上投稿中介?

16. 鉴于现在投稿中对研究生身份有所歧视,是否应该请导师帮助推荐?

十、其他

1. 全国高校毕业条件基本都要求博士发几篇C刊,甚至有些高校要求硕士也发C刊。但是C刊能刊发论文数量远远不及全国的青年教师、硕博学生需求的数量,因此投机倒把的不良现象屡屡发生。如何看待强制发C刊?

2. 如何看待人情稿、关系稿,甚至于有些刊物成为少数学者的专刊?

3. 有些学者成名之后的文章越来越差,但是依旧能发在好的期刊上。期刊究竟是不是匿名审稿?

4. 如果自己的学术观点与自己的导师,甚至与学术圈的领军人物发生了冲突,怎么办?

5. 论文写作是一篇写完接着写另外一篇好,还是交叉着同时写好几篇好?

6. 感觉写的论文对于社会没有实际价值,怎么办?

7. 国外的某些理论,如诠释学、人类学方法在应用到本土学术研究中时,应该掌握哪些分寸和界限?

8. 哲学讲究概念玄思,而历史则要客观、实事求是。如何平衡哲学和历史之间的冲突?

9. 如何可以顺利地申请到学生科研课题?

10. 如何处理做科研和保持身体健康、心理素质过硬之间的关系?

11. 材料或者观点超出学科研究界限,但却发现有利于佐证自己的当前研究,如何办?

12. 有没有超级方便实用的论文写作工具?

13. 论文阶段性汇报中,对于大家的不同意见,如何取舍?

后记一

鱼渔双授　知所启发

卢艳君[①]

历时半年多，终于完成了《研究生论文写作技法》一书的编辑任务。期间感想颇多，遂撰下文。吾生性愚钝，在恩师马来平教授的耳提面命下步入学术研究殿堂，不觉间忝列师门已十余载，承蒙马老师信任，得此校勘书稿之机。马老师始终关心编稿工作的进展，抽空细读书稿，提出许多中肯的建议，为使问题更集中、论证更简洁，便于读者的阅读与思考，他对诸章内容进行了精心编排与汰冗补阙。有幸受益于马老师的谆谆教导和时时督促，吾勉力为之，作者多年的辛勤耕耘，总算开花结果。吾有幸先睹为快，不揣浅陋择要略述对该专著的意义、脉络及特色的一己之见。

首先，浅谈该专著出版的意义。

初涉科研，研究生在论文写作中会遇到各种困难。“师者，所以传道、授业、解惑也。”[②]研究生的写作困惑理当是导师的关注焦点，指导学生写好论文是每位导师所承担的时代使命和历史责任。然而，部分导师只是自身科研过硬，缺少导师应有的责任担当，为学生服务的观念弱化，没有真正了解学生的真实需求，故而不能有效指导他们写好论文。习近平总书记在纪念五四运动100周年大会上殷殷嘱托要热情关心青年、严格要求青年，关注青年愿望、帮助青年发展，做青年的知心人、热心人、引路人。本书可以说是对习总书记谆谆教诲的一种回应。

就导师而言，要努力做好青年研究生的知心人、热心人、引路人。在这方面

---

① 卢艳君，河南大学马克思主义学院副教授。

② 孙昌武选注：《韩愈选集》，上海古籍出版社1996年版，第225页。

马来平教授堪称楷模，科学精神和人文精神在他身上得到了高度统一。导师对于学生的意义不仅仅是传授知识，授之以鱼不如授之以渔，不能只“教”，而要“引导”。恩师马来平教授多年来一直秉持这样的信条，把指导研究生写作论文作为一件非常有意义的工作，坚持“以学生为本”，从来不吝惜教诲指点学生，尽己所能为解决研究生论文写作中遇到的各类问题操心劳力，为每一位学生的卓越发展竭诚尽职。身兼数职的马老师虽然很忙，但花费在学生身上的时间和精力却异常惊人，对每个学生都了如指掌。马老师会为学生“量身定制”一个明确可行的目标，为其指明治学方向，鼓励他们为此奋斗，并给予跟踪指导。多年来，他坚持与学生一起反复品读经典，只要稍有空闲就打电话询问学生的学习状况或解疑答难。就论文写作而言，马老师一向严于律己，率先垂范，素以治学严谨著称，教授学生如何严谨写作，经常不厌其烦、字斟句酌地帮助学生修改论文，一篇论文往往会在师生之间来回往返数次。

马来平教授在科学技术哲学领域辛勤耕耘四十载，不仅在科研方面取得佳绩，在人才培育方面也摸索出一套有效方法。他将自己体会、领悟、借鉴的三句人生格言即“用理想统帅一生中的一分一秒”“半部论语治天下，十种经典傲学林”及“不能严格要求自己的人是没有希望的人”，升华为一套行之有效的育人理念，引导学生树立成为国家栋梁之材的远大理想以及合格研究生的近期目标，发扬以苦读经典为核心的实干精神，培养持之以恒、坚韧不拔的毅力。三者相得益彰，在学生破茧成蝶的成长过程中发挥了巨大作用。作为学术领路人，他对待学生严慈相济，以人格魅力去感染学生，让他们在不知不觉中感悟到很多读书与做人的真谛。在学生眼里，马老师既是严师又是慈父，很多学生都承认受益于他的鼓励、帮助与教导。

论文写作不仅令一般人感到困惑，对于学术界来说也是一个棘手的难题。特别是，近年来研究生学位论文不合格问题日渐突出，很多研究生对写论文普遍感到焦虑，而至今鲜有研究生论文写作方面的专著问世。有鉴于此，作者决定撰写一本探讨研究生论文写作技法的专著，以飨读者，希冀加深研究生对论文写作的理解，提高学术论文质量，进而为学术界深入探讨研究生论文写作技法问题铺建思考的进阶。在目前研究生论文写作问题还没有引起应有的重视，相关研究比较薄弱的情况下，这部著作应时代所需，顺时势所趋，为解决研究生论文写作问题倾力尽心，在许多基本理论问题上，取得了实质性进展，能为后续研究提供一定的理论基础，在写作实践和理论教学方面，有其不可或缺的地位与作用，可谓是一次有益尝试。

其次，阐明该专著的脉络。

全书内容意在指导研究生写出优质学术论文。在作者看来，无论就论文的选题、资料搜集、研究方法，还是框架构建、论文修改等环节而言，都要遵循主观符合客观的认识基本规律，要使主观和客观相一致，想问题办事情必须做到一切从实际出发。就研究生写作论文而言，就是要从研究生自身、社会需求、学科发展等实际情况出发进行选题。一篇好论文的衡量标准是创新，即提出新的观点，最终要落实到读通读透资料，从而使论文观点言之有理。可以说，作者对研究生论文写作技法问题的探讨上升到了科学认识论层面，其关于论文写作及过程的核心理念可以概括为一个“真”字。该书的核心观点是强调，论文写作的终极目标是发展学科的已有知识。扩展准确无误的知识是科学体制的最高目标，要达到此目标，必须秉持科学精神，而科学精神的核心即求真精神，求真精神又有两大支撑：理性精神和实证精神。质言之，科学的求真精神是贯穿这部著作始终的一条主线。

全书十二章及附录可大致划分为六大板块，各成体系，相得益彰。作者围绕研究生如何写好论文这一主题，逐一就论文写作的各个环节展开讨论，求真精神在书中各章节中得到了很好的具体呈现，有的章节中有较为明确的阐述，大多章节是作为一条暗线入乎其中。

就内容而言，第一、二章作为第一板块，是总领性内容，说明研究生如何写好论文，坚实迈出科研第一步。

第一章，作者谨遵舒炜光先生的教诲，谆谆告诫初涉学术研究的人。首先，一定要在打基础上舍得下功夫，根深才能叶茂。然后，一定要培养问题意识，这是写论文、做研究的起点。最后，写文章要从高层次入手，思考问题和分析问题不能就事论事，要着力解决方法论问题，即与选题直接相关的前提性、原则性的问题。打好基础是根本，研究生打好专业基础的关键环节是熟读本专业的经典著作，论文写作要言必有据，须在苦读经典中打下坚实根基。这些论述贯彻了作者的求真思想。

第二章就研究生论文写作中若干核心关切问题：选题如何把握学科界限、选题该不该追求热点、好题目的标准是什么、如何占有和消化资料、对“新文科”研究方法有何看法、怎样构思论文框架、论文初稿完成后如何修改、投稿有什么技巧等展开论述。本书中关于研究生论文写作问题的探讨是根据学生提出的问题作针对性的讲解，是对现实问题进行回应与尝试性解答，借此展现了作者的求真精神。鉴于杂志的性质、开放度、用稿偏好不同，作者提出提高投稿命中率要研究杂志，了解杂志，还要扮靓门面“三大件”——题目、内容提要和框架；好题目要符合基本三条：创新性、可持续性、难度适中等等。亦体现了主观认识符合客观实际的思想。作者认为，论文写作过程的重要一环是修改，修改无止境，要树立“文不惮改”的精神，坚持了从实践到认识再到实践，循环往复，以至无穷的认识运动基本规律。马老师对自己的论文精益求精，手头经常压着数篇文章，一直在反复修改，不满意绝不发表，其治学态度之严谨可见一斑。他提出，研究生要高度重视修改文章，自己要给自己找碴，努力通过自己、老师、同门、同行等各种途径，采用就近借智、反复冷却、会议交流、公开宣讲、撰写摘要、轻松闲聊等多种方法，不厌其烦地精雕细刻，方能保证论文写作目标的实现，亦体现了求真思想。

第三、四、五章是第二板块，主要集中讨论研究生论文选题问题，论文选题是科研工作的第一个环节，也是十分关键的环节，选题的好坏直接关系到论文质量的高低。

第三章，作者提出学位论文选题有两个层面，宏观为研究方向的选择，微观为研究问题的选择。形成相对稳定、明确的研究方向，需要综合考虑个人的兴趣、知识基础、师承关系、研究条件、学术环境和社会需要等因素，还要结合毕业去向，有一定的自由度。论文选题最根本的原则就是"汇聚到点上"，切忌"大而无当，浮泛不实"，这个点必须有新意、比较关键、具有可行性和前景性等，既要考虑到题目的前沿性、重要性，又要考虑到自身的知识结构和研究能力。作者认为，选题时要有意识地捕捉小而关键且能下沉到"点"的"问题"，易于扬长避短的"问题"，而如何选题最终还是要落实到读书、查资料，体现了思想和实际相符合的求真精神。

第四章，作者指出，要正确处理论文选题的三种基本关系：难与易、小与大、冷与热。就研究生而言，因学识有限，选题不能攀高贪大，而应择小就易，但这并非绝对，选好题也要敢于碰硬，做到由易到难、小中见大、冷热相济，要选题系列化，冷门热做、热门冷做。

第五章，作者把科学问题归纳为四种基本类型：科学理论与科学事实矛盾引发的问题、科学事实之间矛盾引发的问题、科学理论之间矛盾引发的问题和科学理论自身矛盾引发的问题。这可以理解为论文选题的四大来源。研究生选题，因种种条件限制，不可片面追求科学价值，而置难度于不顾，要从自身实际出发，选择难度适中的题目。以上观点同样呈现了作者一以贯之的主观符合客观的求真思想。

第六、七、八章可划为第三板块，主要论述材料的占有、使用及研究方法的选择问题。

第六章主要探讨如何占有材料、消化材料以及认识和运用"e-考据"。占有和消化材料是发现和提出问题的基本环节。在材料搜集上，作者要求对所选题目的相关研究材料，要尽可能做到一网打尽。详尽占有材料之后，接着要对全部材料进行分类处理，反复阅读并吃透核心材料。对于消化材料，要始终围绕完成论文“提出问题和解决问题”的核心任务来进行，注意严格审查材料的权威性、真伪性和直接性。在作者看来，一手材料出“观点”，二手材料出“问题”，在整个论文写作过程中，钻研一手材料始终是重点。论文观点与一手材料不能脱节，更不能冲突，对于一手材料最重要的是“钻研要透”。从二手材料里找“问题”，尽可能“搜集要全”，才能保证依据二手材料得出结论的可靠性，实现论文创新目标。这体现了一切从材料出发，依据材料说话的实证思想。“e-考据”是一种新的搜集材料的高效方法，但它所使用的材料不仅有限，也存在很多缺陷，并不能代替对材料的研读、分析和概括。合理使用“e-考据”需要注意以下三个要点：精心设计关键词；动态绘制知识地图；“e-考据”和传统学术研究方法有机结合。此论述也贯彻了求真思想。

第七章作者提到在写作中巧用逻辑方法，可使论文主题鲜明、思路清晰和论证充分，增添论文的说服力和感染力。作者提到，恰当运用科学抽象方法有助于避免论文主题模糊或平庸，而科学抽象的基本环节是充分地占有资料和研究资料；恰当运用逻辑规律有助于论文思路清晰，避免论文各部分内容的互相交叉；为保证材料可靠需要运用演绎和归纳方法，演绎证明的关键是批判性地审查前提；恰当运用归纳证明时应充分发挥旁证的作用和熟练运用三重证据法，体现了科学的求真精神。

第八章，作者指出，对自然科学方法及其应用原则的大致了解，有助于人文社科研究生论文合理借用自然科学方法实现创新。作者详细讨论了科学方法的分类及其推广应用的限度，认为自然科学方法适用于人文社会科学中的一切求真活动，并具体分析了人文社会科学中求真活动的类型，自然科学方法在人文社会科学中的运用方式及实际作用。举例说明就抽象概念而言，要把概念建立在详尽的客观事实的可靠基础上，以保证概念的明晰性，体现了求真精神。

第九、十章是第四板块，主要阐明一篇好论文的评判标准是什么及如何达到的问题。

第九章，作者提出，学位论文的创新主要有四项指标：选题新、材料新、方法新、观点新。观点创新和方法创新是关键。“观点新”是核心，其他“三新”都要通过观点新来体现。观点创新应是内容上的、实质上的，而非形式上的，观点应当有一定的冲击力。要做到观点创新，需要洞察学科发展大势，关注社会发展动向，挣脱历史时代桎梏，破除传统理论束缚，以了解学科发展的内在需要，社会发展的外部需要，敢于反潮流和挑战权威，其目的是使观点切合实际。在“四新”中，方法对于学术研究至关重要。许多研究生对“方法新”认识不够，往往敷衍了事，只列举一些常见的、大而化之的方法，甚至胡编乱造，违背了求真精神。方法创新要体现求真精神，需要着重做到以下几点：恰当引进人文社科其他学科的理论和方法，移植和创造性运用自然科学的理论和方法，转换角度，等等。其中，转换角度是依据研究目标、研究条件和环境，创造新的方法。

第十章，在作者看来，好论文应遵循四项指标：专、新、深、实。选题最基本的原则可以概括为一句话：点面结合，着眼于点。想找到“有新意”“关键性”“有前景”的“点”，需一网打尽式地系统查阅与题目相关的文献，大面积地浏览文献和钻研核心文献。关于“四新”的关系，“选题新”是方向，“材料新”是基础，“方法新”是手段，“观点新”是目的。在作者眼里，科学研究旨在推进知识的发展，不能提出和回答问题的论文是没有价值的。他强调写论文要有问题意识，要努力挖掘资料，提出问题，进而找到解决问题的方法。人文社科观点创新的关键是拒绝平庸，观点要有冲击力，能够指点迷津、引领人生，主要是应形成中心论题，这是从阅读相关重要文献中提炼出来的，要刨根究底、不懈追问。写文章应该贯彻实证精神中尊重事实的传统，慎用因果关系，在建立因果关系时，注意证据确凿、理由充分。很明显，这些论断同样体现了求真精神。

第十一、十二章可归为第五板块，主要讨论研究生的论文失范行为及理想信念问题。

第十一章指出，研究生论文失范行为违背了科学的求真精神，严重影响了学术论文的质量。研究生必须从抵制论文失范行为、规范论文写作开始，培养严谨的科学态度和高尚的道德情操，为今后的学术研究打下坚实基础，为此，首先应该深刻认识论文失范行为的表现和危害。作者以国内影响力大的关于研究生学术规范状况的调查数据为基础，提炼研究生论文失范行为在论文写作和论文发表两个阶段的具体表现，并分析其潜在危害。在作者看来，研究生论文失范行为是内外因综合作用的结果，不能简单地将其归因为某种因素。然而，外在的原因固然重要，对行为最终起决定作用的是主体自身的因素。研究生论文失范行为说到底首先是研究生的道德品质问题，必须从研究生自身入手查找内在根源。作者关于研究生论文失范行为的具体表现、根本原因的分析，以大量调查数据为依托，体现了实证精神。解决道德层面的问题最终要依靠行为主体的自律，研究生要通过“内修”提升自身学术道德素养。研究生提高学术道德素养的途径主要有：提高学术能力；树立正确的学术价值观；端正学术态度；培育科学精神；只有自觉将学术道德规范内化于心、外化于行，才能从根源上杜绝论文失范行为。这些阐述中同样贯注了作者的学术求真思想。

第十二章“研究生成才四要素”说明成才需要具备理想、奋斗、毅力和方法等四要素，写好论文可以说是研究生阶段成才的一项重要指标，同样需要这四要素。在作者看来，理想是人生的成功向导、力量源泉、精神支柱，树立理想非常关键，可为研究生提供前进的方向和动力。研究生要一心向学、心无旁骛，严格要求自己，把写出一篇高质量的学位论文作为近期目标，实现这一理想必须克服各种困难，付出超人的努力，为此应当坚持"练好内功"的奋斗方向。毅力扎根于理想，为理想提供保障，机遇往往垂青有毅力的人，成功往往是在"再坚持一下的努力之中"。研究生要以坚韧的毅力，抵制诱惑、克服困难、严谨治学、砥砺奋进，成就梦想。此外还要掌握正确的方法，这是实现写好论文目标的恰当、近便的路。对研究生而言，正确的读书方法是：要以读经典著作为着力点，经过"进去—出来—接着说"三个步骤，读通、读透经典，将之消化转变成自己的东西。作者建议读重要的书，要养成写"内容提要"的习惯，以领会书本的核心思想。研究生读书常见有两种偏差："掠夺式"和"遐想式"，读书的效果很差，违背了求真精神。

"附录"部分是第六板块，与前诸文相互呼应。作者有关培养科技哲学研究生的经验总结：重视培养学生的敬业精神、帮助学生打好专业基础、鼓励学生发表论文、培养学生的创新能力、鼓励学生善于榨取导师的时间、严格要求学生树立优良学风。作者所带学生对导师的生动画像：治学严谨、因材施教、春风化雨，既是严师又是慈父，以及研究生写作常见疑难问题的调查汇总，从侧面印证了作者关于研究生论文写作的相关论点既有充分的事实依据，贯彻落实了求真精神，并得到了实践的有效检验。如省优博获得者宋芝业的读博经验表明，高标准落实导师要求，便能写出一篇漂亮的学位论文。

再次，概述该专著的特点。

其一，该书以作者多年指导研究生写作论文的成功实践经验为基础，以研究生论文写作关注问题的实际调查为参照，具有较强的针对性和实用性，实则一本研究生论文写作工具书。

实践是认识的来源，实践出真知。马老师论文写作实践经验丰富，指导的研究生大多优秀，因而对论文写作的体悟更深刻。恩师已届古稀之年，依然"惟日孜孜，无敢逸豫"，带着自己的团队在科技哲学这一冷门专业领域默默耕耘，40多年的学术生涯中，出于对学术的热爱，勤奋读书、笔耕不辍、严谨治学、精益求精，乐此不疲，至今仍保持每年发表多篇论文的速度，因成果颇丰，为学人所敬。马老师在研究生培养中取得骄人成绩，他培养的博士有三名获山东省优博（刘海霞、宋芝业、王静），多名获校、院优博；所培养的硕士，70%以上考取了名校博士。并获省级优秀研究生指导教师荣誉称号，多次被评为山东大学优秀研究生指导教师。

欲将研究生论文写作这一复杂问题谈清楚，不仅需要清醒的头脑、明晰的思路和简洁的表述，更需要有把握问题实质、一针见血的锐利眼光和洞察力。恩师无疑具备这些素养，这与他博涉科学史、科技哲学、科学社会学等诸多领域，持续跟踪学术前沿，日新其思、精益求精的精神密不可分。马老师基于多年指导博士和硕士研究生的经验，结合自身的学术历程与治学心得，为研究生传授论文写作技法的独家秘籍，说明一篇优质的研究生学术论文是怎样“炼”成的，故其所论言之有据、分析透彻、观点精辟。

当代青年研究生在科研上的诉求更加多元化、精细化，他们期待自己仰慕的学者为他们传授理论知识与写作经验。本书凝结了作者在研究生论文写作方面十余年的不懈探索，作者以己之力数十年如一日初衷不改，对研究生论文写作的关注从未间断，真积力久则入，终撰成该部专著。本书毫无居高临下的说教，避免了自说自话。作者真正深入青年研究生之中进行多次实际调查，把准研究生发展的真实需求，紧密结合青年研究生的思想特点和现实需求，设身处地为他们着想，为研究生排忧解难，以研究生为本的人文精神贯穿全书。正因与研究生论文写作常见问题精准对接，想学生所想、急学生所急、教学生所需、解学生所困，加强并实现了精准帮扶，能够产生春风化雨、润物无声的效果，帮助研究生扣好科研的第一颗扣子，带领他们迈好科研第一步，助力其成长成才。

其二，用哲学的眼光去审视研究生论文写作问题，处处体现了哲学的辩证思维。

比如，选题时要处理好小与大、难与易、冷与热的关系，做到选题的系列化，可以小中见大，由易到难；对于热点既不盲目跟风，也不一味排斥，而是恰当地回应，要冷门热做、热门冷做；选题要“汇聚到点上”，并不是反对选择宏观题目；研究生选题既要敢想敢干，又要量力而行，要从自己的实际出发，选择难度适中的题目；论文写作是一个在学科前沿不断探索的过程、认识的过程、自我批判的过程；等等。充满辩证意味的论断在书中字里行间，比比皆是。作者对论文写作相关系列问题展开的分析和论证，其范围之广令人惊叹，分析之透彻令人称奇，不少独到见解见证了作者哲学思想的精深以及扎实的理论功底，可以起到启发智慧的效果。当前论文写作相关书籍水平参差不齐，或被斥为隔靴搔痒做文章，或被斥为缺乏哲学深度。本书是一部开新之作，不仅为解决研究生论文写作中的实际问题出谋划策，又不失哲学水准，兼顾二者实非易事，这是值得称道之处，对进一步研究具有一定的基础性作用，功莫大焉。

其三，以文理交叉的科技哲学为例展开讨论，不同于普通的论文写作著作，兼具普适性、可读性和学术性，是体现通识特色的高水平写作指导性专著。

作者以科技哲学专业为例，就人文社科研究生在学位论文写作中感到困惑的问题：论文选题、资料搜集、主题凝练、框架构思、观点创新、写作规范、加工修改、投稿技巧等等，进行了全方位地深刻阐发。书中所举例子主要是人文社科方面的，但不同学科写作理论是通用的，而且科技哲学作为文理交叉学科，是沟通哲学和自然科学的桥梁，其科学方法论不仅适用于哲学，也适用于自然科学。因此不必在意这些例子是哪个学科的，这并不妨碍各个专业研究生的阅读借鉴。

一方面，该书视野开阔，涉猎甚广，几乎囊括了研究生论文写作的方方面面，并提出了一些精湛见解。每一个选题都努力做到入乎其内，出乎其外，把学问真正做活，并加以普及，对作者的要求极高。马老师具有相当高的学术水准，丰富的教学经验，能够“取精用宏，由博返约”，不止于此，还以身说法，对如何写作论文给予了方法上的指导。全书旁征博引，又能适当接触学科前沿，可引发跨学科的思考和学习的兴趣。

另一方面，全书重点突出，一反面面俱到的写法，并未刻意追求体系完整，而是择要阐述了论文写作中的选题、资料搜集、研究方法、修改等主要环节，力争在 系列关键性问题上有所突破。照顾到了青年研究生群体的阅读习惯，语言明白晓畅，内容基础适用，没有夸夸其谈、泛泛而论，有的只是娓娓道来，并辅以鲜活个案，深入浅出而不乏洞见，充满了人文关怀，使初涉科研者在轻松阅读中看到宏观图景，能对如何写作论文有一个清晰的了解和整体的把握。

纵览全文，这里既有疑难问题的解答，典型实例的穿插，又有人格力量的感染，理论境界的升华，既有高屋建瓴的宏观之论，又有小处着眼的细节讨论，真知灼见随处可见，是领略大家的鲜活风采，学习治学思想，借鉴研究方法的重要参考读本。本书不仅可以作为人文社科乃至各专业研究生论文写作的入门书，也适合相关领域读者阅读参考，可为他们提供初步的科研入门指南。论文写作问题是有关科研基本功的问题，触及一些研究人员共同关心的问题，对于尚未进入学术殿堂的科技哲学及其他专业的青年从业者，具有指引方向的意义，能给予他们无尽的教益。此书亦可作为自然辩证法教学和科研人员的参考书。

编撰的些许体会，附于书后，唯愿把作者思想完整而准确地表达出来，让大家分享智慧的快乐。因编者学养有限，惴惴乎恐难传书中深意，望读者评鉴。

本专著是作者倾情打造的研究生论文写作的成功秘籍，是一本极宜于研究生论文写作的经典入门读物，其重要性已无须再多申说了。读此书者，可获益良多，关于论文写作的诸多困惑在这里都可以找到回答。细品书中观点，从中可获得许多重要启示，慢慢去消化、吸收和运用，有助于研究生迈好科研第一步。反复读来还能亲身体会王国维先生所言的做学问三重境界。有兴趣的读者朋友，暇时也不妨去翻翻此书，相信读完全书会有同感。唯愿能对您有所触动，引发对论文写作相关问题的思考。

科学研究是一种开拓性、创造性的工作，一直在路上，科研之路清苦而漫长，对于研究生而言，学术征程才刚刚起步，今后还有很长的路要走。马克思把科学的入口处比喻为“地狱的入口处”①，需要有胆有谋、不畏艰险、奋勇前进。他还说过这样的话：“在科学上没有平坦的大道，只有不畏劳苦沿着陡峭山路攀登的人，才有希望达到光辉的顶点。”②如何写好论文是一个永无止境的探索过程，“道阻且长，行则将至”，研究生要百折不挠地在追寻真理的漫漫长路上上下求索。“少年易老学难成，一寸光阴不可轻。”研究生作为科研队伍的后备军，为了民族的复兴大业，万不可蹉跎大好时光，要奋力走向科研的诗和远方，成为新时代科研路上的奔跑者。作者的三句人生格言即“用理想统帅一生中的一分一秒”“半部论语治天下，十种经典傲学林”及“不能严格要求自己的人是没有希望的人”，与君共勉。

2021 年 2 月 10 日

① 《马克思恩格斯选集》第 2 卷，人民出版社 1995 年版，第 35 页。

② [德]马克思：《资本论》第 1 卷，人民出版社 2004 年版，第 24 页。

后记二

播种方法　唤醒理想

郑　言

拜读完恩师马来平教授的《研究生论文写作技法》一书，感慨万千。虽已毕业多年，但这些文字依旧可以把我拉回求学时光。毫不夸张地说，是马老师手把手教我做学术的。我2009年有幸投师马老师门下，开始了我的学术生涯。作为一个跨专业的学生，初涉科技哲学领域，除了一腔兴趣之外，对所谓的学术研究可谓一窍不通。好在得遇良师，才点化了我这颗顽石。马老师从教四十余年，不仅在学术研究领域成绩斐然，而且独创出一套行之有效的育人思想。他先后培育出17名博士和50余名硕士，对研究生的培养可谓鞠躬尽瘁。他一直致力于探索全方位育才的方法，在研究生教育权威期刊上发表多篇高质量的教学研究论文，耳顺之年仍多次受邀为青年学子作报告，传授学术经验。离校多年，我时常一边遗憾自己没能珍惜那些耳提面命的时光，一边又庆幸自己也曾收获过那些谆谆教诲。正是得益于马老师的悉心点拨，我才能有幸窥得学术研究的些许法门。

近年虽然研究生招生的规模有了大幅度提高，但是研究生的培养质量和水平却并未能与之相匹配，反而出现了下滑趋势。究其原因，逃不过不得其法四个字，一方面有的导师指导得不得其法，另一方面则是学生学得亦不得其法。那培养研究生的“法”是什么呢？《研究生论文写作技法》一书以马老师从教四十余年探索出的一套育人方法为基础，从培养问题意识、论文选题、材料收集、写作规范、投稿等方面进行了深入浅出的分析，更是专门用一章节的篇幅讲述“研究生成才四要素”专题，对初涉学术领域的研究生来讲是一本入门的“捷径”，对于已有成就的学者则是一个对话交流的平台。研究生的培养是庄重而复杂的，作为检验研究生从“知识的接受者”转变成“知识的创造者”的重要指标——学术论文的写作尤其重要。因为研究生撰写学术论文的过程不仅是接受一整套科研严格训练的过程，也是培养研究生提出问题、分析问题和解决问题的能力的过程，而且这些功能都超越了学术界限，对于研究者来说意义重大。作为学生，我于马老师独特的研究生培养模式受益良多。如今看到这套方法终被编辑成书，不胜欣喜！这于研究生论文写作系统指导仍较为薄弱的当下无疑是具有重要意义的。

马老师是一位极具人格魅力的导师，最善于发掘学生的不同特质因材施教。他的课堂永远是以提问为主的，要么是他提问，要么是学生提问，总之不管哪种方式都需要学生课下做好充足准备，下足功夫。我个人很喜欢这种启发式的上课模式，能够回答问题或者提问，都让我有存在感。“问题是指理论与事实之间的矛盾、不同理论之间的矛盾、不同事实之间的矛盾、同一理论的内容和形式之间的矛盾”，只有善于发现和捕捉经验事实与现有理论之间存在矛盾的人才可能具有问题意识，这是衡量一个人科研能力的重要指标之一。对研究生而言，只有自己不断地挖掘各种材料并加以加工思考才能提出问题，如若不然就会陷入只知堆砌材料的境地，也就是马老师常说的，一个裁缝只知道裁剪格式，布料堆在那里却不知道做什么衣服。写作初期我就犯了这个错误，书读了不少，材料收集好并做了分类，笔记记了一大本，却不知如何下笔。好在经过一个学期的训练，在马老师各种启发式教学的培养下，我终于学会了提问题。前面说的马老师善于因材施教，这就是一个例子。因为每个学生的知识储备和理解力不同，所以课堂上的提问和回答问题的效果也不一样。我接受新知识的速度相对较慢，所以课后需要自己花费大量时间。而马老师在课余时间里从不会缺席，他会不定期通过电话和邮件跟踪我的学习进展，也会通过推荐一本书或者一篇文章引导我思考。三年下来我受益匪浅，既培养出了问题意识，又养成了读书的好习惯。

研究生阶段除了培养问题意识之外，还有一个重要的问题，即研究方向的选择。它一般是基于个人的兴趣、知识基础、师承关系、研究条件和社会需要等因素的综合考量，这也是研究生在专业课程之外需要自己拓展的知识领域。彼时马老师的研究主要集中于西学东渐中的科学思想史，课余时间我们总会获得相关材料的阅读作业，我渐渐地对该领域产生了兴趣。后来机缘巧合之下，在一次讲座中萌生了做近代中西医学会通思想研究的想法。之后在与导师的反复交流中，最终确定其为我学位论文的选题。我本身对中西医学很感兴趣，尤其是对中西医会通、中西医结合等问题颇有求知欲，加上我虽不是专业出身却对两者都不陌生，家里有数位中、西医务工作者，最重要的是社会对中医药的重视程度越来越高并在寻求改革中医药的途径，我的选题正切合这种需求。一个理想的选题应该是随着研究的逐步深入，该研究方向越来越热，且顺应学科发展的趋势。不得不说，当时马老师帮我选定这个方向是颇具前瞻性的，当下中医药的发展已经上升到国家战略的高度，学术界对其的重视程度也在提高，我如今仍致力于中西医学思想领域的研究，以期在这个“绩优股”领域有所作为。

都说硕士阶段是培养研究能力的，主要包括提问题和解答问题的能力、收集资料的能力、基础写作的能力等。硕士毕业之后我继续读博，再一次由衷感激硕士阶段打下的坚实的科研基础。博士论文选题与硕士阶段研究相关，这直接为我节省了很多查找材料的时间。加上之前问题意识的培养小有所成，论文写作也算顺利。为什么说遇到一位好的导师受益终生？因为他从来都是授之以渔。写论文不容易，发表论文更不容易。如何做到高效投稿呢？马老师的独家见解是切记不要盲目“海投”，一定要研究杂志，了解杂志的性质和用稿偏好，最好是对比近几年同一杂志的不同栏目设置，做到知己知彼，有的放矢。这种方法有效吗？答案是肯定的，当然首先还需要文章质量过硬，有漂亮的“三大件”加持，即论文题目有冲击力、内容提要简洁有创新、论文框架有红线。关于如何寻找红线的问题，我还是有发言权的。当时我的硕士论文已基本成型，可是我总觉得不满意，和我认知里的学术论文不一样，可是又不知道问题出在哪里。和导师交流后才意识到是文章主题不鲜明，缺乏理论深度。如何解决这个问题成了压在我心头的一块大石，那时的我像飘在大海迷雾里的一只船，直到看到马老师为我点亮的那个灯塔。他为我推荐了一篇关于“后殖民技科学”的文章，里面有关于地方性知识的描述，那是我第一次接触这个概念，我像沙漠里的旅人遇到了绿洲一样欣喜，迫不及待地收集与之相关的各种知识。我最终将这个概念引入论文中，才使文章真正站住了脚。后来我才知道这就是红线，它贯穿于文章始终，可以很好地反映出研究对象的内在联系和论文的中心论点。能不能找到有机串联材料的红线是衡量一篇论文好坏的重要标准之一。

论文初稿完成后需不需要修改？怎样修改？马老师提倡要树立“文不惮改”的精神，写文章是一个研究和认知过程，修改不仅是研究和认知过程中必不可少的一个阶段，也是自我批判和主动听取他人意见的阶段。我曾经有幸见过马老师的论文手稿，上面用不同颜色的笔将初稿修改得“面目全非”，说实话当时挺震撼的，震撼于那种锲而不舍地跟自己较劲的精神。于是我之后的文章也都会作数次修改，有几篇还有幸获得了马老师的修改意见。这种“文不惮改”的精神，实际上是出于对学术研究的责任心，也是对自己的高要求。马老师将论文修改方法概括为八方借智、反复冷却、会议交流、公开宣讲、撰写摘要和轻松闲聊六种，他的每篇文章都会发给我们学生，征求我们的修改意见。作为亲历者，我非常赞同马老师将它称为“一种特殊的教学方式”，一方面让我们在修改中提升了认识水平，另一方面也培养了我们字斟句酌的修改习惯，这种师承是潜移默化的，却也是最珍贵的。

马老师培养研究生有“成才四要素”说，即理想、奋斗、毅力和方法。这绝不是什么空话、套话，而是关乎论文写作能否顺利完成的一项重要指标。不同的人生阶段理想不同，研究生树立坚定的理想可以为学术研究保驾护航。因为理想实质上是一个价值目标问题，只有在价值观上始终保持清醒的头脑，不管是学术研究还是工作、生活都可以被赋予无尽的动力。奋斗是实现理想的必由之路，没有人能随随便便成功，论文写作亦如是，扎实的基本功需要通过奋斗获得。毅力的本质是执着，是从头到尾的坚持不懈，是实现理想的重要保障。做学术是要有坐冷板凳的毅力的，并不是所有人的研究成果都会被看到、被认可，但是这并不意味着我们要放弃自己的理想，事实证明很多时候成功就在“再坚持一下的努力之中”。如果遇到困难就放弃，那我们可能错失很多伟大的发明和发现。恰当的方法往往事半功倍，对于初涉学术研究领域的学生来说，找到正确的方法才是开启学术研究道路的钥匙。三年的求学时光，我从未听过马老师将成才四要素口号式的挂在嘴边，但是我却被他严于律己、率先垂范的作风影响着。他遵循严格的作息时间，坚持每天运动，所以他精力充沛，精神矍铄，思维敏捷；他几十年笔耕不辍，对学术研究始终保有热情。他用行动印证那句话：优秀的人都还在奋斗，你有什么理由不努力呢？于是，这便成了我一直以来的动力。

“工欲善其事，必先利其器。”纵览《研究生论文写作技法》一书，既有讲故事般的娓娓道来，又有精深的哲学思辨，理论性和实用性兼顾，可以满足不同群体的阅读需求，而且即使是理论描述部分也穿插以鲜活案例，深入浅出，是一本优质的研究生论文写作入门指南。此外，书中的治学精神和育人理念无不向我们彰显着学术大家的风采，这于后学的年轻学者，特别是年轻教师来说，也堪为一本值得借鉴的指导教学育人方法的范本。

2021 年 4 月 24 日